ANKE CLAUSEN
Ostseegrab

GEFÄHRLICHE BRANDUNG Sophie Sturm, Klatschreporterin eines Hamburger Hochglanzmagazins, macht Urlaub auf Fehmarn. Statt jedoch die gewünschte Erholung zu finden, entdeckt sie am Strand eine tote Frau im Neoprenanzug. Schon die zweite ertrunkene Kitesportlerin innerhalb einer Woche.

Entgegen der Polizei glaubt Sophie nicht an einen Zufall. Sie macht einen Kitekurs und schnüffelt in der Szene herum. Doch sie schenkt dem Falschen ihr Vertrauen und bringt sich damit selbst in tödliche Gefahr …

Anke Clausen, Jahrgang 1970, lebt mit ihrer Familie in Hamburg. Nach 20 Jahren in der Fernsehwelt als Kamerafrau und Regieführende Bildmischerin arbeitet sie heute als freie Autorin. Mit dem Kriminalroman »Ostseegrab« startete sie im Herbst 2007 ihre Serien um die ebenso hübsche wie neugierige Hamburger Klatschreporterin Sophie Sturm.

Bisherige Veröffentlichungen im Gmeiner-Verlag:
Dinnerparty (2009)
Ostseegrab (2007)

ANKE CLAUSEN

Ostseegrab

Kriminalroman

GMEINER Original

Personen und Handlung sind frei erfunden.
Ähnlichkeiten mit lebenden oder toten Personen
sind rein zufällig und nicht beabsichtigt.

Besuchen Sie uns im Internet:
www.gmeiner-verlag.de

© 2007 – Gmeiner-Verlag GmbH
Im Ehnried 5, 88605 Meßkirch
Telefon 0 75 75/20 95-0
info@gmeiner-verlag.de
Alle Rechte vorbehalten
7. Auflage 2011

Lektorat: Claudia Senghaas, Kirchardt
Umschlaggestaltung: U.O.R.G. Lutz Eberle, Stuttgart
unter Verwendung eines Fotos von Anke Clausen
Druck: Fuldaer Verlagsanstalt, Fulda
Printed in Germany
ISBN 978-3-89977-739-0

Für Zoe

Prolog

Sie schien tatsächlich Schwierigkeiten zu haben, ihre Augen offenzuhalten, stellte er mit Genugtuung fest. Von der Sonnenbräune war nichts mehr zu sehen. Sie wurde immer blasser. »Alles klar?«, fragte er mit gespielter Sorge. Sie nickte nur müde. »Du warst wirklich klasse heute. Eins mit Wind und Wasser«, plauderte er einfach weiter. »Es hat richtig Spaß gemacht, dir beim Kiten zuzusehen.« Sie würde gleich umkippen. Sie schwankte bereits. Auf ihrer Stirn glänzte kalter Schweiß.

»Mir ist ganz komisch.« Es war nicht mehr als ein Flüstern.

»Du siehst auch ein bisschen mitgenommen aus. Warum setzt du dich nicht?« Er kicherte innerlich. Sie würde keinen Schritt mehr machen können. Zu seinem Erstaunen versuchte sie es aber. Mit geschlossenen Augen taumelte sie auf den Tisch zu. Jetzt bekam er tatsächlich Angst. Was, wenn sie stürzte? Sie durfte sich auf keinen Fall verletzen. Das passte nicht in seinen Plan. Er hatte doch etwas ganz anderes mit ihr vor und dafür sollte sie schön sein. Schön, blond und glücklich. Ansonsten wäre die ganze Anstrengung umsonst gewesen. Bevor sie fiel, fing er sie auf. »Na, das war aber knapp!«

»Ich bin müde«, hauchte sie.

Mühelos nahm er sie auf den Arm wie ein kleines Kind. Sie seufzte und ließ den Kopf an seine Brust fallen. Sie wähnte sich tatsächlich in Sicherheit. Was wohl gerade in ihrem hübschen Köpfchen vorging? Wahrscheinlich glaubte sie, er würde sie nun schlafen lassen. Amüsiert blickte er auf ihre geschlossenen Augen. Natürlich werde ich dich ruhen lassen. Tiefer und länger, als du es dir je erträumt hast. Er stöhnte ein bisschen, als er sich nach vorn beugte und sie vorsichtig in die Badewanne legte. Sie riss erschrocken die Augen auf. Ja, das Wasser war bestimmt ziemlich kalt. Er hatte es schon vor Stunden eingelassen. Schließlich hatte er sich vorbereitet. Dieses fragende Gesicht. Er hätte ihr ja gern erzählt, was als Nächstes geschehen würde, aber er durfte doch noch nichts verraten. Er legte ihr beruhigend die Hand auf den Arm.

»Jetzt hast du wieder Farbe im Gesicht. Gleich ist es besser«, erklärte er mitfühlend.

Sie atmete tief durch und tastete nach den Wannenrändern, um sich aufzustützen. »Ich muss schlafen. Bitte!«

Da war so ein Flehen in ihrer Stimme, das ihm gar nicht passte. Auch wenn sie zweifellos müde war, musste sie doch jetzt nicht weinerlich werden. Wasser war doch ihr Element. Ihr jämmerlicher Anblick machte ihn ein bisschen ärgerlich. Sie versuchte tatsächlich sich hochzuziehen, aber er hatte damit gerechnet. Schnell beugte er sich zu ihr hinunter und legte seine Hände um ihre Schultern. Sie streckte Hilfe suchend die Arme aus. Glaubte sie denn wirklich, dass er ihr wieder raushelfen würde? Jetzt, wo er sie endlich hier hatte? Als er sie tiefer drückte, öffnete sie irritiert die Augen. Selbst als sie unter Wasser war, starrten diese Augen ihn noch fassungslos an. Plötzlich war sie voller Energie. Wo nahm sie nur die Kraft her? Vor ein paar Minuten war sie doch kaum noch bei Bewusstsein gewesen. Sie kämpfte verzweifelt. Er hatte sie unterschätzt. Sie wand sich wie ein Fisch und schlug mit Armen und Beinen um sich. Sie trug noch immer ihren Neoprenanzug. Es war nicht einfach sie in dem engen Ding zu fixieren. Langsam stieg eine maßlose Wut in ihm auf. Warum musste sie es ihm so schwer machen? Er tat das hier doch nicht zum Vergnügen. Es musste sein. Der Gewissheit wegen. Plötzlich ließ sie sich zur Seite rollen und packte seinen linken Unterarm. Mit aller Kraft drückte sie dagegen. Seine Hand rutschte für einen Moment von ihr ab. Sie nutzte die Gelegenheit und bäumte sich auf. Sie versuchte zu schreien, doch ihrer Kehle entrang sich nur ein müdes Krächzen. Sie verpasste die Chance, neuen Atem zu holen, bevor er sie wieder unter Wasser drückte. Er konnte fühlen, wie ihre Kräfte schwanden. Es war fast komisch. Sie versuchte tatsächlich, unter Wasser zu atmen. Natürlich musste sie husten. Aber diese angstgeweiteten Augen passten nicht in sein Bild. Nein, so hatte er das nicht geplant. Sie sollte doch glücklich sein. Mit diesem Gesichtausdruck konnte sie ja Kinderherzen zu Eis gefrieren lassen. Er riss sie wütend hoch. Sie musste doch kapieren, um was es eigentlich ging. Sie spuckte Schaum und rang verzweifelt nach Luft. Er bemühte sich, seine Liebe in seine Stimme zu legen. »Was ist denn?«, flüsterte er ihr ins Ohr. »Du liebst das Wasser doch. Du sollst in Frieden schlafen. Wehr dich nicht dagegen. Schlaf. Schlaf einfach ein!«

Er war fast verzweifelter als sie. Sie hustete noch immer und in ihren Augen lag das blanke Entsetzen. Warum verstand sie denn nicht, dass sie ihr Schicksal annehmen musste? Es kostete ihn unendliche Kraft, seine Enttäuschung zu verbergen und sie anzulächeln. »Keine Angst, ich bringe dich nicht in dein nasses Grab zurück. Ich lege dich in den warmen Sand.« Das dumme Ding hatte gar nicht zugehört. Fast gelangweilt brachte er es zu Ende. Nach ein paar Minuten schnappte sie nur noch wie ein kleiner Fisch. Es war fast niedlich. Seine Laune besserte sich. Er formte mit seinem Mund ein Fischmaul und schnappte synchron mit. Einen Moment später war es vorbei. Sie rührte sich nicht mehr. Er beschloss, auf Nummer sicher zu gehen und wartete noch ein paar Minuten, bevor er seine Hände löste. »Ausgeschnappt«, murmelte er und rieb sich die kalten Finger. Erschöpft stand er auf und streckte sich. Erledigt. Neugierig betrachtete er das

Ergebnis. Sie sah einfach nur tot aus. Ohne große Lust nahm er den Fotoapparat und machte ein Bild. Und wenn es gar nicht stimmte? Wenn Ertrinken doch kein angenehmer Tod war? Ihm lief ein kalter Schauer über den Rücken. Gott, was für eine entsetzliche Vorstellung. Damit würde er nicht zurechtkommen. Er atmete tief durch. Wahrscheinlich war sie einfach nur das falsche Mädchen.

1

Freitag

Sophie Sturm stand mit den anderen Redakteuren und dem Chefredakteur der ›Stars & Style‹ im gläsernen Konferenzraum des Verlagshauses. Der Champagnerkorken knallte und die Gläser wurden vollgeschenkt.

»Auf Sophie!«, rief jemand.

Sophie nickte und hob ihr Glas. Ihre blonde Mähne war lässig zusammengebunden und ihre langen Beine steckten in einer Designerjeans. Über dem schlichten T-Shirt trug sie eine cremefarbene Chaneljacke. Sie wusste, dass sie gut aussah, doch sie fühlte sich nicht wohl in ihrer Haut. Obwohl der Erfolg der neusten Ausgabe des Hochglanzmagazins allein auf ihr Konto ging, war sie nicht in Feierlaune. Natürlich war das Aufdecken von Geheimnissen der Stars und Sternchen das tägliche Brot einer Klatschredakteurin, doch dieses Mal hatte sie nicht professionell gearbeitet. Ihr Motiv war rein persönlich gewesen. Sophie blickte aus der riesigen Glasfront auf den Hamburger Hafen. Die Sonne glitzerte auf der Elbe und ein Containerfrachter machte sich, von Schleppern gezogen, auf in Richtung See.

»Sophie? Alles klar? Du guckst ja aus der Wäsche, als hätte ich dich gerade gefeuert«, scherzte ihr Chefredakteur. Die Kollegen kicherten und genehmigten sich noch ein Schlückchen. »Dabei bist du doch heute unser Star!« Feierlich wandte er sich wieder allen zu. »Leute, ich hab die neusten Verkaufszahlen. Pole Position! Diesmal haben wir die anderen Blätter weit abgehängt.«

Es wurde gejohlt und geklatscht. Sophie setzte ein Lächeln auf und schielte auf ihre Uhr. Eine Viertelstunde würde sie den Quatsch zwangsläufig noch mitmachen müssen, aber keine Minute länger.

»Auf Sophie! Und auf Felix van Hagen und sein kleines Geheimnis!«, riefen die Kollegen.

Das kleine Geheimnis war fünf Jahre alt und geheim war es seit heute nicht mehr, dafür hatte sie gesorgt. Der beliebte Showmaster hatte eine uneheliche Tochter. Nicht mal Boris Becker und die Wäschekammeraffäre hatten die Nation so empört. Van Hagen war seit zwölf Jahren mit einer hübschen Französin verheiratet und hatte zwei Kinder. Er präsentierte seine perfekte Familie gerne vor der Presse und gab sich als strenger Moralapostel, für den vor allem Treue und Familienglück zählten. Sophie fröstelte. Nun wusste jeder, wie verlogen er wirklich war. Die Enthüllungsstory war die Geschichte des Jahres. Auch wenn ihr Name nicht auftauchte, konnte Felix sich denken, dass sie für den Artikel verantwortlich war. Sophie nahm die Glückwünsche entgegen und versuchte gelassen zu wirken. Sie war froh, dass sie nicht allein war. Pelle wich nicht von ihrer Seite. Der braune Labrador verstand sie ohne Worte. Er gähnte mehrmals lang und ausgiebig, um ihr zu zeigen, dass er sich langweilte. Sophie zwinkerte ihm zu und gab ihm zu verstehen, dass sie nicht mehr lange bleiben würden. Plötzlich wurde wieder gejubelt. Die Boulevardnachrichten hatten die explosive Meldung natürlich zum Hauptthema gemacht. Felix' Gesicht flimmerte über den Fernsehbildschirm. Sophie kannte es sehr gut. Sie hatte ihn geliebt. Aber wer liebte ihn nicht? Seine Shows waren Straßenfeger und er war der ungeschlagene Quotenkönig. Auch wenn er mit 58 nicht mehr der Jüngste war, gab es keine Altersstufe, die von seinem Charme und seinem Witz nicht verzaubert war. Bis jetzt. Sie hatte nur den Stein ins Wasser geworfen. Für die Wellen konnte sie nichts, versuchte sie sich zu beruhigen. Geld hatte Felix zwar mehr als er jemals ausgeben könnte, doch der Imageverlust würde ihm schwer zu schaffen machen. Sie hatte eine Lawine losgetreten. Er steckte in echten Schwierigkeiten und das hatte sie beabsichtigt. Trotzdem fühlte sie nicht den erhofften Triumph. Sophie stürzte den Rest Champagner hinunter. Es wurde Zeit, dass sie abhaute. Sie musste noch schnell heimfahren, sich umziehen und ihren Koffer holen. Sie musste mal weg von allem. Ihr Arzt hatte ihr eine Auszeit dringend ans Herz gelegt. Sophie entschuldigte sich bei der Schampus trinkenden Meute, die sofort aufheulte, dass sie doch noch nicht gehen könnte. Pelle sprang auf und folgte ihr. Sophie wusste, dass die Kollegen nur darauf gewartet hatten, dass sie verschwand. Jetzt konnten sie endlich laut aussprechen, was ihnen unter den Nägeln brannte. Warum hatte Sophie als Einzige davon gewusst? War an den Gerüchten doch was dran? Sophie und Felix? Hatte er sie abserviert? War sie es leid, nur die Geliebte zu sein? Sophie konnte spüren, wie sie ihr nachstarrten. Sie eilte zu ihrem Schreibtisch. Pelle sah sie fragend an. »Ich bin gleich so weit mein Dicker«, beruhigte sie ihn und sammelte ihre wichtigsten Unterlagen zusammen. Dann griff sie ihr Handy. Während sie tippte, kraulte sie dem Labrador den Nacken. »Gleich sind wir raus hier!« Am anderen Ende der Leitung wurde abgenommen. »Tina? Hallo! Nee, ich habe nur mit Pelle gesprochen. Wir sind noch in Hamburg, aber wir fahren jetzt los.« Während Sophie telefonierte, packte sie die letzten Sachen in ihre Tasche und lief los. Pelle tänzelte hinter ihr her. »Wir müssten so in zwei Stunden bei euch sein. Ich freu mich! Bis nachher!« Sie klappte ihr Handy zu.

»Bis Montag!«, rief ihr ein Kollege zu.

Sophie schüttelte den Kopf. »Nix da! Ich habe Urlaub!«

»Saint-Tropez? Oder Shopping in New York?«

»Viel exotischer.« Sie grinste. »Die kalte Ostsee! Fehmarn!«

Während der Kollege über den vermeintlichen Witz lachte, verschwand Sophie mit Pelle im Fahrstuhl. Sie konnte es nicht erwarten, endlich auf der Ostseeinsel zu sein. Sie brauchte dringend eine Luftveränderung und Zeit, über ihr Leben nachzudenken. Sie hatte es tatsächlich getan! Es war ihr nur um Rache gegangen, nachdem sie wusste, dass es aussichtslos war, von einer gemeinsamen Zukunft zu träumen. Aber Felix van Hagen hatte sie zuerst verraten.

Tina Sperber legte das Telefon zurück auf den Küchentresen. Sie war ziemlich überrascht gewesen, als Sophie sie vor ein paar Tagen spontan eingeladen hatte. Das letzte Mal hatten sie sich vor zwei Jahren gesehen und auch die Telefonate waren seltener geworden. Sie hatten nicht mehr viel gemeinsam. Mal wieder über alte Zeiten quatschen, hatte Sophie gesagt. Tja, die alten Zeiten, als sie noch Medizinstudentinnen waren und sich mit Modeljobs über Wasser hielten. Für ein paar Monate hatten sie sich sogar eine kleine Wohnung geteilt. Tina lächelte. Wie viele Nächte hatten sie auf dem winzigen Balkon Zigaretten geraucht und über ihre Zukunft spekuliert? Es kam ihr heute vor wie ein anderes Leben. Das Studium hatten sie beide nicht beendet. Sophie hatte damals abgebrochen, um professionell zu modeln und sie war Stefan über den Weg gelaufen. Eigentlich war sie mit dem Auto unterwegs gewesen und das mit Promille. Der nette Polizist hatte sie mit einem blauen Auge davonkommen lassen, nachdem er ihre Personalien aufgenommen hatte. Einen Tag später hatte er angerufen und sie zum Essen eingeladen. Als Stefan ihr einen Antrag gemacht hatte, hatte sie nicht eine Sekunde gezögert. Ihr Glück war perfekt, als sie nach einem Jahr schwanger wurde. Jetzt waren sie zu fünft. Stefan war mittlerweile Kriminalhauptkommissar in Lübeck. Dort hatten sie die ersten Jahre gelebt, bis zum plötzlichen Unfalltod ihrer Eltern vor drei Jahren. Tina hatte das Haus auf Fehmarn geerbt und sie hatten beschlossen, es zu einem neuen Heim für ihre eigene Familie zu machen. Sie wollten ihre Kinder an der Ostsee aufwachsen sehen. Es hatte fast zwei Jahre gedauert, bis der alte Kasten modernisiert und zu einem echten Schmuckstück geworden war. Stefan versuchte jeden Abend nach Hause zu kommen und blieb nur in Lübeck, wenn es gar nicht anders ging. Seit Finn auf der Welt war, verbrachte er jede freie Minute bei seiner Familie. Wie auf ein Stichwort begann Finn zu krähen. Tina ging nach oben ins Schlafzimmer, um ihr Baby zu stillen. Von ihrem Schaukelstuhl konnte sie auf das Meer sehen. Kleine Schaumkronen kräuselten sich im Sonnenlicht. Am Himmel waren nur wenige Wolken zu sehen. Der Juli feierte seinen Einstand mit traumhaftem Wetter. »Wir werden einen tollen Sommer haben, kleiner Schatz.« Ihr Blick fiel auf die neuste Ausgabe der ›Stars & Style‹, die auf dem antiken Beistelltischchen lag. Das Titelblatt zeigte den mit Baseballkappe getarnten Felix mit einem kleinen Mädchen. Im Magazin waren noch weitere Bilder. Natürlich war die Qualität der Paparazzifotos nicht die beste, doch was machte das schon? Van Hagen stand als Lügner da. Warum ließ Sophie zu, dass man ihn auf so üble Weise an den Pranger stellte? Hatte sie es nicht verhindern können? Sie war doch ganz froh gewesen, dass Felix in Wirklichkeit nicht der treue Gatte war. Tina war am Anfang skeptisch gewesen. Sie wünschte Sophie eine ehrli-

15

che Beziehung mit einem Mann, den sie nicht teilen und verheimlichen musste. Doch Sophie schien glücklich zu sein. Zumindest behauptete sie das immer am Telefon und schwärmte von den unglaublichen Reisen, die sie zusammen machten. Sophie konnte sich köstlich darüber amüsieren, wie Felix und sie die Öffentlichkeit austricksten, damit ihre Affäre nicht aufflog. Und jetzt veröffentlichte ausgerechnet die ›Stars & Style‹ diesen Artikel. Das war doch kein Zufall. Tina zuckte zusammen. Hatte Sophie den Artikel gar nicht verhindern wollen? War die Affäre beendet? Aber auch wenn es zwischen den beiden aus sein sollte, war das keine ausreichende Erklärung für so einen Vernichtungsschlag. Schaudernd erinnerte sie sich an den Kinofilm ›Eine verhängnisvolle Affäre‹. Die Tür flog auf und Antonia und Paul stürmten ins Zimmer.

»Mama! Paul ist so doof! Er hat meinen Teddy mit Sonnenmilch eingeschmiert!«

»Pst! Seid bitte leise.« Tina seufzte und sah die beiden ernst an. Die zwei waren einfach so niedlich und es fiel ihr immer schwer, zu schimpfen. »Paul! Du sollst Antonias Sachen doch in Ruhe lassen!«

Der kleine Kerl blickte verschmitzt aus der Wäsche. »Sonst macht Sonne aua, Mami.«

»Und ihr sollt hier nicht reinplatzen, wenn ich Finn stille. War das nicht so abgemacht?« Beide Kinder nickten brav. »Antonia, bitte pass ein bisschen auf Paul auf. Du bist doch mein großes Mädchen.«

Ihre Tochter strich sich mürrisch eine Haarsträhne aus dem Gesicht. »Bringt Tante Sophie Pelle mit?«

Die Kleine verblüffte sie immer wieder. Das letzte Mal hatte Antonia den Hund vor über zwei Jahren gesehen und da war sie grade mal drei gewesen. Offensichtlich hatte sie den schokoladenfarbenen Labrador nicht vergessen.

»Pelle, Pelle!«, schrie jetzt auch der dreijährige Paul.

Tina lachte leise. »Aber Paul, du kannst dich doch gar nicht mehr an Pelle erinnern.«

Paul stampfte mit dem Fuß auf. »Wohl!«

Antonia verschränkte die Arme vor der Brust und stellte sich auf Zehenspitzen. »Kannst du nicht! Mama hat recht! Du warst doch noch ein klitzekleines Baby.«

Paul warf seiner großen Schwester einen wütenden Blick zu.

»Schluss jetzt! Pelle ist in zwei Stunden hier. Dann könnt ihr ihn streicheln und mit ihm spielen. Aber jetzt geht ihr in den Garten und streitet euch nicht. Ihr dürft euch ein Eis nehmen.« Die beiden stürmten aus dem Zimmer. Tina atmete durch und legte den satten Finn zurück in sein Bettchen. Sophie war eine vernünftige Frau. Wenn sie mit der Enthüllungsstory etwas zu tun hatte, musste sie einen triftigen Grund haben. Tina schluckte. Alles passte zusammen! Über alte Zeiten quatschen? Zwei Wochen lang? Nein! Irgendetwas musste passiert sein und aus diesem Grund kroch sie jetzt auch auf Fehmarn unter, anstatt sich in der Karibik zu bräunen. Es gab nur eine Erklärung. Felix van Hagen musste Sophie übel mitgespielt haben. Da gab es definitiv eine viel schlimmere Story hinter der Story.

Sophie lenkte ihr BMW-Cabriolet auf den freien Parkplatz vor ihrer Altbauwohnung in Eppendorf. »Mein Glückstag!«, rief sie. Pelle sah sie vom Beifahrersitz erstaunt an. Sie sprang aus dem Wagen und öffnete ihm die Tür. »Ein Parkplatz! Und das am Freitagnachmittag! Der Urlaub beginnt doch toll!« Sophie merkte, wie der Stress von ihr abfiel. Sie würde diese gute Laune festhalten und versuchen, nicht mehr an Felix zu denken. Statt den Fahrstuhl zu nehmen, rannte sie die Treppe hoch bis in den 4. Stock und schloss ziemlich außer Atem die Tür zu ihrer 120

Quadratmeter Jugendstilwohnung auf. Pelle hechelte und seine rosa Zunge schlurfte fast über das Parkett. »Mein Dicker, wir sind nicht gerade fit, was?«, stellte sie lachend fest und schleuderte die teuren Schuhe in die Ecke. »Aber wir werden die zwei Wochen nutzen und uns ein bisschen in Form bringen!« Ihr Koffer stand bereits gepackt im Flur. Eigentlich hatte sie noch kurz duschen wollen, aber jetzt konnte sie gar nicht schnell genug aufbrechen. Sophie schlüpfte in einen bequemen Kapuzenpulli und Turnschuhe. 10 Minuten später saß sie mit Pelle schon wieder im Wagen. »Nun machen wir Ferien: Strand und Meer, joggen und kleine Kinder.«

Pelle bellte zustimmend, als ob er jedes Wort verstanden hätte. Fehmarn! Unspektakulär, aber sie freute sich trotzdem. Wahrscheinlich brauchte sie dringender etwas Ruhe, als sie sich eingestehen wollte. Natürlich war es schön Tina zu sehen, aber dazu hätte auch ein verlängertes Wochenende gereicht. Der wahre Grund für ihren Besuch war, dass sie auf der Insel genug Zeit haben würde, über die Geschehnisse der letzten Wochen nachzudenken und Kraft für einen neuen Start zu tanken. Eine unspektakuläre Gegend mit Deichen, Kühen und Seeluft würde sie nicht von ihren Problemen ablenken. In den letzten zwei Jahren hatte sie die schönsten Ecken der Welt gesehen. Felix hatte immer traumhafte Hotels gebucht. Diese gemeinsamen Wochen mit ihm waren wirklich die schönsten ihres Lebens gewesen. Und nun blieb dieser üble Nachgeschmack. »Vorbei!«, sagte sie laut und stellte das Radio an. Seit ihrer Kindheit war sie nicht mehr mit dem Auto in den Urlaub gefahren. Sie konnte sich noch gut erinnern, wie sie sich auf dem Rücksitz zwischen der Kühltasche und dem eingepackten Zelt gelangweilt hatte. Während des Studiums war sie zu Modeljobs um die halbe Welt geflogen. Irgendwann war sie mehr in Fotostudios und auf

Laufstegen als in der Uni gewesen. Sie hatte beschlossen, erst einmal ein paar Jahre Geld zu verdienen. Das Studium wollte sie später wieder aufnehmen, doch es kam anders. Sie bekam das Angebot, eine Kolumne für ein Modemagazin zu schreiben. Die Arbeit hatte ihr so viel Spaß gemacht, dass sie sich nicht mehr vorstellen konnte etwas anderes zu ihrem Beruf zu machen. Sie hatte bei verschiedenen kleinen Zeitungen hart gearbeitet und später bei einem Fernsehsender volontiert. Dort hatte man sie als Polizeireporterin eingesetzt. Das war zwar absolut nicht die Art von Arbeit, die sie machen wollte, doch sie hatte viel gelernt. Nach einem Jahr hatte sie eine feste Stelle als Redakteurin bei einer Tageszeitung bekommen. Ihr Bereich war Mode und Gesellschaft, und sie hatte sich schnell einen Namen gemacht. Vor zweieinhalb Jahren wurde sie von der ›Stars & Style‹ abgeworben. Als Klatschredakteurin war es nun ihr Job, alles über die Prominenz in Erfahrung zu bringen. Sie flog für das Magazin überall dorthin, wo die Schönen und Reichen feierten. Außerdem berichtete sie von den Aftershowpartys der großen VIP-Veranstaltungen und Preisverleihungen. Auf so einer Party hatte sie auch Felix kennengelernt. Sophie schaltete das Autoradio lauter. Bei guter Popmusik würde sie schon nicht melancholisch werden. Es war eben vorbei und sie hatte wieder Zeit für ihre alten Freunde. Sie musste nicht mehr auf einen Anruf von Felix oder seinem Assistenten warten, der ihr dann mitteilte, wo die Flugtickets für ihr Wochenende hinterlegt waren und in welchem diskreten Luxushotel sie sich treffen würden. Einen Skandal durfte sich der Saubermann des deutschen Fernsehens auf keinen Fall erlauben. Er war wirklich ein guter Schauspieler. Sie selbst hatte ihm doch auch geglaubt. Dabei war er schon immer skrupellos gewesen. Dass er seine Frau betrog, scherte ihn einen Dreck. Sophie hatte anfangs ein schlechtes Gewissen gehabt, doch Felix hatte ihr immer wieder versichert, dass seine Ehe nur noch auf dem Papier bestand. In ein paar Jahren, wenn er nicht mehr im Rampenlicht stehen würde, würde er sich scheiden lassen. Warum war sie nur so naiv gewesen? Er hatte sie mit der Scheidungsgeschichte doch nur beruhigen wollen. Er hätte sich nie von seiner Frau getrennt. Warum sollte er auch? »Fahr zur Hölle!«, zischte Sophie in den Gegenwind. »Du hast keine Ahnung, was ich durchmachen musste!«

Tina marschierte durch das Haus und räumte Kinderspielzeug aus dem Weg. Dabei fiel ihr plötzlich auf, dass es eigentlich keinen Quadratmeter gab, auf dem nicht ein Bauklotz oder ein Kuscheltier lag. Als sie alles auf einen Haufen in der Kaminecke geworfen hatte, ging sie nach oben ins Schlafzimmer, um sich umzuziehen. Tina betrachtete sich im Spiegel. Sie sah immer noch sehr gut aus. Ihr Gesicht fast faltenlos und ihre langen Locken noch immer kastanienrot. Gut, ihre Figur war nicht mehr die eines Topmodels, aber nach drei Kindern? Sie ging zum Kleiderschrank und überlegte, was sie anziehen sollte. Sophie war immer so schick! Aus der dünnen Medizinstudentin in Jeans war eine elegante Frau geworden, die sich in Edelmarken hüllte. Tina zuckte mit den Schultern. Von Gucci und Co. würde sie in ihrem Kleiderschrank nichts finden. Warum auch? Um es von ihren Kindern vollschmieren zu lassen? Sie trug eben Klamotten, die sich bei 60 Grad in der Maschine waschen ließen. Das war nun mal ihre Welt. Trotzdem wählte sie ihre beste Jeans und ein teures Poloshirt. Wieso war sie nur so nervös? Sie musste nicht mit Sophie konkurrieren. Sie hatten unterschiedliche Leben gewählt und zu ihrem gehörte eben eine praktische Garderobe. Das musste nicht bedeuten, dass sie sich nicht mehr verstehen würden. Früher waren sie gemeinsam durch dick und dünn gegangen. Erst durch ihre Beziehung mit Stefan hatte die Freundschaft einen Knacks bekommen. Sophie war damals entsetzt gewesen, dass sie ihre Karriere für einen einfachen Polizisten aufgab. Stefan fand Sophie oberflächlich und karrieregeil. Als Sophie angefangen hatte als Polizeireporterin zu arbeiten, sah er sich darin bestätigt, dass sie über Leichen ging. Tina ging ins Bad und verteilte etwas Rouge auf ihrem übermüdeten Gesicht. Würde alles gut gehen? Stefan war ganz und gar nicht begeistert, dass Sophie sich gleich für zwei Wochen eingeladen hatte, aber er würde sowieso nicht oft da sein. Hoffentlich waren beide inzwischen erwachsen genug, dass sie sich nicht gleich wieder die Köpfe einhauten. Als Tina das Gästezimmer noch mal kontrollierte und die frischen Blumen in der Vase zurechtrückte, hörte sie endlich einen Wagen. Paul und Antonia waren außer Rand und Band. Tina stürzte nach unten. Sophie war bereits dabei ihren teuren Koffer aus dem Auto zu zerren und Pelle leckte die begeisterten Kinder freudig ab. »Sophie! Herzlich willkommen!«

Sophie stellte den Koffer ab und lachte sie an. In Jeans und Turnschuhen sah sie noch immer aus wie die Studentin von damals. Auch ihr tiefes Lachen klang wie früher.

»Wow! Du siehst klasse aus! Ich hatte eigentlich die Info, dass du vor vier Monaten ein Baby gekriegt hast. Hast du es geklaut?«

Tina schüttelte lachend den Kopf. Sie hatte zwar alles getan, um möglichst schnell wieder in Form zu sein, doch das Kompliment ging runter wie Öl. Plötzlich war sie richtig gut gelaunt. Wahrscheinlich hatte sie sich wieder grundlos zu viele Gedanken gemacht. Sie würden sicher eine tolle Zeit haben. Aber da war noch die Sache mit Felix. Hatte Sophie ihre Macht missbraucht? War sie schuld daran, dass seine beispiellose Karriere den Bach runter gehen würde? Felix war Tina dabei eigentlich total egal, aber war mit Sophie wirklich alles in Ordnung?

Sophie war überrascht, wie sehr sie sich freute, ihre alte Freundin wiederzusehen. Tina sah blendend aus. »Mann! Was für geile Möpse! Damit machst du ja Pamela Anderson Konkurrenz.«

»Ach, hör bloß auf!« Tina stöhnte. »Im Moment sehe ich aus wie ein Pornostar. Finn ist aber auch ein echter Gierhals. Ich bin nur am Produzieren.«

»Na, Stefan ist doch bestimmt begeistert!«

»Woran du gleich wieder denkst!«

Sophie legte Tina den Arm um die Schulter und ging mit ihr kichernd um das Haus herum auf die Terrasse. Auf dem großen Teakgartentisch stand bereits ein Sektkühler mit einer Flasche Prosecco.

»Ein Glas darf ich«, erklärte Tina, während sie einschenkte. »Um den Rest wirst du dich kümmern müssen.«

»Kein Problem! Ich habe Urlaub! Danke, dass ich kommen durfte.«

»Na hör mal, es ist mir eine Ehre die berühmte Sophie Sturm zu Gast zu haben! Auf zwei schöne Wochen!«

Sophie prostete Tina zu und trank einen Schluck. »Ich hatte fast vergessen, wie toll es ist eine Freundin zu haben. Wie lange haben wir uns nicht gesehen? Paul war doch noch ein Baby.«

Tina nickte lächelnd. »Richtig! Die Zeit rennt einfach. Früher war ein Jahr eine halbe Ewigkeit. Und jetzt? Ich habe das Gefühl, dass nur wenige Wochen zwischen zwei Weihnachtsfesten liegen. Und in der Zeit muss ich noch zwei Kindergeburtstagsfeiern organisieren. Das verfluchte Rad dreht sich immer schneller.«

Sophie nickte und ließ ihren Blick durch den Garten

22

schweifen. Im hinteren Teil standen knorrige Obstbäume. Das Grundstück reichte bis an den Deich. Ein paar Möwen kreischten am Himmel und es roch nach Gras und Meer.

»Du hast es traumhaft hier!«

Tina rollte mit den Augen. »Ja, mittlerweile. Ich habe mit den Kleinen monatelang auf einer Baustelle gelebt. Ehrlich gesagt, hatte ich die ganze Geschichte hoffnungslos unterschätzt.«

Sophie nickte anerkennend. »Aber es hat sich doch gelohnt. Das ist Idylle pur! Deine Kinder hier herumtollen zu sehen erinnert mich an eine Astrid-Lindgren-Verfilmung. Ach, wo ist denn der Kleinste?«

»Er schläft! Und glaube mir, ich genieße das. Die letzten vier Monate waren hart. Manchmal weiß ich gar nicht, ob es Tag oder Nacht ist.« Tina schüttelte lächelnd den Kopf und nippte an ihrem Glas. Sie schwiegen ein paar Minuten. Sophie war froh, nichts sagen zu müssen. Schließlich war sie hierher gekommen, um Abstand zu gewinnen. Fehmarn schien der richtige Ort dafür zu sein. Nun fragte sie sich, ob sie nicht einen furchtbaren Fehler gemacht hatte. Statt Ablenkung fand sie hier die perfekte Mutter in einem zauberhaften Haus mit entzückenden Kindern. Natürlich konnte sie sich hier verstecken, doch vor sich selbst davonlaufen konnte sie nicht. Und nicht von der Vorstellung, wie alles hätte sein können, wenn Felix ein anderer Mensch wäre.

»Wo steckt eigentlich Stefan?«

»Er hat noch in Lübeck zu tun. Seit er bei der Mordkommission ist, muss er ganz schön ran.«

»Na, ich vermisse ihn nicht.« Sophie biss sich auf die Zunge. Warum hatte sie das jetzt sagen müssen?

»Bitte versucht, euch zu vertragen.« Tina sah sie ernst an.

»Ich verspreche, brav zu sein. Das Haus ist übrigens ein

Traum! Früher hatte ich ja nicht viel übrig für alte Kästen und Reetdächer, aber mittlerweile finde ich es romantisch. Ich kann verstehen, dass ihr euren Wohnsitz hierher verlegt habt.«

»Warte, bis du es von innen gesehen hast! Ich zeig dir gleich alles. Der Garten ist erst im letzten Sommer fertig geworden. Vor lauter Gestrüpp hat man die Obstbäume gar nicht wahrgenommen.«

»Wir lassen Fotos für die ›Sweet Home‹ machen!«, meinte Sophie begeistert. »Die drucken das sofort: ›Landhausidylle an der Ostsee‹.«

Tina lachte. »Lieber nicht! Wahrscheinlich würde Stefan sich scheiden lassen. Und du hast jetzt Urlaub. Hör auf, über mögliche Artikel nachzudenken! Guck! Dein Hund hat sich schon eingelebt. Er ist ja ganz vernarrt in die Kleinen.«

Sophie sah zu Pelle, der mit Antonia und Paul herumtollte. Er holte brav Stöckchen und ließ sich zwischendurch gerne kraulen. »Weißt du, das ist wirklich der richtige Ort Kinder aufwachsen zu lassen.«

»Auf Fehmarn?« Tina starrte sie ungläubig an. »Hör mal, du hast das aufregende Leben. Mit den Stars auf Du und Du, Luxushotels, London, Paris, New York. Während du die Nächte damit verbringst, Champagner zu trinken, beziehe ich vollgekotzte Betten und wechsele Windeln.«

Sophie sah Tina amüsiert an. »Ich wollte nur sagen, dass es großartig ist, so zu leben, wenn man Kinder hat. Wie arm sind da die Stadtkinder dran?«

»Da sind immer zwei Seiten«, gab Tina zu bedenken. »Vergiss nicht, ich bin hier aufgewachsen. Wenn Antonia 16 ist, wird sie die Insel verfluchen und sich nach dem Großstadtdschungel sehnen, glaub mir.«

»Dann schickst du sie übers Wochenende zu mir und ich geh mit ihr shoppen.« Sie reckte sich genüsslich. »Ich finde es jedenfalls herrlich hier. Ich hör nicht ein Auto und die Luft ist so klar. Idylle pur! Ich kann mir überhaupt nicht vorstellen, dass hier was passiert.«

»Oh, sag das nicht!« Tina sah sie ernst an. »Vor drei Tagen wurde in Gold eine Wasserleiche angespült.«

Sophie zog überrascht die Augenbrauen hoch.

»Kein Witz! Eine junge Kiterin! Gruselig! Sie lag morgens mausetot am Strand!«

Tina entspannte sich. Es war fast wie in alten Zeiten, nur dass Sophie nachdenklicher wirkte.

Vor ein paar Jahren hätte sie sich eher die Zunge abgebissen, als ein Leben auf dem Land als schön zu bezeichnen. Was auch immer passiert war, sprechen wollte Sophie anscheinend nicht sofort darüber. Oder war gar nichts passiert? Tina stellte ihr Glas auf den Tisch und stand auf. »So, und nun zeig ich dir dein Zimmer und den Rest des Landhaustraums.« Sophie folgte ihr durch die große Glastür ins Haus. »Das ist der Wohnbereich.«

»Wow!«

Sie warf einen schnellen Blick auf Sophie. Sie schien wirklich beeindruckt zu sein. »Von außen sieht es gar nicht so geräumig aus! Und was für schöne Möbel!«

Tina genoss das Lob und ging weiter. »Wir haben ein paar Wände rausreißen lassen. Früher waren das hier drei kleine Zimmer. Du weißt schon, Wohnzimmer, Esszimmer und ein kleines Kaminzimmer. Die Küche ging vom Flur ab. Jetzt ist alles offen.« Tina hatte das Haus zwischendurch verflucht, wenn sie Abend für Abend, nachdem die Kinder im Bett waren, mit Spachtel und Pinsel in dem Chaos herumgewühlt hatte. Aber jetzt war alles genauso, wie sie es sich immer vorgestellt hatte. Zwischen zwei großen Sofas aus braunem Wildleder stand ein asiatischer Couchtisch aus Teakholz. Die Wände waren weiß gekalkt. Ohne die große Schale mit roten Äpfeln und den bunten Kissen hätte der Raum fast puristisch gewirkt. Der lange Esstisch stand frei. Links davon kam man auf ein kleines Podest, auf dem ein kuscheliges Sofa vor dem alten Kamin stand. Die vielen Kinderbücher und die Zeitschriften ließen keinen Zweifel, dass es sich um den Lieblingsplatz ihrer Familie handelte. Rechts vom Essbereich lag die Küche. Sie war nur durch einen Tresen abgetrennt. Sophie pfiff durch die Zähne. »Alles Edelstahl!«

»Ja, das habe ich aber schon bedauert. Die Kinder hinterlassen täglich Fingerabdrücke. Na, was solls? In 18 Jahren ziehen sie ja aus.«

Sophie lachte und sah sich beeindruckt um. »Ich hatte ja eher Landhausstil erwartet, mehr so was Kuscheliges. Dass man ein Haus auch so stylen kann, wäre mir gar nicht in den Sinn gekommen. Es ist fantastisch! Eine Kombination aus Altem und Design. Und diese Küche! Man müsste hier eine Kochsendung produzieren.«

Auf die Küche war Tina besonders stolz. Durch den warmen Boden wirkte der Edelstahl nicht kalt, sondern schick. Der Backofen lag auf Augenhöhe, was nicht nur ihren Rücken schonte, sondern auch die Kleinen vor Verbrennungen. Auf dem Tresen standen Tontöpfe mit frischen Kräutern und eine teure Espressomaschine, die dem Ganzen ein mediterranes Flair gaben. »Hättest du mir gar nicht zugetraut, was?«

Sophie sah sie ernst an. »Ich wusste, dass du es wunderbar einrichten würdest, aber ich habe tatsächlich nicht mit so etwas Modernem gerechnet.«

»Komm, wir gehen nach oben! Dort sind die Räume vom Stil her ganz anders.« Sophie folgte ihr die Treppe hinauf. »Lass uns leise sein. Finn wird zwar gleich aufwachen, aber ich würde dir vorher gerne noch dein Zimmer zeigen.« Sophie legte sich amüsiert den Finger auf die Lippen. »Das ist das Gästezimmer.« Tina öffnete die Tür.

Sophie quiekte leise.

»Wie süß!«

Das kleine Zimmer sah aus wie ein Raum in einer Puppenstube. Die Tapeten hatten ein pastellfarbenes Blumenmuster und die Möbel waren antik.

»Hier oben haben wir Rosamunde-Pilcher-Romanik pur. Die Räume sind alle ziemlich klein und so wirken sie gemütlicher. Neben deinem Zimmer ist ein Badezimmer. Du hast es ganz für dich. Die Kinder bade ich immer in dem großen Bad neben unserem Schlafzimmer.«

Sie trat, gefolgt von Sophie, gerade zurück auf den Flur, als Finn zu jammern anfing. »Gutes Timing. Komm, nun wirst du den kleinsten Sperber kennenlernen.« Leise betrat Tina das Schlafzimmer und nahm ihr Baby aus der Wiege. »Hallo, kleiner Mann. Hast du schön geschlafen?«, fragte sie zärtlich.

Plötzlich war aus dem Garten lautes Geschrei zu hören. »Mami! Mami! Wo bis du? Mami! Tonia is so gemein!«

Tina rollte mit den Augen. »Sie streiten sich immer genau im richtigen Moment.«

»Bleib hier! Ich geh runter und schlichte«, schlug Sophie vor und stürzte die Treppe hinunter. Tina dachte über ihre Freundin nach. War Sophie wirklich beeindruckt? Sophie, die alles hatte und alles konnte? Oder wollte sie nur nett sein? Felix kam ihr in den Sinn. Sophie hatte noch kein Wort über ihn verloren. Irgendwas stimmte zwischen den beiden ganz und gar nicht. Als ihr Jüngster satt war, wickelte sie ihn in eine Decke und nahm ihn mit hinunter. Sophie saß in dem Strandkorb auf der Terrasse und hielt ihr Gesicht in die Sonne. Ihre Augen waren geschlossen. »Hey, nicht einschlafen«, rief Tina. Sophie blinzelte sie an. »Was war denn mit Paul und Antonia?«

»Ach, gar nichts«, antwortete Sophie. »Paul wollte nur auch mal das Stöckchen für Pelle werfen und sein reizendes Schwesterlein hat es ihm nicht gegeben. Ich habe Paul Pelles Lieblingsball gegeben und nun spielt Pelle mit ihm und Antonia schmollt.«

»Na, dann ist ja alles wie immer«, stellte Tina fest. »So, und nun will ich dir meinen kleinen Engel vorstellen.«

Tina legte ihrer Freundin ihren jüngsten Sohn in den Arm. Sophies Gesichtsausdruck veränderte sich. Sie sah fast ängstlich aus.

»Gott, du bist aber süß!« Sophies Stimme brach und sie räusperte sich leise. »Weiß deine Mama eigentlich, wie viel Glück sie hat?«

Zu Tinas Erstaunen füllten sich die Augen der Karrierefrau mit Tränen.

2

Felix zerrte den Stecker aus der Telefonbuchse und schaltete die Handys aus. Den ganzen Tag hatte er unangenehme
Fragen beantworten müssen. Es mussten Presseerklärun-
gen verfasst und Sponsoren beruhigt werden. Eddy, sein
Manager, war um ihn herumgeschlichen und hatte leise vor
sich hingeflucht. Dabei hatte er mindestens fünf Hemden
durchgeschwitzt. Felix wünschte sich, gleich aus einem
Albtraum aufzuwachen. Langsam wurde ihm das Ausmaß
der Katastrophe bewusst. Vor einer halben Stunde hatte er
Eddy aufgefordert abzuhauen und ihn in Ruhe zu lassen.
Nun war er endlich allein und konnte nachdenken. Was
hatte Sophie sich nur dabei gedacht? Anscheinend wollte
sie ihn fertigmachen. Natürlich war diese Nummer von ihr
inszeniert. Sie musste ihn für einen Idioten halten, wenn
sie dachte, er könne nicht eins und eins zusammenzählen.
Felix lockerte seine Krawatte und ging zur Bar. Was wollte
die Schlampe? Ihn erpressen? Seine Frau wusste sowieso
Bescheid. Über alles. Sie wusste von der Tochter und sie
wusste von seiner Affäre mit Sophie. Juliette ging es nur
darum, im Luxus zu leben, den Kindern eine Mutter zu
sein, die sie bewundern konnten, und zwischendurch seine Kreditkarte bluten zu lassen. Felix schenkte sich einen
großen Whisky ein und setzte sich auf die Designercouch.
Im Grunde hatte er ein prima Leben mit Juliette. Ihre Lo-
yalität und Toleranz waren zwar nicht billig, aber er war
ein freier Mann. Sein Job machte ihn für die ordinären
Zuschauer zu einem Halbgott. Seine Laune besserte sich
für einen Augenblick. Es machte nun mal Spaß berühmt

zu sein. Es war leicht, sich jederzeit gut gelaunt und lässig zu zeigen, wenn man sowieso von jedermann geliebt wurde. Dass er zudem reicher und reicher wurde, war eine angenehme Nebensache. Mittlerweile hatte er Werbeverträge in Millionenhöhe. Seine noch immer ansehnliche Visage lächelte von Getränkekartons und Schokoriegeln. Und bis vor Kurzem hatte er noch eine aufregende Geliebte. Felix leerte das Glas in einem Zug. Er war allein in der riesigen Villa. Juliette war bei einer Freundin und die Kinder verbrachten die Nacht bei seiner Mutter. Übermorgen würden sie nach Mallorca fliegen. Er ging wieder zur Bar und holte die Flasche. Gut, dass Juliette nicht da war. Wenn sie ihm jetzt auch noch die Ohren vollheulen würde, würde er durchdrehen. Verdammter Artikel! Wie konnte Sophie nur so weit gehen? Was würde aus den Werbeverträgen? Sophie schien eine so vernünftige Frau zu sein. Das hätte er ihr nie im Leben zugetraut. Und alles nur, weil er sie gebeten hatte das Kind abzutreiben. Er konnte sich eben keinen Skandal erlauben. Nun hatte er einen am Hals. Verdammt! Er würde in seiner knappen Freizeit noch mehr Wohltätigkeitsveranstaltungen besuchen und sicher noch ein Patenkind aus Afrika oder Indien annehmen müssen, um sein Image wieder aufzupolieren. Felix nahm das Foto von Sophie aus der Brieftasche. Das Bild zeigte sie im Bikini am Strand. Was für ein sensationeller Körper. Ganz langsam riss er das Foto in kleine Schnipsel und warf diese ins Aquarium mit den Kois. »Von dir lass ich mich nicht kaputtmachen, Süße! Von dir nicht.« Die Fetzen sanken zu Boden und die teuren Karpfen wühlten gierig danach.

Sophie atmete tief durch. Jetzt bloß nicht weinen! Dieser neue Mensch hatte mit ihrem Schicksal rein gar nichts zu tun. Der kleine Finn war ein Wunder und als solches sollte sie ihn auch betrachten. Sie musste endlich aufhören, sich selber leidzutun. In Bezug auf Felix hatte sie doch auch die Flucht nach vorn angetreten.

»Alles in Ordnung?«, fragte Tina besorgt.

Sophie schluckte kurz und lächelte sie an. »Aber sicher! Es ist nur so überwältigend. Er ist so winzig und trotzdem ist alles dran.«

»So winzig?«, Tina lachte. »Finn war noch nie winzig. 4300 Gramm und 55 Zentimeter! Bei seiner Geburt dachte ich, ich krieg ein Elefantenkalb.«

Tina sah auf die Uhr und sprang auf. »Mein Gott, wie die Zeit vergeht. Sag mal, ist es okay für dich, wenn ich Finn bei dir lasse und schnell die Nudeln warm mache?«

»Na klar! Wir werden uns schon vertragen.«

Finn hatte die Augen geschlossen und schmatzte leise. Seine winzige Hand hielt ihren Zeigefinger fest umschlossen. Aus der Küche hörte sie Tina mit den Töpfen herumklappern. Sie hatte Tina immer für verrückt gehalten Knall auf Fall aus der Modelbranche auszusteigen, obwohl es für sie fantastisch lief. Und alles, um einem Polizisten nach Lübeck zu folgen. Nun musste sie zugeben, dass Tina es richtig gemacht hatte. Sie war glücklich und zufrieden. Ihre Ehe mit Stefan schien noch immer zu funktionieren. Den jüngsten Beweis ihrer Liebe hielt sie schließlich gerade im Arm.

10 Minuten später kam Tina zurück und stellte zwei Teller Spaghetti auf den Tisch. »Wie ich sehe, seid ihr bestens klargekommen. Na, dann gib ihn mal wieder her.« Tina legte den Kleinen in die Babyschale und rief die Kinder. Mit Pelle im Schlepptau stürmten sie auf die Terrasse. Mit großem Appetit und ohne sich zu streiten, aßen sie ihre Teller leer.

»Ihr Mäuse, es wird langsam Zeit. Sagt Sophie gute Nacht und dann gehen wir Zähne putzen.«

Obwohl die Kinder todmüde sein mussten, begannen sie zu protestieren.

»Kann Pelle nicht mit nach oben kommen?« Antonia sah sie mit großen Augen an.

»Er kann mit in meinem Bett schlafen.« Paul nickte aufgeregt.

»Nein, ihr Süßen. Ihr schlaft jetzt ganz schnell ein und morgen könnt ihr ihn dann wecken.«

Antonia seufzte enttäuscht, folgte dann aber ihrer Mama und ihren Brüdern. Sophie verschwand in der Küche. Als sie das Butterhähnchen sah, lief ihr das Wasser im Mund zusammen. Schon während ihrer gemeinsamen WG-Zeit war dieses Gericht immer ein Highlight gewesen. Sophie dachte gerne daran zurück.

»So, die Bande ist im Bett! So sehr ich meine Kinder liebe, nach einem langen Tag bin ich froh, wenn sie alle in der Falle sind und ich mal ein paar Stunden für mich habe.« Tina warf einen Blick in den Backofen. »Ich glaube, es ist bald fertig. Inzwischen könntest du mir von der Geschichte mit Felix erzählen.«

»Ach Tina, er ist ein verdammtes Arschloch! Ich bin noch nie so enttäuscht und verletzt worden.«

»Du wusstest auch nichts von der unehelichen Tochter? Er hat nicht mal dir was gesagt?«

»Natürlich wusste ich davon. Ich war die Quelle für den Artikel.«

»Du warst was? Mein Gott, Sophie! Dass die Story Gift für seine Karriere ist, das weiß ich. Was ist denn passiert? Ihr seid mit eurem, tja, ich sag mal Arrangement doch beide ganz zufrieden gewesen?«

»Er war es!«, entgegnete Sophie fast trotzig. »Ich aber ab einem bestimmten Punkt nicht mehr. Vielleicht wollte ich mehr sein als die ständige Geliebte? Vielleicht wollte ich auch eine Familie?« Sie schloss kurz die Augen, um sich zu beruhigen. »Tja, und er wollte das nicht. Das habe ich jetzt auch kapiert. Er hat mich hingehalten und mir das Blaue vom Himmel versprochen. Lass uns heute nicht mehr davon reden. Ich brauch erst mal ein paar Tage Abstand.«

»Ich weiß nicht, was ich sagen soll, aber eins weiß ich ganz sicher. Du bist eine schöne junge Frau. Wozu brauchst du den alten Sack?« Tina lächelte sie aufmunternd an. »Bestimmt kommt bald der Richtige, und wer weiß? Vielleicht wollt ihr dann tatsächlich irgendwann ein Baby.«

»Sicher«, flüsterte Sophie. Aber es würde ein anderes Baby sein.

3

Samstag

Stefan fuhr übermüdet über die Autobahn. Er wollte nur noch nach Hause und die Ereignisse der letzten Nacht vergessen. Er steckte sich eine Zigarette an, um sich wach zu halten. Sein Audi war ein rollender Aschenbecher. Auch die Wunderbäume, die am Rückspiegel baumelten, konnten gegen den Gestank nichts ausrichten. Stefan bekam einen Schreck, als er sein Spiegelbild sah. Sein Haar brauchte einen Schnitt und er musste sich unbedingt rasieren. Sein Gesicht war bleich und sein Hemd dreckig. Unter den Achseln hatten sich Schwitzflecken gebildet. Er hatte das Aussehen eines Penners und roch auch so. Er musste dringend unter die Dusche. Die letzen 24 Stunden waren ein Albtraum gewesen. Sie waren zu einem Einsatz in Moisling gerufen worden. Eine junge Frau hatte auf dem Dach einer Mietskaserne gestanden und gedroht, ihr Baby hinunterzuwerfen. Sie hatte es in eine Decke gewickelt und es an ihre Brust gedrückt. Er hatte den besten Psychologen kommen lassen. Der hatte vom Balkon des obersten Stockwerks zwei Stunden auf die Frau eingeredet, doch sie wollte niemanden an sich heranlassen. Die Feuerwehr hatte in der Zwischenzeit ein Sprungtuch aufgespannt. Stefan hatte entsetzliche Angst gehabt. Die Sache war ihm unter die Haut gegangen. Sein Kleinster war genauso alt wie das Baby auf dem Dach. Immer wieder hatte er Finns Gesicht gesehen. Ihm war fast egal gewesen, ob die Irre sich umbrachte, aber dem unschuldigen Baby durfte nichts geschehen. Plötzlich hatte die Frau hysterisch gelacht und den Säugling ohne Vorwarnung hinuntergeworfen. Die Feuerwehrmänner hatten das Tuch gespannt und das Bündel aufgefangen. Wie bei Finns Geburt hatte er auf den ersten Schrei gewartet, vergeblich. Panisch hatte er die Decke aufgeschlagen und sofort die Augen geschlossen. Er hatte schon viel gesehen, seit er bei der Mordkommission war, aber das war mehr, als er ertragen konnte. Das Baby musste schon seit Tagen tot sein. Als die Frau vom Dach gesprungen war, hatte er gehofft, dass sie das Sprungtuch verfehlen und auf das Pflaster klatschen würde. Sie hatten sie die ganze Nacht verhört. Stefan hatte drei Schachteln Zigaretten geraucht und unzählige Tassen Kaffee getrunken. Jetzt wollte er nur noch zu seiner Familie. Er wollte seine Frau küssen, mit den Kindern spielen und seinen Jüngsten in den Arm nehmen.

Er liebte Tina noch immer wie am ersten Tag. Er sollte es ihr öfter sagen und zeigen. Vielleicht konnten sie sich an diesem Wochenende ein bisschen Zeit füreinander nehmen. Plötzlich fiel es ihm wieder ein. Wütend feuerte Stefan die Kippe aus dem Fenster. Ihre Hoheit Klatschqueen Sophie würde auch da sein. Verdammt!

Sophie wusste nicht, was sie geweckt hatte, das Gebrüll von Finn oder die kalte Nase von Pelle, die ihren Arm stupste. Sie hatte wunderbar geschlafen und zum ersten Mal seit der Trennung nicht von Felix geträumt. Sophie reckte sich und öffnete die Augen. Ihr Blick fiel auf die Blümchentapete und die bestickten Vorhänge. »Guten Morgen, Bullerbü!«, lachte sie leise. Der Labrador versuchte, die Situation für sich auszunutzen. Mit einem Satz war er im Bett und leckte ihr Gesicht ab. »Hey! Du spinnst wohl! Zisch ab und lass mich erst mal gucken, wie spät es eigentlich ist!« Pelle polterte aus dem Bett und wedelte aufmunternd mit dem Schwanz. Sophie sah auf die Uhr. »Fünf nach sechs! Vergiss es, Dicker!« Sie ließ sich wieder in die Kissen sinken. »Ich habe Ferien! In zwei Stunden lass ich vielleicht mit mir reden.« Pelle zog den Schwanz ein. »Ach, jetzt willst du mir ein schlechtes Gewissen machen?« Sophie grinste, zog den Vorhang zur Seite und sah aus dem Fenster. Die ersten Sonnenstrahlen schienen auf Felder und saftige Wiesen, und in dem alten Kirschbaum vor dem Haus zankten sich zwei Amseln. »Idylle pur!« Pelle stand wieder auf und schnaubte. »Ich kann sowieso nicht mehr einschlafen, wenn ich weiß, dass du mich die ganze Zeit vorwurfsvoll anglotzt. Na los, wir gehen joggen. Sport wird dir guttun. Bist ein bisschen rund geworden in letzter Zeit.«

Ein paar Minuten später schlich sie mit dem Hund die Treppe hinunter und verließ das Haus. Sophie atmete die Seeluft ein und dehnte ihre steifen Glieder, bevor sie durch den Obstgarten auf den Deich zu trabte. Sie konnte sich nicht erinnern, in den letzten Wochen so entspannt gewesen zu sein. Die Insel schien ihr gutzutun. Ein paar Möwen kreischten am Himmel und es versprach, ein sehr warmer Tag zu werden. Sie joggte auf dem Deich in Richtung Gold. Pelle jagte durch die Gegend. Zumindest der Hund ist vollkommen glücklich, dachte Sophie. Und sie würde es auch wieder werden. Die Entscheidung nach Fehmarn zu kommen, war die richtige gewesen. Sie würde jeden Morgen laufen und viel mit Tina quatschen. Das war viel besser, als irgendwo allein in einem Luxushotel vor sich hinzugrübeln. Sicher würde die Welt schon bald wieder ganz anders aussehen. Plötzlich begann Pelle aufgeregt zu bellen und stürmte davon.

»Pelle! Bleib hier! Lass doch das arme Karnickel!«

Er kam nicht zurück. »Fuß, verdammt noch mal!« Wütend sprintete Sophie hinter ihm her. Pelle sprang den

Deich hinab zu einem schmalen Strandabschnitt. Er bellte noch immer. Plötzlich jaulte er laut auf. Sophie bekam Angst. So schnell sie konnte, stürmte sie ihm nach. Pelle stand zitternd am Strand. Ein paar Meter vor ihm lag etwas Schwarzes. Sophie hielt es für einen großen Plastiksack.

»Meine Güte«, keuchte sie atemlos. »Jetzt komm endlich her!« Er rühre sich nicht. Sie folgte ihm den Deich hinunter. Nein, es war kein Plastiksack. »Ein Neoprenanzug! Na, wie aufregend! Irgendwer wird ihn vergessen haben. Jetzt hab dich doch nicht so! Pelle! Was bist du nur für eine Memme!« Sophie erreichte ihren Hund und klopfte ihm liebevoll den Po. »Das ist doch nur ...« Sie sprang reflexartig einen Schritt zurück. »Ach du Scheiße!«

In dem Neoprenanzug steckte eine Frau. Sophie sah sofort, dass sie tot war.

4

Hanjo starrte an die Decke. Er musste gar nicht auf die Uhr sehen. Es war 20 nach sechs. Er wachte jeden Tag um dieselbe Zeit auf, immer fünf Minuten, bevor der Wecker klingeln würde. Früher war er immer gleich aus dem Bett gesprungen und nach unten in die Küche gelaufen, um Wasser aufzusetzen. Er hatte Freya jeden Morgen ihres gemeinsamen Lebens den Tee ans Bett gebracht, 40 Jahre lang. Hanjo wirkte noch immer kräftig, doch er war erschöpft. Zu viel hatte sich nach Freyas Tod verändert. Er fühlte sich so unendlich einsam ohne sie. Er hatte auch nie wieder eine Tasse Tee im Bett getrunken. Es wäre ihm wie Verrat vorgekommen, als könne er einfach so weitermachen. Hanjo stieg mühsam aus dem schweren Eichenbett, in dem er nun schon seit vier Wochen allein schlief. Ihre Decke lag noch da. Er brachte es einfach nicht übers Herz, sie auf den Dachboden zu bringen. Nachts kuschelte er sich hinein und er glaubte, noch immer ihren Geruch wahrnehmen zu können. Auch der Kleiderschrank war nicht ausgeräumt. Er war noch nicht so weit. Gerade weil jetzt alles anders war, brauchte er ihre persönlichen Dinge noch eine Weile um sich. Sie waren sein Trost. Er hatte nicht verhindern können, dass der Krebs sie aufgefressen hatte, doch er konnte zumindest selbst entscheiden, wann er sich von ihren Sachen trennen wollte. Vielleicht nie. Hanjo schlurfte in die Küche und ließ Wasser in den Kessel laufen. Er hielt die Küche immer sauber, doch sie erschien ihm neuerdings glanzlos und alt. Sie hatten sie vor 28 Jahren eingerichtet und bis auf einen neuen Kühlschrank mit Gefrierfach, einer Mikrowelle und ein paar Kleinigkeiten war sie fast unverändert. Für Freya war es der wichtigste Raum im Haus gewesen. Hier hatte sie gekocht, Handarbeiten gemacht und Briefe geschrieben. Sie hatte nie den Wunsch nach einer modernen Einbauküche geäußert und ihm war die Küche auch nie altmodisch erschienen. Hier hatten sie glückliche Stunden verbracht. Er musste unbedingt Blumen auf den Tisch stellen. Aber alles war anstrengend und er vermisste sie so sehr. Zusammen hatten sie auch die schlimmen Zeiten ertragen. Sie hatten sich gegenseitig getröstet. Doch an die dunklen Stunden wollte er jetzt nicht denken. Er versuchte, sich an die schönen Momente zu erinnern. Er war immer mit guter Laune aufgewacht, selbst wenn es draußen stürmte und die Regentropfen an das Fenster prasselten. Er hatte sich auf den Tag gefreut, war dann mit dem Tee zurück ins Bett gekrochen und sie hatten sich aneinandergekuschelt. Heute würde die Sonne scheinen. Es würde ein wundervoller Sommertag werden, doch es bedeutete ihm nichts. Der Kessel lief über und das kalte Wasser spritzte über die Spüle. Hastig drehe Hanjo den Hahn zu. Er musste sich zusammenreißen. Seine Kite- und Surfschule war seine Existenz und das kleine Restaurant war Freyas Ein und Alles gewesen. Er durfte ihr gemeinsames Lebenswerk nicht vernachlässigen. Das gute Wetter garantierte immerhin viele Schüler und hungrige Touristen. Er würde viel zu tun haben und das sollte ihn ablenken. Der Wasserkessel pfiff. Hanjo schüttete die Ostfriesenmischung in die alte Tonkanne und goss den Tee auf. Er wartete drei Minuten, bevor er sich eine Tasse einschenkte. Etwas Warmes von innen, etwas Tröstliches, etwas Vertrautes. Hanjo sah auf das kleine eingerahmte Foto von Freya und seufzte. »Alles ist gut! Du musst dir keine Sorgen machen.«

Seit er sie verloren hatte, quälten ihn wieder furchtbare Träume. Es wäre nur eine Frage der Zeit, bis er sich wieder etwas besser fühlen würde, hatte der Arzt gemeint und ihm ein paar Tabletten verschrieben. Hanjo wusste es besser. Keine Medizin der Welt würde ihm wirklich helfen. Er selbst musste einen Schlussstrich unter sein altes Leben ziehen. Dann würde er auch die Decke nicht mehr brauchen und all die anderen Sachen, von denen er sich noch nicht trennen konnte. Doch vorher gab es noch ein paar Dinge zu erledigen.

Olli lag im Alkovenbett seines Wohnmobils und presste sich die Fäuste auf die geschlossenen Augen. Die Sonne schien durch die offene Dachluke. Eigentlich liebte er es, von Sonnenlicht geweckt zu werden, doch heute schmerzte es, wie ein Messer in seinem Kopf. Er hatte einen entsetzlichen Kater. Olli rollte sich auf die Seite. Seine Arme suchten nach ihr, vergeblich. Sie war weg. Er war ganz allein. Natürlich, dachte er. Sarah war nicht mehr da. Sein Herz zog sich für ein paar Sekunden zusammen und in seinen Augen brannten Tränen der Wut, wenn er an den gestrigen Abend dachte. Warum hatte sie das getan? Er hatte sie wirklich geliebt und er war vorher lange nicht mehr verliebt gewesen. Sarah war am Abend zu ihm ins Wohnmobil gekommen. Er hatte bereits auf sie gewartet und eine gute Flasche Rotwein entkorkt. Doch sie wollte keinen Wein, sie wollte sich nicht einmal setzen. Sie war in der offenen Tür stehen geblieben und hatte Schluss gemacht. Sie könne eben nicht mehr mit ihm zusammen sein, hatte sie gemeint. Erst hatte er gedacht, er habe sie falsch verstanden, dann glaubte er an einen schlechten Scherz. Er solle kein Drama daraus machen, hatte sie kalt erwidert. Er hatte zwei Gläser eingeschenkt und sie gebeten, zu bleiben und mit ihm zu reden. Er hatte doch nur wissen wollen, warum? Er hatte sie regelrecht angefleht. Sie würde sich freuen, wenn sie Freunde blieben und er ihr weiter beim Training helfen könnte. Sie hatte noch leise ›sorry‹ gemurmelt und war dann in die Nacht verschwunden. Er hatte eine Flasche Whisky geöffnet und den Abend mit Jack Daniels verbracht. Olli konnte sich nicht mehr erinnern, wann und wie er ins Bett gekommen war. Es war lange her, dass er sich bis zum Filmriss besoffen hatte. Mit zittrigen Beinen stieg er die Leiter hinunter. Es musste noch verdammt früh sein, aber an Schlaf war gar nicht mehr zu denken. Er stellte einen Topf mit Wasser auf den Gasherd, bevor er ins Bad ging. Die kalte Dusche hatte nicht den gewünschten Effekt. Er fühlte sich noch immer furchtbar und die Kopfschmerzen hatten auch nicht nachgelassen. Das Wasser war fast verkocht, als er wieder an den Herd kam. Olli goss den Rest in einen Becher und rührte löslichen Kaffee dazu. Dann öffnete er die Tür und setzte sich auf die Treppe. Der Himmel war strahlend blau und der Wind perfekt. Sarah mochte dieses Wetter genauso sehr wie er. Es würden wieder unzählige gut gelaunte Surfer durch die Wellen jagen. Olli campierte schon seit Saisonbeginn auf der großen Wiese. An den Wochenenden hatte er immer jede Menge Nachbarn. Auch in dieser Nacht waren noch ein paar Busse und Wohnmobile gekommen, doch es war noch keine Menschenseele wach. Die berühmte Ruhe vor dem Sturm, dachte er. In ein paar Stunden würde in der Bucht die Hölle los sein. Seit ein paar Jahren arbeitete Olli in den Sommermonaten als Kite- und Surflehrer für Hanjo. Schon als kleiner Junge hatte er jede freie Minute hier verbracht. Heute wünschte er sich zum ersten Mal weit weg. Der Kaffee schmeckte bitter, doch Olli zwang sich, ihn trotzdem zu trinken. Wie sollte er den Tag durchstehen? Sein Leben hatte sich über Nacht geändert. Er fühlte sich genauso elend, wie vor vielen Jahren. Damals war er am Ende gewesen und seine erste Liebe tot.

Stefan zündete sich die nächste Zigarette an. Sein Hals kratzte bereits. Sophie machte ihn aggressiv. Als er Tina damals kennengelernt hatte, hatte er sich wirklich bemüht, zu Sophie ein freundschaftliches Verhältnis aufzubauen. Doch diese arrogante Ziege hatte ihn immer von oben herab behandelt. Sophie war einfach oberflächlich und karrieregeil. Sie hatte ja nicht mal davor zurückgeschreckt, als Polizeireporterin zu arbeiten. Stefan hasste diese Blutsauger, die sich mit ihren Kameras auf Unfallopfer, Zeugen und Leichen stürzten. Sie waren wie Aasgeier. Jede Katastrophe machte sie glücklich und satt. Während er versuchte, das Böse zu bekämpfen, hofften sie auf eine fette Story. Je grausamer das Verbrechen, desto größer die Schlagzeile. Stefan drückte die halb gerauchte Zigarette im vollen Aschenbecher aus. Mehrere Kippen fielen dabei auf den Boden. Auch wenn Sophie schon lange nicht mehr in diesem Metier arbeitete, blieb sie in seinen Augen eine Leichenfledderin. Sie hatte den Opfern das Letzte genommen, die Ehre. War er ungerecht? Seine Frau wirkte so glücklich über den Besuch. Sophie war nun einmal ihre Freundin und Tina hatte ein bisschen Abwechslung bitter nötig. Aber musste Sophie gleich zwei Wochen bleiben? Sonst residierte sie doch lieber in Luxushotels. Seine Frau hatte ihn eindringlich gebeten, keinen Streit vom Zaun zu brechen. Stefan seufzte. Er würde das Beste aus der Situation machen. Vielleicht war er einfach zu empfindlich. Die Hauptsache war doch, dass er das Wochenende mit seinen Kindern verbringen würde. In dieser Sekunde klingelte sein privates Handy. Stefan nahm das Gespräch an. »Hey, Süße! Ich bin gleich bei euch!«

»Süße? Finde ich wirklich nett, aber ich muss dich da enttäuschen. Ich bin es nur, die lästige Sophie.«

»Ist was mit Tina oder den Kindern?« Plötzlich wurde ihm heiß und kalt vor Angst. Dass Sophie in freundschaftlicher Absicht anrief, war ausgeschlossen.

»Nein, alles in Ordnung mit deiner Bande! Hör zu! Ich stehe hier am Strand vor einer Leiche. Pelle hat sie gefunden.«

Stefan entspannte sich. Aber was erzählte die Verrückte da? »Eine Leiche? Bist du sicher?«

»Ob ich sicher bin?«, fragte Sophie gereizt. »Ich stehe einen Meter vor ihr! Sie ist um die 25 und sie war bestimmt mal sehr hübsch.«

Sie nervte ihn mit ihrem oberschlauen Getue. Er wurde regelrecht wütend. »Ach ja! Die Polizeireporterin hat mal wieder alles unter Kontrolle! Schon Fotos gemacht? Wie lautet denn die Schlagzeile?«

»Mensch, hör auf mit den alten Geschichten. Das ist ja lächerlich! Ich stehe vor einer Leiche, kapiert! Was soll ich jetzt machen? 110 anrufen? Oder kommst du selbst?«

»Wo?«, fragte er etwas ruhiger.

Sophie klang freundlicher. »In Gold.«

»Bleib einfach da stehen! Ich bin spätestens in 15 Minuten da. Und fass ja nichts an!«

»Nein? Gut, dass du mir das sagst! Mann! Bring deinen Arsch hierher, ich hab ein mulmiges Gefühl. Irgendetwas stimmt da nicht.«

Stefan fluchte laut. Sophie hätte vollkommen ausgereicht, um ihm sein Wochenende zu verderben. Musste sie auch noch über eine Leiche stolpern? Er atmete tief durch und wählte die Nummer der Kollegen auf Fehmarn.

»Polizeiwache Burg. Larrson am Apparat.«

»Broder, ich bins, Stefan Sperber.«

»Mensch! Schön, dass du dich mal meldest. Auch wenn es noch verdammt früh ist.«

»Wetten, du bist gleich anderer Ansicht? In Gold liegt angeblich eine Leiche!«

Stefan feuerte sein Handy auf den Beifahrersitz und schlug heftig gegen das Lenkrad. Dann bog er ab und fuhr auf der kleinen Straße nach Gold. Mulmiges Gefühl? Lächerlich! Sophie witterte nur eine Story. Sie konnte es wohl doch nicht lassen. Ein Hund, der Blut einmal geleckt hatte, würde immer wieder jagen. Hunde durfte man aber zumindest erschießen.

Ben hörte sein eigenes Herz klopfen. Luftblasen stiegen an die Oberfläche. Ihr langes Haar schwebte im Wasser wie Seegras und umrahmte ihr angstverzerrtes Gesicht. Er konnte sehen, dass sie schrie. Er wollte ihr helfen, doch er kam nicht an sie heran. Algen hatten seine Füße gefesselt. So sehr er auch strampelte, er konnte sich nicht befreien.

Ben schreckte hoch. Er war verschwitzt und seine kinnlangen Locken klebten ihm im Gesicht. Er hatte nur geträumt. In Wirklichkeit lag er auf der Matratze in seinem Bus. Seine Beine hatten sich in einem Sarong verfangen. Die Algen, dachte er. Er befreite sich aus dem bunten Tuch und feuerte es wütend in die Ecke. Er schob die Seitenschiebetür seines klapprigen Ford Transit zur Seite, um frische Luft hereinzulassen. In der Nacht waren noch mehr Busse und Wohnmobile gekommen. Die Wiese sah aus wie ein Campingplatz. Bei diesem wunderbaren Wetter und dem konstanten Wind war das ja auch kein Wunder. An den Wochenenden war immer die Hölle los. Es erinnerte ihn an sein anderes Leben. An seine Zeit in Thailand. Natürlich war auf Phuket alles viel multikultureller und spannender gewesen. Seine Schüler kamen aus allen Teilen der Welt. Zum Sonnenuntergang hatte man sich am

Strand getroffen und ein paar Bier gezischt. Zumindest, bis er Lamai kennengelernt hatte. Sie hatte sein Leben auf den Kopf gestellt. Es war die berühmte Liebe auf den ersten Blick gewesen. Sie hatten jede freie Minute zusammen verbracht. Schon nach wenigen Wochen war ihm klar, dass er nie mehr ohne sie sein wollte. Sie war sein Leben. Bis der Tsunami alles änderte. Etwas von ihm war mit ihr gestorben. Ohne sie wollte er keine Sekunde länger bleiben. Er war nach Bangkok geflogen und hatte vier Wochen lang seine Ersparnisse versoffen und sich mit Beruhigungspillen zugedröhnt. Danach blieb nur noch eine Lösung. Er musste zurück nach Hause. Die erste Zeit hatte er in seinem alten Kinderzimmer bei seinen Eltern gelebt. Seine Mutter war unendlich glücklich gewesen, doch er hatte ihre übertriebene Fürsorge nicht mehr ausgehalten. Sein alter Kumpel Olli war seine Rettung gewesen. Olli war auf der Suche nach einem zweiten Surflehrer für die Hochsaison. Er hatte das Angebot dankbar angenommen. Er war billig an den alten Transit gekommen und kurzerhand auf den Parkplatz gezogen. Ben atmete tief durch und versuchte, die Gedanken an Phuket zu verdrängen. Er schlüpfte in eine alte Armeehose, griff seine Zahnbürste und knallte die Schiebetür von außen zu. Er sperrte nie ab. Das war das Gute an seinem Zigeunerleben. Er besaß nichts, was sich zu stehlen gelohnt hätte. Die wenigen persönlichen Sachen, an denen sein Herz hing, waren für jeden anderen ohne Wert. Wenn er wollte, konnte er alles, was er brauchte, in zwei Minuten in eine Tasche packen und abhauen. Ben ging zu Hanjos Haus, in dessen Untergeschoss auch das Bistro war. Es würde ein heißer Tag werden und er würde genug zu tun haben, um sich abzulenken. Ben schloss die Hintertür auf und ging zu dem Badezimmer hinter der Restaurantküche. Das Bad war eigentlich für das Personal gedacht, doch die wenigen Aushilfskräfte, die in der Hochsaison stundenweise kamen, lebten auf der Insel und brauchten es nicht. Hanjo hatte ihm angeboten, es zu benutzen. Durch den hinteren Eingang konnte er es jederzeit betreten, ohne Hanjo zu stören oder durch das Bistro laufen zu müssen. Ben drehte das Wasser auf und versuchte die Erinnerungen für einen Moment wegzuspülen. Vergessen würde er die grauenhaften Bilder nie. Ben wusch sich das Shampoo aus den Haaren und überlegte, was er nun machen sollte. Normalerweise würde er zu Olli gehen, um mit ihm bei einem Becher Kaffee den Unterrichtsplan für den Tag zu bequatschen. Doch das war jetzt unmöglich. Er konnte Olli nicht gegenübertreten, nicht unter vier Augen. Warum hatte er sich nur darauf eingelassen? Ihm hatte es rein gar nichts bedeutet. Er hatte geglaubt, sie seien sich einig, sie hätte verstanden. Sie waren beide nicht nüchtern gewesen und sie waren erwachsen. Es ging doch nur um ein bisschen Spaß! Warum musste sie eine solche Szene machen? Und wie sollte er sich jetzt bloß verhalten? Er musste einfach so tun, als sei überhaupt nichts passiert. Wenn er Glück hatte, kam die Wahrheit nie ans Licht.

Sophie versuchte, ruhig zu bleiben. Stefan war nach wie vor ein arrogantes Arschloch. Er hatte sie behandelt, wie einen dummen Teenager. Sie solle nichts anfassen. Sie hatte lange genug als Polizeireporterin gearbeitet. Tina lag soviel daran, dass sie das alte Kriegsbeil endlich begraben würden. Und nun hatten sie sich bereits gestritten, bevor sie sich überhaupt gesehen hatten. »Scheiße«, flüsterte Sophie der Toten zu. »Wieso muss ausgerechnet ich hier lang joggen? Nimm es nicht persönlich, aber ich wünschte, ich hätte dich nie gesehen.« Im gleichen Moment schämte sie sich und sah sich die Leiche genauer an. Sie trug einen Neoprenanzug und lag auf dem Rücken. Warum sah das alles irgendwie falsch aus? Es musste grauenhaft sein zu ertrinken, dachte sie schaudernd. Vielleicht war die Frau schon fast am Ufer gewesen, als ihr die Luft ausging. Sophie fröstelte. Hatte sie den Strand gesehen und gedacht, dass sie es noch schaffen könnte? Die Augen waren geschlossen, so als hätte sie resigniert. Pelle hatte das Interesse an der Toten verloren und spielte mit einem großen Ast, der im Seetang lag. Sophie hatte das Gefühl, schon eine halbe Ewigkeit auf die tote Frau gestarrt zu haben, als endlich zwei Männer den Deich entlangliefen. Sie stiefelten durch den Sand auf sie zu.

»Aha! Da sind wir richtig! Polizeihauptkommissar Larrson. Das ist mein Kollege Claas Meier. Haben Sie Kriminalhauptkommissar Sperber verständigt?«

Sophie nickte. Larrson sah mit seinem grauen Vollbart eher wie ein Seebär aus. Er musste kurz vor der Pensionierung stehen.

»Wie ist Ihr Name?«, fragte Meier. Er sah aus wie ein pummeliges Riesenbaby. Wäre die Situation nicht so ernst, hätte sie beim Anblick des skurrilen Duos einen Lachanfall bekommen.

»Sophie Sturm.« Sie nickte mit dem Kopf in Richtung Leiche. »Mein Hund hat sie gefunden.« Larrson nickte und sein junger Kollege nahm ein Notizbuch zur Hand. Endlich sah sie auch Stefan. Er marschierte energisch auf sie zu.

»Morgen«, grüßte er brummig. »Und? Was haben wir?«

Sophie war entsetzt. Stefan roch nach Schnaps und ähnelte einem Penner. Er ging langsam um die Leiche herum. Pelle rannte begeistert auf die Gruppe zu. Den schweren Ast schleppte er gleich mit.

»Nimm den Hund weg!«

»Anscheinend wieder so ne Kiterin«, kommentierte Claas Meier und schüttelte den Kopf.

»Wieder?« Stefan stand auf und sah ihm ins Gesicht.
»Was heißt denn wieder?«

»Vor drei Tagen ist auch so eine Verrückte ertrunken.
Die wurde ein paar Meter weiter angeschwemmt.« Meier
deutete mit dem Arm mehrfach in die Richtung und erinnerte an einen Verkehrspolizisten. Stefan nickte nur. Plötzlich wusste Sophie, was sie an dem Bild störte.

»Stefan?« Er warf ihr einen warnenden Blick zu, doch
sie ließ sich nicht einschüchtern. »So wird man doch nie
und nimmer angeschwemmt! Sie liegt auf dem Rücken,
so als hätte man sie hingelegt.«

Stefan funkelte sie böse an und ignorierte sie dann.
»Müsste schon ein paar Stunden tot sein. Broder, wo bleibt
denn der Arzt?«

»Äh, Fips war noch beim Frühstück«, antwortete Meier
für seinen Vorgesetzten.

»Fips?«

»Friedrich Pieper, äh, unser Doktor. Wir haben hier
keinen Quincy auf Fehmarn.« Claas Meier kicherte über
seinen Scherz.

»Ist hier irgendetwas witzig?«, fuhr Stefan ihn wütend
an. »Wenn ja, dann würde ich gern mitlachen. Mach dich
lieber nützlich und lass ein paar Kollegen kommen. Ich
will hier keine Schaulustigen.«

In diesem Moment erschien ein älterer Herr mit Arzttasche auf dem Deich. Er winkte fröhlich, während er zum
Strand spazierte. »Moin. Entschuldigt die Verspätung, aber
ich hätte ja sowieso nichts mehr tun können. Moin Broder! Geht es deiner Frau wieder besser?«

Polizeihauptkommissar Larrson nickte. »Die Pillen, die
du ihr verschrieben hast, haben Wunder gewirkt!«

»Antibiotikum! Ist eben das Beste, bei einer eitrigen
Mandelentzündung.«

Sophie trat ungeduldig von einem Bein auf das andere.

Sie konnte nicht glauben, dass die Männer neben der toten Frau ein Schwätzchen hielten.

»Wenn es den Herren recht ist, sollten wir mal zur Sache kommen«, unterbrach Stefan mürrisch.

Pieper schnalzte mit der Zunge und machte sich an seiner Tasche zu schaffen. Er streifte sich Handschuhe über und wischte der Toten die Haare aus dem Gesicht. Nachdem er sie nachdenklich betrachtet hatte, stand er wieder auf. »Ja, das arme Ding ist wohl ertrunken. Hat ja sogar noch den Neoprenanzug an. Ach, immer diese Unfälle. So, ich stell dann mal den Totenschein aus, oder? Soll ich ›Natürliche Todesursache‹ ankreuzen?«

»Doktor Pieper?«, fragte Stefan und sah plötzlich so unschuldig verwirrt aus wie Colombo. »Wenn Sie sich nicht hundertprozentig sicher sind, was aufgrund der Tatsache, dass Sie das arme Mädchen gar nicht richtig untersucht haben, schwierig sein dürfte, schlage ich vor, Sie machen Ihr Kreuzchen nicht so leichtfertig.«

Friedrich Pieper zuckte mit den Schultern und nickte dann. Sophie war fassungslos. »Macht ihr keine Fotos?«, fragte sie verwirrt.

Stefan starrte sie an. »Fotos? Das ist hier kein Mord, Sophie, und wir sind auch nicht in einem englischen Kriminalfilm. Kann mal einer die Personalien dieser Person aufnehmen!«

Meier fühlte sich sofort angesprochen. »Sie heißen Sophie Sturm und wohnen wo?«

Sophie war wütend. Sie war sich sicher, dass das nur dazu diente, sie abzulenken und aus dem Weg zu haben. »Stefan, was soll das?«

»Ich mach nur meine Arbeit und die willst du hoffentlich nicht behindern, oder?«

»Wo Sie wohnen?«, fragte Meier eindringlich.

Sophie funkelte ihn böse an. Plötzlich bemerkte sie,

dass Pelle nicht mehr neben ihr war. Sie sah sich erschrocken um. Ihr Hund lag ein paar Meter weiter unten am Strand und kaute an der Rinde des Astes. Jetzt wusste sie, was nicht stimmen konnte.

»Das ist es! Stefan! Die Frau liegt hier oben, aber das angeschwemmte Treibgut liegt mindestens vier Meter weiter unten. Wie soll sie denn hier angeschwemmt worden sein?«

Hanjo ging ins Schlafzimmer. Das Doppelbett versetzte ihm jeden Morgen wieder einen Stich. Unmotiviert ging er an den Kleiderschrank und griff wahllos nach Hemd und Hose. Er zog seinen Bademantel aus, legte ihn über einen Stuhl und streichelte ihn kurz. Freya hatte ihm den Mantel vor 12 Jahren zu Weihnachten geschenkt. Mittlerweile war der blaue Frottee an einigen Stellen etwas fadenscheinig, doch er liebte den Bademantel. In diesem Leben würde er sich keinen neuen mehr zulegen. Weihnachten! Gut, dass jetzt Sommer war. An ein Fest ohne sie wollte er noch gar nicht denken. Hanjo schloss den letzten Hemdknopf und warf einen Blick aus dem Fenster. Am Strand standen einige Menschen zusammen. Sie hatten keine Bretter oder Segel dabei. Hanjo wurde neugierig. Er nahm sein Fernglas und regulierte die Schärfe. Das war doch Broder Larrson! Polizei? Hanjo fröstelte. Und da war Fips. Die blonde Frau kannte er nicht. Sie sahen alle zu Boden. Er folgte ihrem Blick mit dem Feldstecher. Es war ein Körper in einem Neoprenanzug. Schon wieder eine Tote! Er schloss für einen Moment die Augen. Würden die Touristen nun ausbleiben? Hanjo schüttelte den Kopf. Es war wirklich nicht der Zeitpunkt, sich darüber Gedanken zu machen. Gebannt schaute er weiter durch das Glas. Ein großer Hund spielte mit einem Ast. Ein Typ, der wie ein Penner aussah, lief zum Wasser. Er musste auch Polizist sein. Das war doch der Mann von Tina Sperber. Aber arbeitete der nicht in Lübeck? Hanjo sah noch mal nach der Leiche. Jetzt konnte er ihren Kopf sehen, die blonden Haare. Tränen brannten in seinen Augen. Wieso musste ein junger Mensch sterben? Er musste sich zusammenreißen. Außerdem hatte er jede Menge zu tun. Er musste Kaffee und Eier kochen und das Buffet richten. Es lag ein anstrengender Tag vor ihm. Er atmete tief durch und stellte den Feldstecher zurück auf die Fensterbank. Er musste jetzt wirklich schleunigst in die Küche. So war die Ostsee eben. Bei Sonne fast wie ein Karibikstrand, im Winter mal glatt und mal rau und bei Nacht kalt. Hatte die Frau das etwa nicht gewusst?

5

Ben schloss die Hintertür ab. Wenn er sich verhalten wollte wie immer, dann musste er zu Olli. Der würde sich sonst sicher wundern. Vorher musste er aber noch zum Strand. Seit dem Tsunami hatte er jeden Morgen das Verlangen, einen Blick auf das Wasser zu werfen. Er musste sich vergewissern, dass alles normal aussah. Natürlich würde es hier nie eine Riesenwelle geben, doch er kam gegen seinen Kontrollzwang nicht an. Er blieb stehen: Wo kamen die beiden Autos auf einmal her? Der Audi war furchtbar dreckig und der VW Passat sah aus wie ein Polizeidienstwagen. Ben sah sich um. Weit und breit waren keine Bullen zu sehen. Er lief zum Deich. 50 Meter weiter standen ein paar Menschen, doch er konnte nichts Genaues erkennen. Sein Herz begann zu klopfen und sein Hals wurde trocken. Ben machte kehrt und rannte zurück zur Wiese. Olli saß auf den Eingangsstufen seines Wohnmobils und starrte in seinen Kaffeebecher.

»Schnell, komm mit! Da stimmt was nicht!«

Olli blickte auf und sah ihn müde an. Er sah furchtbar aus. Seine Augen waren knallrot. Olli musste stundenlang geheult und gesoffen haben. Ben fühlte sich schuldig. Was war er nur für ein Freund? Olli liebte Sarah. Und jetzt? Es hätte niemals so weit kommen dürfen.

»Hab zu viel getankt gestern. Alles wegen ihr«, murmelte Olli. »Mir gings noch nie so beschissen. Aber das war das letzte Mal.« Olli versuchte zu grinsen, doch sein Gesicht verzog sich nur zu einer grotesken Maske. »Was ist denn los?«

»Da sind Bullen am Strand!« Olli nickte, machte aber keine Anstalten aufzustehen. Ben wurde ungeduldig. »Willst du gar nicht wissen, was da los ist?«

»Sarah hat Schluss gemacht. Das ist los! Ich soll das einfach akzeptieren! So ein Scheiß! Da steckt doch ein anderer Kerl dahinter.«

»Das weißt du doch gar nicht! Und wenn sie dich wirklich beschissen hat, dann gibt es kaum einen Grund, ihr nachzutrauern!«

Olli sprang auf. »Du hast doch keine Ahnung! Ich habe Sarah geliebt! Ich liebe sie auch jetzt noch! Aber das kannst du natürlich nicht kapieren. Dir fliegen die Weiber ja nur so zu. Du kannst jede haben!«

Ben atmete tief durch.

»Aha! Ich weiß nicht, was Liebe ist! Ist klar! Und warum bin ich dann hier? Weil Fehmarn so viel traumhafter ist als Phuket? Verdammt, Olli! Auch wenn ich ab und zu mit einer in die Kiste springe, es bedeutet mir rein gar nichts! Außerdem kennst du Sarah erst seit ein paar Wochen. Was weißt du schon über sie? Und Liebe? Ihr habt euch doch so gut wie nie geküsst. Sie hat dich verleugnet, als wärst du ihr peinlich.«

»Du spinnst ja total! Wo steht, dass man sich immer und überall die Zunge in den Hals stecken muss? Und natürlich habe ich ihr geholfen! Die Deutschen Meisterschaften sind in sieben Wochen und sie hat alle Chancen zu gewinnen.« Mit zitternden Fingern fummelte Olli eine Zigarette aus der Schachtel. »Danach hätte sie Zeit für unsere Beziehung gehabt. Ich wollte mit ihr wegfliegen. Vielleicht Marokko oder so.« Olli schluckte und setzte sich wieder. »Weißt du, Ben, ich bin mir sicher, dass das mit uns geklappt hätte. Aber sie wollte nichts mehr davon wissen. Sie hat mich einfach zu den Akten gelegt. Knall auf Fall. Was hab ich denn bloß falsch gemacht?«

»Olli, es hat doch keinen Sinn, dass du dich so fertig machst. Sich die ganze Nacht volllaufen zu lassen, ist doch keine Lösung. Wahrscheinlich ist sie einfach nur gestresst und nach den Meisterschaften sieht alles wieder ganz anders aus. Vielleicht merkt sie dann, dass sie einen Fehler gemacht hat. Jetzt lass uns erst mal sehen, was da am Strand passiert ist.« Ben kam sich verlogen vor, denn Sarah würde ihre Meinung nicht mehr ändern.

Sophie beobachtete Stefan. Er marschierte die Wasserlinie ab und sah schrecklich schlecht gelaunt aus. Sie fragte sich, ob es an der Leiche oder an ihrem Besuch lag. Sie tippte auf Letzteres. Nach ein paar Minuten war er wieder bei ihnen.

»Wo bleibt denn der Leichenwagen?«, fragte er mürrisch.

»Muss jede Sekunde da sein, Chef!«, sagte Claas Meier und schien sich ungeheuer wichtig zu fühlen.

»Wann war das denn genau mit der ersten Kiterin?«

»Am Dienstag. Meine Frau kocht dienstags immer Gulasch, und das war schon ganz verkocht, als ich endlich zu Hause war«, erklärte Larrson schmunzelnd.

»Wo ist die Leiche jetzt?«

»Die Leiche? Keine Ahnung. Beim Bestatter?«

»Bin ich hier in einer Quizshow? Mann o Mann! Der Wagen soll die Leiche in die Gerichtsmedizin nach Lübeck bringen. Wir müssen herausfinden, wer die Frau ist. Broder, kümmere dich darum! Fragt doch mal rum. Irgendwer muss sie doch kennen. Vielleicht hat sogar jemand was gesehen.« Stefan schüttelte genervt den Kopf. »Sophie, du kannst bei mir mitfahren!« Sein Angebot klang wie ein Befehl.

»Pelle ist nass und sandig«, gab Sophie trotzig zu bedenken.

»Mein Wagen ist dreckiger«, blaffte Stefan.

54

Sein Tonfall machte klar, dass er keine Widerrede wünschte. Sophie folgte ihm zu seinem Wagen. Sie ließ Pelle auf die Rückbank springen und öffnete die Beifahrertür. Der Sitz war voll mit leeren Zigarettenschachteln und Pappbechern. Sie wischte alles in den Fußraum und setzte sich. »Alle Achtung! Du hast nicht übertrieben. Das ist hier mit Sicherheit das ekelhafteste Auto, in dem ich je mitfahren durfte!«

»Monatelange Arbeit.«

Sophie grinste in seine Richtung, doch er starrte ernst nach vorn. Er fuhr mit einem Ruck an und aus einem alten Kaffeebecher ergoss sich der schimmelige Rest über ihre teuren Joggingschuhe.

»Oh, tut mir leid«, bemerkte Stefan zynisch.

»Mach dir keine Sorgen. Ihr seid doch versichert! Du siehst übrigens beschissen aus!«

»Danke!«

»Alles okay?«

»Sophie, ich hatte eine grauenhafte Nacht. In der Woche schlafe ich kaum, am Wochenende erhole ich mich bei einem Säugling, und jetzt habe ich auch noch eine Leiche und furchtbaren Besuch. Es gibt Menschen, die ihre Zeit nicht nur mit Sekt und Schnittchen verbringen.« Stefan starrte stur geradeaus. Seine Lider flatterten.

»Was war das denn eigentlich vorhin? Dieser Pieper hat doch ne Schraube locker. Nur weil die Leiche in einem Neoprenanzug steckt, geht er davon aus, dass sie ertrunken sein muss. Wow!«

»Er ist Hausarzt.«

»Na, dann hoffe ich schwer, dass ich hier nicht krank werde.«

»Ich habe dich nicht eingeladen!«

»Zurück zu unserer Leiche. Wie sich rausgestellt hat, schon die zweite in einer Woche! Uppsala! Was für ein Zufall!«

»Witterst du eine Story für dein Klatschblatt? Oder warum bist du so hartnäckig?«

»Hallo! Entspann dich mal! Seit du da aufgetaucht bist, machst du mich an. Eine Story wäre das hier nur, wenn es sich bei der Dame um eine Prominente, Prinzessin, oder zumindest um ein berühmtes Model handeln würde. Für Normalsterbliche interessieren sich unsere Leser nicht. Ich meine doch nur, dass das schon abenteuerlich war, wie das da vorhin gelaufen ist.«

»Sophie! Hör auf zu schnüffeln. Ich bin auch nicht glücklich darüber, wie der Arzt da vorgegangen ist. Aber spiel hier nicht die Miss Marple! Ich warne dich und ich meine es verdammt ernst!«

Sophie schnaubte und sah aus dem Fenster. Glaubte Stefan tatsächlich, dass er sie mit hohlen Phrasen einschüchtern konnte? Dazu brauchte es schon ein bisschen mehr.

6

Olli stand neben Ben auf dem Deich und bedauerte, dass er mitgekommen war. Ihm war hundeelend. Zwei Polizisten in Uniform sorgten dafür, dass die wenigen Schaulustigen nicht an den Strand liefen. Als der schwarze Leichenwagen auf den Parkplatz fuhr, bestätigte sich der entsetzliche Verdacht. Ben war kreidebleich. Jede Wasserleiche musste ihn an den Tsunami und den schrecklichen Tod seiner Freundin erinnern.

»Alles okay?«, fragte Olli besorgt.

»Schon gut. Es geht gleich wieder. Hoffentlich nicht wieder einer von unseren Schülern.«

Olli versuchte, seinem schmerzenden Schädel noch einen klaren Gedanken zu entlocken. »Unsere waren doch am Abend alle wieder da und als wir bei Sonnenuntergang am Strand saßen, war auch sonst niemand mehr draußen.«

»Schon, aber diese Sandra ist auch nachts noch mal raus«, gab er zu bedenken. »Verdammte Scheiße! Wir haben doch so oft vor so beknackten Aktionen gewarnt! Wie kann man überhaupt auf so eine beschissene Idee kommen?«

Olli wusste keine Antwort. Die Männer waren dabei, den leblosen Körper auf die Bahre zu legen. Eine lange blonde Haarsträhne hing seitlich herab. Er kniff die Augen zusammen, um besser sehen zu können. Nein, das war doch unmöglich! Sarah hatte auch solche blonden Locken. Olli fiel auf die Knie und kotzte.

»Mein Gott!« Ben hockte sich neben ihn und hielt seine Schultern. »Was ist denn?«

Er schaffte es, ihren Namen zu flüstern, bevor er sich erneut übergeben musste. Ben sprang auf und rannte an den Polizisten vorbei. Olli setzte sich erschöpft ins Gras und wischte sich den Mund mit seinem T-Shirt ab. Sein Kopf war kurz davor zu zerspringen. Verdammt, er musste sich erinnern. Was war nur passiert? Sie hatten gestritten. Sarah hatte mit ihm Schluss gemacht. Ja, sie würde einen anderen Mann lieben, das waren ihre Worte. Dann hatte er sich betrunken. Er war so unendlich wütend gewesen. Er hätte sie tatsächlich umbringen können. Ben kam zurück und griff nach seinem Arm.

»Olli, komm! Du musst unter die Dusche. Bitte! Ich bring dich zu deinem Wohnmobil.«

»Sie ist es, oder?«

»Ich weiß es nicht. Sie haben den Reißverschluss zugemacht, bevor ich sie genauer sehen konnte, aber ich fürchte, es ist tatsächlich Sarah.«

»Vielleicht ist es meine Schuld!«

Ben sah ihn verständnislos an. »Deine Schuld? Wie soll das denn deine Schuld sein, wenn sie sich nachts auf dem Wasser rumtreibt? Sie war doch keine Anfängerin. Sie wusste, dass das saugefährlich ist. Du kannst doch nicht hellsehen und außerdem warst du stockbesoffen.«

Olli nickte. Genau das war ja sein Problem. Er konnte sich einfach nicht erinnern. Hatte er wirklich die ganze Nacht in seinem Wohnmobil verbracht?

7

Tina spürte, wie jemand ihren Arm schüttelte. Verwirrt schlug sie die Augen auf.

»Mama! Gibt es heute gar nichts zu essen?«

»Wir haben doch so Hunger!«, erklärte nun auch Paul.

Ihre beiden Großen standen in Schlafanzügen an ihrem Bett. Finn lag neben ihr und schlief. »Hey, guten Morgen ihr Süßen! Wie spät ist es denn? Halb acht! Ach du liebe Güte! Ihr seid früh dran heute!« Sie rappelte sich hoch und nahm ihren Kleinsten vorsichtig in den Arm, um ihn wieder in seine Wiege zu legen.

»Du musst trotzdem aufstehen«, meinte Antonia ernst. »Du musst Frühstück machen, damit wir Kinder nicht verhungern!«

Tina grinste und legte den Finger auf die Lippen. »Pst. Seid leise, damit Finn noch ein bisschen schlafen kann.« Zusammen schlichen sie aus dem Schlafzimmer. »Antonia, hol dir mal Unterwäsche und ein Kleid aus dem Schrank. Ich ziehe inzwischen Paul an. Wir treffen uns im Bad.« Antonia nickte verschwörerisch und trottete los. Eine Viertelstunde später waren sie in der Küche versammelt. Tina machte den Kindern Kakao und stellte den Backofen an.

»Du, Mama, Pelle ist gar nicht da!«

Tina bekam einen Schreck. Stilldemenz. Das war mal wieder ein Beweis. Sie hatte total vergessen, dass sie Besuch hatte. »Vielleicht schlafen die beiden noch. Ihr esst jetzt erst mal ein paar Kekse und ich sehe mal im Gästezimmer nach.«

»Kekse! Kekse!«, kreischte Paul.

»Sophie ist aber gar nicht in ihrem Bett«, informierte Antonia wichtig. »Ich habe nachgesehen. Aber sie hat etwas auf einen Zettel geschrieben.«

»Und wo ist der Zettel?«

»Und wo sind die Kekse?«

Tina öffnete den Schrank und schnappte eine Packung Butterkekse.

»Keine mit Schokolade?«, beschwerte sich Antonia.

»Nein! Wo?«

»Auf ihrem Bett.«

Tina marschierte nach oben. Tatsächlich. Auf dem Kopfkissen fand sie die Nachricht: ›Wir sind joggen!‹ In diesem Moment meldete sich Finn. Tina nahm ihn mit nach unten. In der Küche war bereits der erste Streit ausgebrochen.

Antonia brüllte ihren kleinen Bruder an. »Pelle ist mein Hund! Ich kenne ihn schon viel länger.«

»Aber mich mag er lieber!«

Gleich würde wieder einer heulen. Schon schluchzte Antonia los. »Paul ist so fies!«

Tina sah die beiden ernst an. »Pelle liebt Sophie am allermeisten, okay? Aber er hat euch beide sicher gleich gern. Es gibt gleich Frühstück.«

Sie war gerade dabei, die Eier abzuschrecken, als sie den Wagen hörte. »Da kommt Papa!«, rief sie den Kindern zu. Der Audi stoppte quietschend auf der Einfahrt. Tina lief zur Haustür und öffnete. Stefan sah furchtbar aus, doch, was sie noch mehr irritierte, war, dass auch Sophie und Pelle bei ihm waren. »Was ist denn?«, fragte sie verwirrt. Stefan gab ihr einen flüchtigen Kuss. Er roch grauenhaft.

»Lass dir die Geschichte doch von Miss Marple erzählen. Mir reicht es für heute!«

Tina sah erschrocken zu Sophie, doch die schüttelte nur den Kopf und ging mit Pelle nach oben. Irgendwas stimmte da ganz und gar nicht! Was war denn nur passiert?

Stefan wollte nur noch unter die Dusche und endlich schlafen. Vorher musste er aber noch den Staatsanwalt informieren, dass er die Leiche ohne wirkliche Begründung nach Lübeck hatte bringen lassen. Nichts konnte schlimmer sein als das, was in den letzten Stunden geschehen war. Und dann noch Sophie! Er hatte jetzt schon genug von ihr und das Wochenende hatte noch nicht einmal richtig angefangen. Stefan wusste, dass sie sich nicht vom Herumschnüffeln abhalten lassen würde. Er hätte sich die Warnung auch sparen können.

»Papa! Papa, Pelle ist hier und er hat Sophie mitgebracht!«

Antonia und Paul warfen sich in seine Arme. Stefan drückte sie fest an sich. In diesen Sekunden vergaß er alles. Er war ein glücklicher Mann. Ohne seine Familie wäre er sicher schon im Irrenhaus. »Hey! Ich hab euch vermisst! Was macht denn euer Bruder?«

Paul zuckte mit den Schultern. »Ach, der sagt nie was.«

»Natürlich nicht!«, kommentierte Antonia. »Er ist doch noch ein Baby. Komm Papa! Wir haben Frühstück gemacht.« Sie nahm seine Hand und zerrte ihn zum Esstisch. Auch wenn alles sehr lecker aussah, verspürte er keinen Hunger. Sein Kleinster lag in der Wippe und maulte leise. Beim Anblick seines kleinen Sohnes musste er wieder an das Baby vom Dach denken. Er musste sich zusammenreißen. »Na, kleiner Mann!« Stefan strich Finn über die Wange. »Ich bins, Papa! Da musst du doch nicht meckern.«

»Er verlangt sein zweites Frühstück und er hat die Hose voll«, erklärte Tina.

Stefan hatte sie gar nicht kommen hören.

»Setz dich doch.«

»Ich würde gern duschen und muss telefonieren.«

»Gleich, Schatz.« Tina gab ihm einen Kuss und nahm das Baby auf den Arm. »Ich leg Finn in Antonias Zimmer, dann hast du im Schlafzimmer deine Ruhe. Sei so lieb und pass kurz auf die Kinder auf. Fangt doch schon mal an zu essen!«

Stefan schüttelte schweigend den Kopf. Er würde auf der Stelle einschlafen und mit dem Gesicht in einem belegten Brötchen landen.

»Ich will Kinderwurst!«, forderte Paul.

»Kann Sophie denn nicht kurz aufpassen?«, fragte er hoffnungsvoll.

»Sophie duscht gerade. Ich bin doch gleich wieder da.«

Sie duscht gerade! Neue Wut kroch in ihm hoch.

»Papa, du musst auch mal wieder duschen.«

Er sah seine Tochter an. Sie war wirklich das hübscheste kleine Mädchen, das er je gesehen hatte. Und sie war mindestens genauso pfiffig. Da stand ihm noch was bevor.

»Papa duscht ja gleich. Nun hole ich mir einen großen Becher Kaffee und dann schmieren wir Brötchen. Alles klar?« Die Kinder nickten zufrieden. Stefan ging um den Tresen herum zur Espressomaschine. Er zitterte und war sich nicht sicher, ob aus Erschöpfung oder vor Wut.

Sophie ließ sich das heiße Wasser über den Körper laufen und versuchte, sich zu entspannen. Sie war nach Fehmarn gekommen, um in der Inselidylle neue Kraft zu schöpfen. Sie hatte sich auf Strände, Deiche und Reetdachhäuser gefreut. Wasserleichen passten so gar nicht in das Bild. Pelle lag auf der Badematte und schnarchte leise. Beim Joggen über eine Leiche zu stolpern, das war doch wirklich wie im Krimi. Sophie hatte die Tote immer noch genau vor Augen. Die schlanke Figur, das nasse blonde Haar. Sie drehte das Wasser ab und griff nach einem dicken Frotteehandtuch. Sie wickelte sich ein und setzte sich neben ihren Hund auf den Boden. »Ach Pelle, was für ein schräger Ferienbeginn.« Der Labrador öffnete die Augen und wedelte müde mit dem Schwanz. »Stefan ist stinksauer auf mich«, stellte sie fest. »Und trotzdem! Irgendetwas stimmt da nicht. Und du hast mich darauf gebracht, mein Held!« Pelle legte seinen Kopf auf ihr Bein und grunzte. »Pst! Ich muss nachdenken!« Die Leiche kann nicht angeschwemmt worden sein. Unmöglich! Sie lag vier Meter oberhalb des angetriebenen Seetangs. War die Frau mit letzter Kraft nach oben gekrochen? Nein, es gab keine Schleifspuren. Und außerdem lag sie auf dem Rücken. Wenn es tatsächlich ein Unfall war, wo war dann das Equipment? Gut, das Brett und der Schirm könnten irgendwo in der See treiben, aber wo war das Trapez? Diese Dinger saßen doch immer bombenfest. Es war einfach unmöglich, dass ein Mensch in Panik die Schnallen und Klettverschlüsse öffnen konnte. Sophie knotete das nasse Haar zusammen und schlüpfte in Jeans und T-Shirt. Obwohl sie wirklich Hunger hatte, verspürte sie keine große Lust nach unten zu gehen. Es ärgerte sie, dass Stefan ihren Verdacht einfach als Spinnerei abtat. Was bildete er sich eigentlich ein?

»Komm! Wenn wir Glück haben, schläft der doofe Stefan schon.« Sophie ging mit Pelle die Treppe hinunter in die offene Küche. Sofort stürzten sich die Kinder auf den Hund. »Guten Morgen, Mäuse. Pelle hat euch bestimmt auch vermisst. Er war mit mir joggen.«

»Guten Morgen?«, Stefan sah sie wütend an. »Weißt du eigentlich, wie spät es mittlerweile ist?«

»Nein, weiß ich nicht! Warum gehst du nicht endlich ins Bett?«

»Würde ich sehr gerne. Doch Tina ist oben bei Finn und ich hatte den Auftrag noch eben ganz kurz bei den Kindern zu bleiben, bis du wieder unten bist. Das war vor einer halben Stunde!«

Sophie ging zur Espressomaschine und versuchte ruhig zu bleiben. »Jetzt bin ich da. Schlaf schön.«

Stefan schob seinen Stuhl zurück und sprang auf.

»Schatz!«, Tina kam gut gelaunt die Treppe hinunter. »Du bist ja immer noch hier. Jetzt leg dich endlich hin. Du siehst wirklich furchtbar aus.«

Stefan öffnete den Mund, schüttelte dann den Kopf und verschwand ohne ein weiteres Wort.

»War was?«

»Nein, Mama«, Antonia griff nach einer Scheibe Wurst. »Papa und Sophie haben sich nur gestritten, obwohl man das nicht tun soll.« Die Wurstscheibe verschwand in Pelles Maul.

»Ach Quatsch«, beschwichtigte Sophie.

»Was war denn überhaupt los? Wieso seid ihr bei Stefan mitgefahren? Freiwillig steigt doch niemand in seinen Wagen.«

»Ganz bestimmt nicht«, lachte Sophie, dann nickte sie in Antonias Richtung. »Ich erzähl dir alles, wenn wir die Spione losgeworden sind.« Sie wandte sich den Kindern zu. »Würdet ihr mir einen großen Gefallen tun und mit Pelle in den Garten gehen? Er muss jetzt auch was essen. Ich mach ihm sein Frühstück fertig und ihr passt auf, dass er alles auffuttert.« Antonia und Paul klatschten begeistert. Sophie schüttete das Trockenfutter in die Edelstahlschüssel und nahm sie mit auf die Terrasse. Die Kinder und Pelle folgten ihr begeistert. »Wenn er alles brav aufgegessen hat, bekommt er noch ein Leckerli. Kommt ihr zurecht?« Die beiden Futterkontrolleure nickten ernst. Sophie grinste. Pelle würde seinen Napf natürlich in Rekordgeschwindigkeit leeren.

»Jetzt erzähl schon!«, bohrte Tina sofort ungeduldig, als sie wieder am Esstisch saß.

»Ich bin über eine Leiche gestolpert.«

Stefan wickelte sich ein Handtuch um die Hüften und ging ins Schlafzimmer. Unter der Dusche waren ihm fast die Augen zugefallen. Am liebsten wäre er sofort ins Bett gekrochen, aber er hatte keine Wahl. Zuerst musste er den Staatsanwalt verständigen. Er musste begründen, warum er die Tote in das Rechtsmedizinische Institut hatte bringen lassen. Und er musste erklären, warum er diese Anweisung gegeben hatte, ohne sich vorher mit dem Staatsanwalt abzusprechen. Zum Glück verstand er sich mit Ingmar Harder hervorragend. In den letzten Jahren hatten sie sich schätzen gelernt und hatten Respekt vor den Arbeitsmethoden des anderen. Trotzdem hatte er ein mulmiges Gefühl. Wenn er Glück hatte, war Ingmar bereits in seinem Büro.

»Büro des Staatsanwalts! Koslowski am Apparat«, meldete sich die Sekretärin.

»Morgen, Sylvia. Stefan Sperber. Ist Ingmar schon da?«

»Guten Morgen! Ja, er ist da. Ich verbinde dich. Kleinen Moment.«

»Stefan, gut, dass du anrufst! Die Obduktion des Babys ist durch. Doktor Franck hat mich gerade angerufen«, erklärte der Staatsanwalt.

Stefan schluckte. Das tote Baby. Die grausamen Bilder spulten sich vor seinem inneren Auge ab.

»Stefan?«

»Ja, ich bin da! Tut mir leid, aber ich bin jetzt seit über 24 Stunden auf den Beinen. Ich lauf auf Reserve.«

»Wir kriegen den Bericht heute Nachmittag.«

»Ich verstehe! Aber darum ruf ich nicht an. Wir haben eine tote Wassersportlerin auf Fehmarn. Am Strand von Gold. Wir wissen noch nicht, wer sie ist. Die Kollegen aus Burg kümmern sich drum.« Stefan machte eine kurze Pause.

»Und?«, fragte Ingmar Harder ungeduldig.

»Ich hab sie in die Rechtsmedizin bringen lassen.«

»Da komm ich gerade nicht mit. Was sollen die denn da mit ihr? Ist sie denn nicht ertrunken? Was hat denn der Arzt vor Ort gesagt?«

»Ja, der Arzt …« Stefan suchte nach den richtigen Worten. »Es war ein Hausarzt und … Ach, lassen wir das. Am Ende war er sich nicht mehr sicher.«

»Nicht mehr sicher? Aber er war schon sicher, dass sie tot ist, hoffe ich«, blaffte Ingmar in den Hörer.

Kein Wunder, dass Ingmar sich aufregte. »Sie trug einen Neoprenanzug. Man konnte nur Kopf, Hände und Füße sehen. Da hatte sie keine Verletzungen.«

»Man muss kein Messer im Rücken haben, um zu ertrinken!«, erklärte der Staatsanwalt gereizt. »Vielleicht hatte sie einen Herzfehler oder einen Krampf.«

»Ach Ingmar, ich weiß auch nicht. Irgendwas an dem Gesamtbild war falsch.« Sophies Worte kamen ihm wieder in den Sinn. »Sie sah irgendwie hingelegt aus.«

»Hingelegt? Ich verstehe kein Wort.«

»Es ist so ein Gefühl.«

»Sei mir nicht böse, Stefan, aber ich habe hier jede Menge Arbeit! Und du kommst mir mit Gefühlen? Wenn ich dich nicht besser kennen würde, würde ich dir vorschlagen, nach dem Horror der letzten Nacht mit einem Psychologen zu sprechen.« Ingmar machte eine Pause. »Vielleicht hat ihr jemand helfen wollen und sie aus dem Wasser gezogen. Als er feststellte, dass sie tot ist, hat er Angst bekommen und ist abgehauen.«

»Sehr gut möglich«, gab Stefan zu. »Könnte aber auch sein, dass sie nicht freiwillig ins Meer gegangen ist.«

»Hört sich doch so an, als sollte Dr. Franck mal einen Blick auf die Leiche werfen.«

Tina hörte gebannt zu, als Sophie ihr die Erlebnisse des Morgens schilderte. Kein Wunder, dass Stefan nicht gut drauf war. Er hatte sich schließlich auf seinen Feierabend gefreut.

»Tja, und dein Mann war ziemlich sauer, als ich meinte, dass da was nicht stimmen kann.«

Tina seufzte. Natürlich nervte es einen Kommissar, wenn eine Hobbydetektivin Mordtheorien aufstellte. Und dann ausgerechnet Sophie! Schlimmer hätte ihr Wiedersehen gar nicht ausfallen können. »Tut mir leid, Sophie, aber ich kann Stefan da verstehen! Du weißt doch selbst, dass er seinen Job aus Leidenschaft macht. Glaubst du wirklich, er würde einem eventuellen Verbrechen nicht nachgehen, nur weil er Dienstschluss hat und müde ist?«

»Nein, natürlich nicht. Aber die Tote kann definitiv nicht angeschwemmt worden sein. Wieso sieht er das nicht ein? Außerdem bin ich sauer, weil er mich unmöglich behandelt hat. Er wollte mir nicht mal zuhören. Stattdessen hat er einen Dorfpolizisten beauftragt, meine Personalien aufzunehmen.«

»Ja, und? Hätte er lieber vor den Kollegen und einem Hausarzt deine Mordtheorien durchdiskutieren sollen? Jetzt spinn doch nicht!« Sie räumte den Frühstückstisch ab. Sophie folgte ihr in die Küche.

»Vielleicht hast du in dem Punkt recht, aber musste er so feindselig sein? Meine Güte, er hat mich sogar gefragt, ob ich eine Story wittere.«

»Das hätte er sich wirklich sparen können«, gab Tina zu. »Aber du kennst Stefan. Bitte, tu mir den Gefallen und versuche ihn nicht aufzuregen. Er muss sich wirklich erholen.«

»Das glaub ich! Sag mal, ist dein Mann jedes Wochenende so fertig? Er sah schlimm aus!«

»Ich hab mich auch erschrocken. Er muss die ganze Nacht durchgearbeitet haben. Normalerweise springt er zumindest noch unter die Dusche, bevor er losfährt. Na ja, in ein paar Stunden ist er wieder okay. Hoffentlich lässt Finn ihn ein bisschen schlafen.«

»Wegen des zarten Gebrülls deines kleinen Sohnes würde ich mir keine Sorgen machen. Ich glaube, du könntest im Schlafzimmer eine Harley starten, ohne Stefan zu wecken.«

»Damit hast du wahrscheinlich recht.« Stefan musste wirklich eine schlimme Nacht gehabt haben, dachte Tina. »Lass uns schnell noch die Spülmaschine einräumen. Dann legen wir uns nach draußen und genießen das herrliche Wetter.«

Sophie schüttelte den Kopf. »Ich kümmere mich um das dreckige Geschirr. Du gehst schon mal vor und legst dich in die Sonne. Wer weiß, wie lange Finn dich lässt.«

»Quatsch! Wir machen das schnell zusammen und …«

»Hallo? Das war kein Vorschlag, sondern ein Befehl!« Sophie sah sie mit gespieltem Ernst an. »Ich möchte mich gern etwas nützlich machen, solange ich hier bin. Na los! Zisch ab!«

Tina hob beschwichtigend die Hände und verschwand auf die Terrasse. Was für ein Wetter! Sie ließ sich auf einen Liegestuhl fallen und streckte sich. Die Kinder jagten mit Pelle durch den Garten. Der Hund war wirklich Gold wert. Antonia und Paul vergaßen sogar, sich zu streiten. Sie war schon lange der Meinung, dass sie sich einen Hund zulegen sollten. Leider war Stefan anderer Ansicht. Er fand, dass sie mit drei Kindern schon genug um die Ohren hatte. Vielleicht würde Pelle ihn umstimmen. Der machte doch wirklich kaum Arbeit und als Spielgefährte war er spitze. Tina schloss zufrieden die Augen. Was für ein perfekter Morgen, abgesehen von dem Streit und der armen Toten am Strand natürlich. Zwei Wasserleichen in einer Woche und beide in Gold, das war wirklich ein ungewöhnlicher Zufall.

8

Olli kauerte in seinem Wohnmobil auf der Sitzbank und starrte ins Leere. Er hatte noch immer nicht geduscht, sondern sich nur ein frisches T-Shirt angezogen. Es war ihm egal, wenn er nach Erbrochenem stank. Sarah war tot. Er sah ihr Gesicht und das nasse Haar vor sich. Immer wieder ging er in Gedanken den Verlauf des Abends durch. Sie hatten gestritten und sie war abgehauen. Er hatte sich betrunken. Mehr war seines Wissens nicht gewesen, aber was wusste er denn noch? Die Polizei würde ihn früher oder später befragen. Was sollte er bloß sagen? Dass es kein Unfall sein konnte, weil sie nie im Leben nachts auf ihr Board gestiegen wäre? Dass irgendetwas passiert sein musste? Aber was? Und wenn die Polizei ihm nicht glaubte, dass er sein Wohnmobil in der Nacht nicht mehr verlassen hatte? Er hatte kein Alibi. Außerdem war es gut möglich, dass irgendjemand den Streit mitbekommen hatte. Warum war sie auch nicht bei ihm geblieben? Dann wäre sie noch am Leben. Immer wieder schlichen sich Erinnerungen in seine Gedanken. Wie sie lachte und ihr Haar im Wind flatterte. Ihr ernstes Gesicht, wenn sie ihr Equipment prüfte. Die kontrollierte Sarah! Sie hatte immer alles doppelt und dreifach gecheckt. Und genau diese Tatsache machte ihn jetzt wahnsinnig. Sarah wäre nie und nimmer nachts aufs Wasser gegangen. Sie hatte viel zu viel Respekt vor der See. Aber warum war sie dann ertrunken? Olli öffnete den Schrank. Irgendwo war doch noch dieser Cognac. Er brauchte dringend einen Schluck. Olli griff sich einen benutzten Kaffeebecher aus der Spüle und schenkte ihn halb voll. Der Cognac brannte wie Feuer. Als es an der Tür klopfte, zuckte er zusammen, obwohl er die ganze Zeit darauf gewartet hatte. Die beiden Polizisten, die am Morgen schon am Strand gewesen waren, standen vor seiner Tür.

»Oliver Konrad?«, fragte der ältere.

Olli nickte.

»Polizeihauptkommissar Larrson. Das ist mein Kollege Meier. Wir müssten Ihnen kurz ein paar Fragen stellen. Sie arbeiten hier als Surflehrer, richtig?«

»Mmh.«

»Heißt das ja?«

»Ja! Sorry, ich bin ziemlich fertig.«

»Sie wissen sicher bereits, dass heute eine tote Frau am Strand gefunden wurde?«

Ollis Mund war plötzlich knochentrocken.

»Wir wissen noch nicht, wer sie ist«, fuhr Larrson fort. »Vielleicht können Sie uns weiterhelfen. Sie kennen doch sicher viele der Surfer und Kiter.«

Olli schluckte. »Ich war heute Morgen am Strand. Ich habe sie gesehen. Von Weitem nur, aber ich glaube, es ist Sarah Müller.«

»Ach!«, entfuhr es Meier. Voller Elan nahm er seinen Kugelschreiber zur Hand. »Kannten Sie diese ... äh ... Sarah gut?«

»Ich habe ihr beim Training geholfen«, erklärte Olli. Und ich habe sie geliebt, dachte er traurig.

Larrson nickte und Meier machte sich ein paar Notizen.

»Sie war keine Anfängerin, wie diese...«, Larrson holte jetzt ebenfalls ein Notizbuch aus der Tasche und blätterte kurz darin. »Hier hab ich es. Wie diese Sandra Schmidt.«

Olli schüttelte den Kopf. »Nein, Sarah war kurz davor, Deutsche Meisterin zu werden.«

Larrson atmete tief durch und nickte. »Warum ist sie so spät noch aufs Wasser gegangen? Können Sie sich das erklären? Hat sie vielleicht Drogen genommen?«

»Nein«, antwortete Olli leise. Dann straffte er die Schultern. »Nein, Sarah war Sportlerin. Wenn überhaupt, dann hat sie mal ein Glas Wein getrunken. Aber sie war manchmal ein verrücktes Huhn. Sie liebte das Wasser.«

»Sie liebte das Wasser. Verstehe. Hatte sie Ihnen von ihren Plänen erzählt oder waren Sie nachts noch mal am Strand?«

»Ich?« Er sehnte sich nach einer Zigarette. »Nein! Ich war hier. War ein stressiger Tag. Ich meine, wir haben hier manchmal zwei Kurse am Tag, jetzt in der Hauptsaison. Ich war im Eimer.«

»Und wann haben sie Sarah dann das letzte Mal gesehen?«

Olli fragte sich, ob er gleich umkippen würde? Alles war verschwommen. »Gestern Abend am Strand«, brachte er raus. »Wir trinken da gerne noch ein Bierchen. Wenn die Sonne untergeht, wissen Sie.«

Larrson nickte voller Verständnis. »Ist klar! Wenn bei Fehmarn die rote Sonne im Meer versinkt«, sang er schief. »Sie haben uns sehr geholfen. Zumindest haben wir jetzt einen Namen. Kann sein, dass wir später noch ein paar Fragen haben. Schönen Tag!«

Endlich zogen sie ab. Er hatte es einigermaßen glimpflich hinter sich gebracht und er hatte nur ein bisschen gelogen. Sarah war kein verrücktes Huhn gewesen. Hätte er doch lieber die ganze Wahrheit sagen sollen? Nein, entschied er. Er musste jetzt vorsichtig sein. Vielleicht war er ja tatsächlich der Letzte, der sie lebend gesehen hatte.

Ben schloss das kleine Gartenhaus hinter dem Bistro auf. Die Holzbude diente Olli und ihm als Büro. Hier lagen die Bücher für die Anmeldungen und die Schlüssel für die Schuppen mit dem Equipment. Ben hatte das Bedürfnis, nach dem schrecklichen Ereignis am Morgen etwas Normales zu tun. Er musste sich ablenken. Wenn er darüber nachdachte, dass nun schon zwei Frauen tot waren, würde er verrückt werden. Die Kurse für den Tag waren gut gebucht. Noch war kein Schüler zu sehen, aber der Unterricht begann ja auch erst in einer Stunde. Wenn überhaupt noch jemand kommt, dachte Ben. Wer wollte schon an einen Strand, an dem gerade noch eine Leiche gelegen hatte? So ein Unsinn, stellte er verbittert fest. Da machte er sich wirklich zu Unrecht Sorgen. Er wusste doch, wie vergesslich die Menschen waren. Auf Phuket waren Tausende gestorben und ihre faulenden Körper hatten am Strand vor sich hingestunken. Und nur ein paar Wochen später hatten die ersten Touristen genau dort schon wieder in der Sonne gelegen. Ben schnappte sich die Schlüssel für die Schuppen. Was soll das eigentlich, fragte er sich plötzlich. Sie konnten heute unmöglich Kurse geben. Olli würde sowieso nicht in der Lage sein und außerdem wäre es geschmacklos, einfach so zu tun, als wäre nichts passiert. Er war damals geschockt gewesen, wie schnell man auf Phuket nach dieser entsetzlichen Katastrophe zum normalen Leben zurückgefunden hatte. Wenn er jetzt genauso einfach zur Tagesordnung übergehen würde, wäre er nicht besser als die, die er damals verurteilt hatte. Ben beschloss einen Zettel an die Tür zu hängen, der den Schülern mitteilen würde, dass es erst morgen weitergehen könnte. Jeder würde das verstehen. Schließlich war Sarah für viele ein unerreichbares Vorbild gewesen. Das wäre auch in Hanjos Sinne, da war er sicher. Sarah! Warum musste sie Olli auch wehtun? War das nicht alles skurril? Ben hätte fast gelacht. Jetzt war Sarah tot und brach Olli trotzdem das

73

Herz. Was hatte Olli vorhin eigentlich gemeint? Er sei schuld? Wieso fühlte der sich schuldig? Er musste das genauer wissen. Ben schrieb schnell die Notiz und machte sich auf zu seinem Kumpel. Die Tür des Wohnmobils war verschlossen. Auf sein Klopfen regte sich nichts. »Mach auf, verdammt noch mal! Ich weiß, dass du da bist! Ich muss mit dir reden.« Endlich schnappte das Schloss und die Tür flog auf.

»Verschwinde! Ich kann heute nicht.«

Olli roch nach Schnaps. Ben sprang mit einem Satz an ihm vorbei. Im Wohnmobil sah es aus wie auf einer Müllhalde und es stank auch entsprechend. Ben hatte damit gerechnet, dass Olli in sehr schlechter Verfassung sein würde, doch was er jetzt sah, übertraf seine schlimmsten Erwartungen. »Mein Gott, Olli! Hast du das alles allein vernichtet?«

»Muss wohl! Auch einen kleinen Cognac?«

»Hör auf zu saufen! Es ist ja noch nicht mal Mittag.«

»Kümmere dich doch um deinen eigenen Scheiß! Lass mich einfach in Ruhe.«

»Das ist unser Scheiß! Für heute habe ich die Kurse abgesagt, aber morgen müssen wir unseren Job machen.«

»Job? Du tickst doch nicht ganz richtig! Sarah ist tot! Und du willst einfach so weitermachen? Meinst du, das kommt so prima an? Schnupperkurs trotz Leiche? Das ist ja krank! Verschwinde!«

»Ich hau ab. Aber vorher will ich noch eins wissen. Wieso hast du heute Morgen am Strand gemeint, dass es vielleicht deine Schuld sei?«

»Hab ich das?«

»Hast du irgendetwas zu Sarah gesagt? Irgendwas, das sie auf eine so bescheuerte Idee gebracht hat, noch mal aufs Wasser zu gehen? Oder hat sie vielleicht angedeutet, dass sie später noch kiten wollte?«

Olli stand schwankend auf und sah ihn wütend an. »Die Polizei hat mich bereits befragt. Ich brauch jetzt kein zweites Verhör! Verpiss dich endlich!«

Die Polizei war schon hier gewesen! Ben verließ mit zitternden Knien das Wohnmobil. Es war nur eine Frage der Zeit, wann die Bullen mit ihm sprechen würden. Er musste sich wirklich genau überlegen, was er sagen wollte.

9

Stefan schlug verwirrt die Augen auf. Sein Herzklopfen ließ nach, als er feststellte, dass er zu Hause war. Er hatte so viel wirres Zeug geträumt: da war die Vernehmung der letzten Nacht. Diese Frau, die ihr totes Baby vom Balkon geworfen hatte, hatte sich in die ertrunkene Wassersportlerin verwandelt. Und immer wieder hatte sie geschrien: »Es war Mord, warum seht ihr das nicht ein?« Statt seines Kollegen hatte Sophie neben ihm gesessen und ihn vorwurfsvoll angesehen ... Ich habe es dir gleich gesagt, gleich gesagt, gleich gesagt ... Stefan atmete tief durch. Hoffentlich hatte Broder mittlerweile die Identität der Frau herausgefunden. Die Türklinke wurde leise nach unten gedrückt und Tina blickte ins Zimmer.

»Entschuldige. Hab ich dich geweckt?«

»Nein. Ich bin gerade aufgewacht.«

»Unser Kleiner stinkt und ich habe unten keine Windeln mehr.«

Stefan sprang mit einem Satz aus dem Bett. »Lass mich!«

»Mit Vergnügen!« Tina gab ihm grinsend das Baby und setzte sich in den Schaukelstuhl. Vorsichtig legte Stefan seinen kleinen Sohn auf die Wickelkommode und machte sich ans Werk. Finn begann leise zu krähen. »Hat er Hunger?«

»Er bekommt ja gleich was. Geht es dir wieder besser?«

»Ja, ich habe einfach eine Mütze voll Schlaf gebraucht. Sorry, ich war wohl etwas ungastlich.«

»Ungastlich? Du warst richtig ekelig! Sophie hat es im Moment nicht einfach. Bitte versuche, na du weißt schon. Ich freu mich wirklich über ihren Besuch. Stell dir vor, sie macht gerade das Mittagessen! Ich habe fast ein schlechtes Gewissen.«

»Wenn es ihr Spaß macht! Für sie ist das hier eben Urlaub auf dem Land, nach dem Motto: Es darf mit angepackt werden! Ist doch mal was anderes, als sich den ganzen Tag im Fünfsternehotel bedienen zu lassen. Das wird doch auch irgendwann langweilig für so eine Luxuskuh.« Tina rollte mit den Augen. »Ist schon gut! Ich mag Sophie, ich mag Sophie«, lenkte Stefan sofort ein.

»So ist es brav. Bete dein Mantra. Was war eigentlich heute Morgen? Habt ihr gestritten?«

»Hat Sophie das gesagt?«

»Nein, hat sie nicht! Sie ist keine Petze.«

»Ich bin eben nicht gut drauf, wenn ich nach einer schlaflosen Nacht auf eine Leiche und Sophie treffe.«

»Das hat Sophie auch gemeint, aber ich dachte, da wäre noch etwas anderes. Sie sagte mir, dass ihr da was komisch vorkam. Irgendwas mit dem Treibgut.«

Stefan stöhnte genervt. »Ich habe die Leiche in die Gerichtsmedizin bringen lassen, weil dieser Doktor Fips ein echter Trottel ist. Die Jungs im grünen Kittel werden nichts Ungewöhnliches finden. Sag mal, warum schreibt deine durchgeknallte Freundin eigentlich keine Krimis?«

Tina lachte. »Nein, viel besser! Sie sollte Privatdetektivin werden.«

»Tolle Idee. Wehe, du schlägst ihr das vor!«

Gemeinsam schlichen sie die Treppe runter.

»Und nicht vergessen, Liebling, immer nett sein zu unserem Gast«, flüsterte Tina. »Sonst machen wir gemeinsam eine Detektei auf.«

Stefan grinste sie an, obwohl er sich gerade überhaupt nicht wohlfühlte. Er hätte besser aufpassen müssen. Das mit dem Treibgut könnte tatsächlich ein Hinweis sein.

Felix stocherte lustlos in seinem Hummercocktail herum. Das gemeinsame Mittagessen war Juliettes Idee gewesen. Als ob er sonst keine Probleme hätte! Felix versuchte, sich zusammenzureißen. Seine Kinder konnten schließlich nichts für sein Dilemma. Sie saßen gemeinsam am Esstisch, der unter dem Angebot des Feinkostladens zusammenzubrechen drohte. Seine Frau redete, ohne Luft zu holen. Felix hörte nur mit einem Ohr zu.

»Liebling! Träumst du? Ich habe dich gefragt, ob du dir grüne Mosaikkacheln für den Pool vorstellen könntest?«

»Welchen Pool?«

Juliette lächelte ihn vorwurfsvoll an. »Ich rede von der Finca.«

»Bist du eigentlich übergeschnappt? Ich hab ein paar mehr Probleme am Arsch als grüne Kacheln!«

»Musst du diese Kraftausdrücke vor den Kindern verwenden?« Juliette schüttelte empört den Kopf. »Wenn ihr fertig seid, dürft ihr aufstehen. Ich habe noch etwas mit eurem Vater zu besprechen.«

Scheinbar erleichtert verließen die Geschwister das Esszimmer. Felix stand ebenfalls auf und ging an die Bar.

»Willst du auch was?«, fragte er versöhnlich.

»Ein Glas Champagner!«

Felix öffnete eine kleine Flasche Veuve Cliquot und schenkte sich selbst einen Whisky ein. Seine Frau hatte sich auf der weißen Couch ausgestreckt. Er hasste die Möbel. Eigentlich hasste er die gesamte Einrichtung. Das ganze Haus sah aus wie die Kulisse für einen teuren Werbespot. Chaos herrschte nur in den Kinderzimmern. Es war schließlich auch unmöglich, so viel Spielzeug unterzubringen. Dabei waren die Zimmer der Kinder größer als eine Hotelsuite. Hotelsuite! Er musste wieder an Sophie denken. Mit dem Artikel wollte sie ihm drohen, das war klar. Sie wollte ihm schon mal zeigen, was in ein paar Monaten erneut auf ihn zukommen würde. Spätestens dann war er erledigt.

»Felix, du musst dich etwas beruhigen. Es wird schon alles wieder in Ordnung kommen. Und du findest bestimmt auch eine neue Freundin«, stichelte Juliette.

Felix sah sie wütend an. Sein Management hatte vorgeschlagen, dass er sich jetzt möglichst oft mit seiner Frau und seinen Kinder sehen lassen sollte, bis sich die Wogen geglättet hätten. Auf Dauer würde die Affäre sicher keinen großen Schaden anrichten, versuchte man ihn zu beruhigen. Keinen Schaden! Das Ganze war eine Katastrophe! »Bist du so doof? Zwei Werbeverträge sind bereits geplatzt!«

»Du brauchst nicht zu schreien!«, keifte Juliette zurück.

»Schließlich hast du uns in diesen Schlamassel geritten. Die armen Kinder. Denkst du manchmal daran, was sie grade durchmachen?«

»Na, und du? Vielleicht sollten wir uns bei der Nanny nach ihrem Befinden erkundigen!«

Juliette sprang auf und schmiss das Champagnerglas an die Wand über dem Kamin. »Drecksack! Du zerstörst die heile Welt unserer Kinder und mich behandelst du unmöglich. Ich bin wirklich unendlich froh, morgen von hier wegzukommen.«

Wütend rauschte sie aus dem Zimmer. Heile Welt! Seine heile Welt war explodiert. Die Regenbogenpresse zerriss ihn in der Luft. Felix bedauerte jede einzelne Stunde, die er in den letzten zwei Jahren mit Sophie verbracht hatte.

Sie wollte dieses Baby kriegen und dann würde sie ihn erpressen. Felix drehte das leere Glas in der Hand. Die Eiswürfel klirrten leise. Sophie sollte sich bloß nicht zu sicher fühlen. Auch wenn es schwierig werden würde, sich heimlich an ihr zu rächen. Ihm würde schon noch etwas einfallen.

10

Sophie saß mit den Kindern am Tisch, als Tina und Stefan ins Esszimmer kamen. Die beiden sahen glücklich aus. Nicht wie ein frisch verliebtes Paar, aber beneidenswert zufrieden.

»Hey, hast du die Bande im Griff?«, fragte Tina.

»Aber sicher! Wir kommen bestens klar.«

Die Kinder nickten ernst. »Die beiden haben übrigens versprochen, gleich einen Mittagsschlaf zu machen, wenn Pelle ihnen beim Einschlafen zusehen darf. Ich habe gesagt, dass ihr das letzte Wort habt.«

»Soll Pelle das doch entscheiden«, schlug Tina vor. »Schließlich hat er sie dann an der Backe.«

Pelle hatte sich anscheinend schon entschieden und wedelte begeistert mit dem Schwanz. »Na dann! Abmarsch!«

Die Kinder rannten johlend nach oben. Pelle polterte hinter ihnen her und stieß fast eine große Topfpflanze um.

»Ist er nicht geschmeidig wie eine Dschungelkatze?«, lachte Sophie.

»Ja, oder wie heißt das graue Tier mit dem Rüssel noch mal?«, konterte Stefan trocken.

Sophie lachte über seinen Witz. Immerhin war er gerade das erste Mal ein bisschen freundlich. »Er ist ein bisschen plump, aber er hat andere Qualitäten. Er ist gleichzeitig Biotonne und Bodyguard!«

Nachdem die Kinder im Bett verschwunden waren, setzten sie sich auf die Terrasse. Es gab diverse Antipasti und Ciabatta. Das Essen verlief überraschend harmonisch, bis Stefan nach Felix fragte.

»Und? Was macht denn dein Showmaster?«

»Schatz, das ist jetzt wirklich kein gutes Thema«, versuchte Tina ihren Mann zu bremsen.

Stefan riss die Augenbrauen hoch. »Ach nee! Ist Schluss?«

Sophie nickte langsam. »Aus und vorbei! Nach zwei Jahren Beziehung.«

Stefan zuckte mit den Schultern. »Aber Beziehung kann man das doch eigentlich nicht nennen, oder?«

»Wie soll ich es denn dann nennen? Wir waren zwei Jahre lang jede freie Minute zusammen. Wir haben gemeinsame Erlebnisse. Und fast …«

»Ich würde es Langzeitaffäre nennen!«, fiel Stefan ihr ins Wort. »Was guckst du mich so an? Zumindest habe ich nicht Vögelverhältnis gesagt.«

»Stefan!« Tina haute mit der Hand auf die Tischplatte. Die Farbe war aus ihrem Gesicht gewichen.

»Ich hab doch recht! Sie war seine Geliebte. Mit ihr hat er mehr Zeit verbracht als mit seiner Frau und seinen Kindern.«

»Aha, der Herr Moralapostel! Wenn du dir über Dritte so viele Gedanken machst, dann denk doch mal an die Eltern des Unfallopfers! Bist du blöd oder einfach nur faul? Warum machst du deinen Job nicht?«

»Ihr hört jetzt sofort auf!«, ging Tina dazwischen.

»Ach, lass nur Schatz! Deine überspannte Freundin denkt sich eben Verbrechen aus! Ihr ist eben ein bisschen langweilig ohne ihren Lover!«

»Stefan!«

»Nein, lass ihn. Das hat nichts mit unserer Freundschaft zu tun. Stefan ist überfordert. Keine Ermittlung, keine Aktenberge! So kommt man auch voran bei der Polizei.«

»Was meinst du eigentlich?«

»Die Frau kann nicht angeschwemmt worden sein, das hast du doch gesehen! Und was macht ihr? Nichts! Statt der Spurensicherung kommt ein greiser Inseldoktor. Und dieses Superhirn zählt eins und eins zusammen, anstatt sie zu untersuchen. Neoprenanzug, Ostsee, muss ja ertrunken sein, das arme Ding. Und plötzlich ist er sich nicht mehr sicher? Uppsala! Ihr wisst doch nicht mal, wer sie überhaupt ist!«

»Mach dir keine Sorgen!«, zischte Stefan. »Die Kollegen haben das mittlerweile bestimmt rausgefunden.«

»Ach, wer denn? Diese Sheriffs aus Burg vielleicht?«

»Hör mal zu, du oberschlaue Kuh. Polizeihauptkommissar Larrson macht seinen Job schon lange genug, auch ohne deine Hilfe. Und dein Mordopfer liegt in der Gerichtsmedizin, okay? Such dir ein Hobby, anstatt polizeiliche Ermittlungen zu behindern. In diesem Land entscheidet immer noch der Staatsanwalt, ob die Rechtsmediziner eine Leiche in die Hände kriegen. Überlass den Job den Profis und kümmere du dich um die Magersucht von Prinzessin X oder das Baby von Model Y! Such dir doch einen neuen Kerl, wenn du dich langweilst. Van Hagen war ja schlau genug, lieber bei seiner Frau zu bleiben!« Stefan knallte sein Glas auf den Tisch und sprang auf. Sofort war das leise Wimmern vom kleinen Finn zu hören. Tina erhob sich bleich und ging nach oben. Sophie ließ ihr Gesicht in die Hände sinken. In ihren Ohren rauschte es. Sie hörte noch, wie Stefan seinen Wagen startete, dann brach sie in Tränen aus. Eine feuchte Hundenase stupste sie an. Tina musste Pelle aus dem Kinderzimmer gelassen haben. Sie wusste nicht, wie lange sie geweint hatte. Der Labrador winselte leise. »Ich bin wieder in Ordnung«, beruhigte sie ihn. »Komm, wir gehen ein paar Schritte.« Alles lief viel schlimmer, als sie es sich in den bösesten

Fantasien hätte ausmalen können. Stefan und sie würden niemals Freunde werden. Sie schafften es ja nicht einmal, eine gemeinsame Mahlzeit ohne Streit hinter sich zu bringen. Aber von ihm würde sie sich nicht einschüchtern lassen. Im Gegenteil! Sie würde ihm jetzt erst recht auf die Finger schauen und in jede kleine Ecke, die er in seiner Selbstgefälligkeit übersah! Die junge Frau lag namenlos in einem Kühlschrank. Die wahre Ursache ihres Todes schien die Polizei überhaupt nicht zu interessieren. Es ging doch nur darum, herauszufinden, wer sie war, damit jemand die Leiche auf seine Kosten beerdigen ließ. Ihre armen Eltern wussten noch nicht einmal, dass sie tot war. Sophie fröstelte. Und dabei lag die geliebte Tochter in der Gerichtsmedizin in Lübeck, mausetot und kalt. Lübeck! Rechtsmedizinisches Institut! »Lutz!« Sophie zischte den Namen durch die Mittagshitze. Ja, er musste ihr helfen, ob er nun wollte oder nicht. Lutz würde immer ein bisschen Angst vor ihr haben.

Lutz Franck saß in seinem Büro und versuchte, sich auf seinen Bericht zu konzentrieren. Er hatte am Morgen die Babyleiche obduziert. Eigentlich liebte er seinen Beruf. Sein Job war sinnvoll und wichtig. Er war der Mensch, der sich mit den letzten Stunden, Minuten und Sekunden seiner toten Patienten auseinandersetzte. Oft erfuhren sie durch ihn posthum Gerechtigkeit. Aber einen winzigen Körper aufzuschneiden und einen Schädel aufzuklappen, der nicht größer war als eine Pampelmuse, das machte ihm zu schaffen. Das Baby hatte nicht nur ein sehr kurzes, es hatte auch ein grauenvolles Leben gehabt. All diese Frakturen! Lutz raffte sich auf. Er hatte einen Neuzugang und der Staatsanwalt wollte, dass er sich die Leiche mal anschaute. Als sein Handy klingelte und er auf das Display sah, war er wirklich erstaunt. Sophie?

Nichts Gutes ahnend, nahm er das Gespräch an. »Lange nichts von dir gehört, nur gelesen!«

»Du liest die ›Stars & Style‹? Hallo Lutz! Freut mich zu hören, dass auch Intellektuelle Klatschblätter lesen.«

»Was gibts?«, fragte er vorsichtig.

»Ich brauch deine Hilfe!«

Nein, nicht das! Lutz knurrte leise. Wenn er einen Prominenten in der Kühlkammer hatte, wusste er davon nichts und er hatte auch keine Lust auf Stress. Auf der anderen Seite war ihm natürlich bewusst, dass er ihr nichts abschlagen konnte. Sophie wusste von seinem Betrug, außer dem Ghostwriter natürlich. Es war eben viel bequemer, sich seine Doktorarbeit schreiben zu lassen. Durch einen dummen Zufall hatte sie damals Wind von der Sache bekommen. Nicht, dass sie es je wieder erwähnt hätte, aber vergessen würde sie die Geschichte niemals. Sie hatte die Möglichkeit, ihn gründlich in Schwierigkeiten zu bringen.

»Lutz? Bist du noch dran?«

»Nein!«, knurrte er. »Was soll ich für dich tun?«

»Mach die Kühltruhe auf!«

»Vergiss es! Wir haben keinen Promi, keinen Royal, oder was dich sonst so interessieren könnte!«

»Ihr habt eine Wasserleiche!«

»Wir haben sogar drei! Welche darf es denn sein?«, fragte er ironisch.

»Lutz, es ist wichtig! Eine junge Frau, die auf Fehmarn angeblich angeschwemmt wurde. Groß, blond …«

»Ja?«

»Irgendetwas stimmt da nicht!«

Sophie schien es ernst zu sein. »Geht es um eine Story?«

»Was? Nein! Ich habe sie gefunden, na ja, eigentlich mein Hund. Die Sache ist irgendwie merkwürdig und ich habe da so ein mulmiges Gefühl.«

»Und was soll ich da machen?«

Sophie seufzte. »Guck sie dir doch mal an. Bitte! Ich glaube einfach nicht, dass sie ertrunken ist. Die Polizei geht von einem Unfall aus, aber … Sie sah irgendwie hingelegt aus. Wahrscheinlich ist da wirklich nichts, aber könntest du trotzdem mal nachsehen?«

»Nachsehen?« Lutz fragte sich, ob er sie richtig verstanden hatte.

Sophie schwieg ein paar Sekunden. »Ja. Hinter manchem steckt doch eine Lüge, oder?«

Lutz biss sich auf die Backenzähne. Drohte sie ihm gerade? »Deine Tote ist sowieso die Nächste. Ich soll eine Leichenschau durchführen. Danach entscheide ich, ob ich dem Staatsanwalt eine Obduktion empfehle. Und nun lass mich in Ruhe! Mein Tag verläuft schon beschissen genug!«

»Kannst du mich zwischendurch anrufen und mir sagen, ob sie überhaupt ertrunken ist?«

Sie ließ nicht locker. »Noch einen schönen Tag!« Lutz drückte das Gespräch einfach weg und fluchte. Das konnte ihn in Teufels Küche bringen. Er durfte keine Informationen an Dritte weitergeben und Sophie war Journalistin. Auf der anderen Seite wollte der Staatsanwalt dasselbe. Er sollte sich die Frau mal ansehen. Sophie war der Meinung, irgendetwas stimme da nicht und sie war keine hysterische Kuh. Neugierig geworden machte Lutz sich auf den Weg zur Kühlkammer. Er las die Angaben auf der Tafel durch. Da war sie. Unbekannt, weiblich, Fehmarn. Sie lag in der Fünf. »Also gut, Baby.« Lutz öffnete die Schublade. »Dann wollen wir mal einen Blick riskieren.« Der Reißverschluss des Leichensacks knarrte. Er sah in das Gesicht der blonden Frau. »Na, was war denn los?« Lutz schnalzte mit der Zunge. »Du warst richtig hübsch, was?« Sie hatte keine offensichtlichen Verletzungen, nur ein paar leichte blaue

Flecke. Nichts Ungewöhnliches bei einer Wassersportlerin. Aber was hatte sie da unter den Fingernägeln?

Tina ging zurück auf die Terrasse. Keine Spur von ihrem Mann oder Sophie. Sie ging ums Haus, um nach den Autos zu sehen. Der Audi war weg. Stefan war wohl schon nach Lübeck aufgebrochen. Ohne sich zu verabschieden! Das hatte er noch nie gemacht. Sophies BMW war noch da. Abgereist war sie nicht. Was war das vorhin nur für ein furchtbarer Streit gewesen? Tina räumte die Schälchen mit den Antipasti und das inzwischen trockene Brot auf ein Tablett und brachte es in die Küche. Als das Telefon klingelte, griff sie schnell nach dem Hörer. »Sperber.«

»Ich bins. Schatz, tut mir leid, die Sache vorhin«, entschuldigte sich ihr Mann. »Ich weiß, ich hatte dir versprochen, mich nicht mehr mit ihr zu streiten, aber … Herrgott noch mal! Sophie tut so, als würden wir aus lauter Spaß Verbrechen vertuschen.«

»Weißt du, wo sie ist?«

»Ist sie denn nicht da?«

»Bevor du Hoffnung schöpfst, ihr Wagen steht noch hier.«

»Ich hab jedenfalls keine Ahnung! Ich bin auf dem Weg nach Lübeck, nur für den Fall, dass du dich auch um mein Verschwinden sorgst.«

»Ach! Willst du jetzt die beleidigte Leberwurst spielen? Du hast es ja nicht mal für nötig gehalten, dich zu verabschieden!«

»Liebling, lass uns bitte nicht streiten! Ich war stinksauer und ich wollte nicht reinplatzen, wenn du den Kleinen beruhigst. Außerdem habe ich einen Haufen Arbeit zu erledigen.«

»Kommst du heute noch zurück?«, fragte Tina versöhnlich.

»Ich versuche es. Ich ruf dich an und ich liebe dich.«

Er hatte aufgelegt. Armer Stefan! Er zerriss sich fast, um möglichst viel Zeit mit der Familie zu verbringen und sie hatte nichts Besseres zu tun, als ihn anzumaulen. Tina nahm sich fest vor, ihn mal wieder richtig zu verwöhnen. Ein schönes Abendessen bei Kerzenschein und eine gute Flasche Champagner im Bett waren längst überfällig. Damit sollte sie allerdings bis nach Sophies Abreise warten. Bei einem Candle-Light-Dinner zu dritt würde ihr Mann sicher nicht in Stimmung kommen. Sophie! Wo steckte sie nur? Stefan hatte ihr ganz schön zugesetzt. Sie musste schon genug unter der Trennung leiden. Wahrscheinlich war sie irgendwo am Wasser. Tina spazierte durch den alten Obstgarten und stieg den Deich hinauf. Keine 20 Meter weiter stand Sophie und warf für Pelle einen Ball ins Meer. Erleichtert lief Tina zu ihr hin. »Hier bist du!«

Sophies Augen waren rot und verweint. »Soll ich lieber nach Hause fahren?«

»Nein!«, Tina nahm ihre Hand. »Bitte bleib! Es ist wirklich schön, eine Freundin hier zu haben. Ich werde nur dafür sorgen müssen, dass du Stefan nicht mehr begegnest.«

Sophie lächelte ein bisschen. »Du musst mir glauben, dass ich fest vorhatte, nett und freundlich zu ihm zu sein. Ohne die Geschichte heute Morgen hätten wir vielleicht tatsächlich eine Chance gehabt.«

»Die habt ihr doch immer noch. Hör zu, Stefan hat in Lübeck zu tun und er weiß auch noch gar nicht, ob er es heute nach Hause schafft. Du solltest dich entspannen. Warum machst du mit Pelle nicht einen langen Spaziergang? Ihr seid doch hier, um Urlaub zu machen.«

Sophie seufzte. »Wahrscheinlich hast du recht. Wir könnten uns das Hünengrab ansehen oder den Kitern zuschauen. Oder noch besser, ich erkundige mich mal nach Kursen. Da ist doch diese Surfschule?«

Tina hatte plötzlich einen schlimmen Verdacht. »Sophie, wenn du da irgendwelche Fragen stellst oder die polizeilichen Ermittlungen behinderst, wirst du dir großen Ärger einhandeln. Das ist dir hoffentlich klar?«

Sophie sah sie erstaunt an. »Welche Ermittlungen denn? Sie ist ertrunken, sagt dein Mann. Und er ist der Profi. So, wie es aussieht, ist der Fall doch bereits abgeschlossen. Außerdem hat Stefan mich doch auf die Idee gebracht. Es war doch sein Vorschlag, dass ich mir einen Kerl oder ein Hobby suchen soll.«

Tinas Unbehagen wuchs. Sophie schien ihr neues Hobby bereits gefunden zu haben. Sie würde ein bisschen Detektiv spielen.

11

Hanjo stellte das schmutzige Geschirr auf ein Tablett. Nur Clara und dieser unangenehme Kalle saßen noch beim letzten Schluck Kaffee in der Ecke. Die Stimmung bei den Gästen war heute Mittag sehr bedrückt gewesen. Wie sollte es auch anders sein? Schließlich hatten viele Sarah gekannt und waren geschockt, von ihrem Tod zu hören. Broder hatte ihn informiert und ein paar Fragen gestellt. Ben hatte richtig entschieden, die Kurse zu verlegen. Hanjo brachte das Tablett in die Küche. Er sollte lieber gleich die Tische abwischen. Freya hatte immer erst die Gaststube wieder hergerichtet, bevor sie sich um den Abwasch gekümmert hatte. Die Gäste müssen immer eine gemütliche und saubere Atmosphäre genießen können, hatte sie immer gesagt. Manchmal war sie ihm damit auf die Nerven gegangen, aber seit sie nicht mehr da war, befolgte er ihr Gebot liebevoll. Wie schön waren doch die vielen Jahre, die sie gemeinsam in dem kleinen Bistro gewerkelt hatten. Freya war die Seele des Bistros gewesen. Es ohne sie zu führen, kostete seine ganze Kraft. Zum Glück kümmerten sich die beiden Jungs um die Surfschule. Sonst würde wohl alles den Bach runter gehen. Die Glocke bimmelte. Ein Gast. Hanjo ging langsam in die Gaststube. Clara und Kalle saßen immer noch am Ecktisch. Sie waren in ihr Gespräch vertieft. Nein, sie stritten sich leise, wunderte sich Hanjo. Plötzlich stand ein brauner Labrador vor ihm. Der Hund leckte ihm kurz die Hand und kümmerte sich dann um die Krümel, die auf dem Boden lagen. Sein hübsches Frauchen setzte sich an einen Tisch. »Sie haben aber einen

netten Hund. Er übernimmt das Staubsaugen für mich.«
Hanjo lächelte und klopfte Pelles Rücken.

»Ja, das macht er sehr gern! Er säubert ruck, zuck den
gesamten Boden und wenn er darf, macht er in der Küche
weiter.«

Was für ein nettes Mädchen, dachte er. Warum kam sie
ihm nur bekannt vor? Hanjo erinnerte sich plötzlich. Sie
war am Morgen auch am Strand gewesen. Davor hatte er
sie noch nie gesehen, da war er sich sicher. »Was darf ich
Ihnen denn bringen?«

»Eine starke Tasse Kaffee wäre wundervoll!«
Sie hatte eine angenehme Stimme.

»Und da ist noch was.«
Hanjo sah sie erwartungsvoll an.

»Es ist mir ein bisschen peinlich. Ich weiß von der
ertrunkenen Frau und da ist es wahrscheinlich nicht der
passende Moment, aber ich habe nicht so lange Urlaub.«

»Worum geht es denn?«

»Ich würde gerne einen Kite-Schnupperkurs machen,
falls das im Moment überhaupt möglich ist.«

Hanjo nickte und atmete tief durch. »Ja, ein furchtbarer
Unfall. Natürlich sind wir alle sehr betroffen. Heute
finden deshalb auch keine Kurse statt. Sarah war eine der
Favoritinnen bei den Deutschen Meisterschaften. Olli,
einer unserer Surflehrer, hat ihr beim Training geholfen.
Ich glaube, er mochte sie sehr. Furchtbar, so was! Morgen
wird aber alles wieder normal weitergehen. So schrecklich
die Sache auch ist, wir sind trotzdem auf Schüler angewie-
sen. Der schnöde Mammon eben.« Sie nickte verständnisvoll. »Hinter dem Bistro steht so ein Gartenhäuschen. Es
ist gewissermaßen das Büro der beiden Surflehrer. Ben
müsste da sein. Er kann Ihnen sagen, ob noch ein Platz
frei ist.«

»Vielleicht ist es doch besser, ich warte bis morgen!«

»Aber nein, das ist völlig in Ordnung! Und nun hole ich Ihren Kaffee.«

Hanjo ging in die Küche. Er war erleichtert, dass sich noch Gäste für die Schule interessierten. Er schenkte eine Tasse voll und legte einen Keks dazu. Es waren nicht mehr viele Kekse da. Freyas Vorräte neigten sich dem Ende zu. Bald würde er welche kaufen müssen. Er musste nach vorne blicken. Was geschehen war, war geschehen und wenn er jetzt aufgab, würde er nie wieder glücklich werden.

Sophie zahlte ihren Kaffee und verließ das Bistro. Pelle trottete zufrieden neben ihr her und leckte sich noch immer das Maul. »Du bist ein Fresssack!«, lachte sie. »Wie viel hat dein neuer Freund dir eigentlich ins Maul gestopft?« Sophie klopfte ihm den Rücken und steuerte das Gartenhaus an. Selbst wenn sie gar nicht vorgehabt hätte zu schnüffeln, wären ihr die Informationen nur so zugeflogen. Sie wusste jetzt, dass die Tote Sarah hieß und eine erfolgreiche Sportlerin gewesen war. Es konnte nicht schwer sein, auch den Nachnamen herauszubekommen. Noch interessanter war die Tatsache, dass dieser Olli sie angeblich sehr gemocht hatte. »Weißt du, Pelle, ich werde das Schicksal entscheiden lassen. Ich melde mich einfach nur zum Schnupperkurs an und halte Augen und Ohren offen. Wenn ich zufällig etwas erfahren sollte, dann ist es doch nur meine Pflicht, am Ball zu bleiben«, überlegte Sophie laut. Pelle hörte gar nicht mehr zu. Er rannte begeistert einem Kaninchen hinterher. Sophie erreichte die Hütte in dem Moment, als ein unverschämt gut aussehender Typ vor die Tür trat. Er trug ein Kiteboard unter dem Arm und erfüllte alle Klischees: braun gebrannt, blonde Locken, lässige Shorts. Ein Surfer wie aus einem Werbespot. Sophie konzentrierte sich auf ihren eigentlichen Plan. »Hey, bist du Ben?«

»Ja.« Ben warf ihr einen flüchtigen Blick zu. Seine Augen waren unbeschreiblich türkis und erinnerten sie an einen Swimmingpool.

»Hallo! Ich bin Sophie. Ich wollte mich für den Schnupperkurs anmelden. Ich hatte die Hoffnung, ich könnte heute noch durchstarten, aber der nette Herr aus dem Bistro meinte ...«

»Morgen um 10!«, fiel Ben ihr schroff ins Wort und ging mit dem Board auf einen der Schuppen zu. Sophie schnappte nach Luft. Wie sollte sie jetzt weiter vorgehen? Pelle kam ihr zur Hilfe. Er rannte zu Ben und sprang an ihm hoch.

»Hey, wer bist denn du? Du wirfst mich ja noch um!«

»Das ist Pelle und er kann nicht sprechen«, konterte sie eine Spur zu zickig.

»Nicht?« Ben grinste verschmitzt. »Hat dein Frauchen einen schlechten Tag?«

»Nein, Frauchen ist total gut gelaunt! Bis morgen!«

»Hey, jetzt warte doch! Sorry, ich wollte nicht unhöflich sein, aber wir sind hier alle etwas daneben heute«, erklärte Ben und zögerte kurz. »Eine Bekannte von uns ist in der Nacht ertrunken.«

»Das tut mir leid.«

»Du willst einen Schnupperkurs machen?«

Sophie nickte.

»Surfen oder Kiten?«

»Kiten.«

Ben fuhr sich durch das Haar und nickte. »Kein Problem. Der Kurs beginnt morgen um 10. Wie war noch mal dein Name? Ach ja, Sophie.«

Sophie verabschiedete sich knapp und rief Pelle zu sich. Gemeinsam stiegen sie über die Holztreppe auf den Deich. Sie spürte, dass Ben ihr nachsah. Grinsend erinnerte sie sich, dass Stefan zwei Vorschläge gemacht hatte. Wenn es mit dem Kiten nicht klappen würde, könnte sie über den anderen nachdenken. Plötzlich piepte ihr Handy. Eine SMS. Felix? Wieso glaubte sie immer noch, dass Felix sich bei ihr melden würde? Nervös klappte sie ihr Telefon auf. Die Nachricht war von Lutz: ›Hämatome auf dem Oberkörper, Obduktion wurde angeordnet. Ruf mich nicht an.‹

Olli drehte das kalte Wasser auf und ließ die kleine Badewanne volllaufen. Er fühlte sich furchtbar. Der Cognac war keine gute Idee gewesen. Noch schlimmer war, dass er Ben rausgeschmissen hatte. Wenn er so weitermachte, war er bald auch seinen besten Kumpel los. Er hatte sich wie ein Arschloch benommen. Er musste endlich wieder klar denken können. Hoffentlich würde ein kaltes Bad ihn wieder auf die Beine bringen. Olli ließ sich in die Wanne plumpsen. Das kalte Wasser nahm ihm für ein paar Sekunden den Atem. Olli zählte langsam bis 100. Dann sprang er auf. Seine Haut kribbelte und er fühlte sich tatsächlich besser. Die Schocktherapie hatte gewirkt. Nur ein Gedanke quälte ihn. Hatte sie gefroren? Er konnte jetzt nicht weiter darüber nachdenken, sonst würde er verrückt werden. Er wickelte sich ein Handtuch um die Hüfte und sah sich in seinem Wohnmobil um. In nicht mal 24 Stunden hatte er sein Heim in eine Müllhalde verwandelt. Er zog sich schnell an und öffnete alle Fenster. Dann suchte er sich eine große Plastiktüte und sammelte die Flaschen und Kippen ein. Das Aufräumen tat ihm gut. Sich selbst würde er nicht so einfach wieder in Ordnung bringen können, das war ihm klar. Sarah hatte ihn fallen lassen wie eine heiße Kartoffel. Warum trauerte er ihr trotzdem nach? Er musste nach vorne blicken. Und dazu gehörte auch, dass er seinen Job machte. Jeder würde verstehen, dass er heute nicht unterrichten konnte, aber er musste zumindest anwesend sein. Es wäre nicht fair, Ben in dieser Situation hängen zu lassen. Entschlossen verließ Olli sein Wohnmobil und lief zur Hütte. Ben stand davor und sah einer hübschen Blondine nach. »Wer war das denn?«

Ben zuckte zusammen. »Ich hab dich gar nicht kommen hören.«

»Warst wohl anderweitig beschäftigt.«

»Ich habe heute gar nicht mit dir gerechnet.« Ben sah ihn besorgt an. »Geht es dir besser?«

»Nein, aber wenn ich noch länger in meinem Wohnmobil sitze, drehe ich durch.« Ben nickte. »Und wer war die Blondine da eben?«

»Nicht schlecht, oder?«, grinste Ben. »Tja, du Glücklicher! Die macht morgen bei dir einen Kitekurs.«

Olli zuckte zusammen. »Sarah ist erst ein paar Stunden tot.«

»Scheiße.« Ben biss sich auf die Unterlippe. »Das war dumm und gedankenlos. Ich bin ein Idiot.«

»Schon gut. Sorry, dass ich vorhin so ätzend war, aber ich bin von der Rolle.«

»Da kommt Clara!«, rief Ben erstaunt. »Die hat mir jetzt noch gefehlt.«

Olli versuchte zu erkennen, in welcher Verfassung sie war. War sie betroffen, dass eine Kollegin ertrunken war, oder erleichtert, dass es eine Konkurrentin getroffen hatte?

»Hallo, Jungs!«, grüßte sie ironisch. »Ist das Wetter nicht perfekt?« Clara trug einen Neoprenanzug und hatte ihr Trapez in der Hand.

»Du willst aufs Wasser?« Olli sah sie fragend an.

»Warum nicht?«, erwiderte sie gereizt. »Ich werde nicht vortäuschen, dass Sarahs Tod mich besonders betroffen macht. Schließlich waren wir alles andere als Freundinnen. Warum musste die dumme Kuh auch nachts raus?«

»Sag mal, kannst du nicht ein bisschen netter sein? Wir haben sie gemocht. Olli geht es beschissen.«

»War es denn was Ernstes? Ich dachte, du hast sie nur trainiert und ab und zu, na du weißt schon.«

»Warum verschwindest du nicht einfach? Und nimm deinen Kalle gleich mit«, schnauzte Olli. Am liebsten hätte er ihr ins Gesicht geschlagen.

»Nicht aggressiv werden!« Clara sah ihn unschuldig an. »Woher soll ich denn wissen, dass ihr eine Romanze hattet? Mir sagt doch keiner was. Ich bin doch immer die Böse! Mir ist schon klar, dass ihr lieber mich kalt gesehen hättet! Und hack nicht auf Kalle rum. Er tut sein Bestes! Du wolltest mich ja nicht trainieren, oder? Du brauchtest ja all deine Zeit für Sarah. Und dabei hatten wir einen Deal, aber den hast du ja schnell vergessen!«

Olli stöhnte genervt. Was sollte er auch sagen? Dass sie recht hatte? Er hatte ihr zwei Jahre beim Training geholfen, bis er in St. Peter-Ording zufällig Sarah kennengelernt hatte.

»Ich geh jedenfalls aufs Wasser. Warum kommt ihr nicht mit? Das Wetter ist großartig. Sarah hätte sich diesen Wind auch nicht entgehen lassen. Es wäre in ihrem Sinne.« Clara griff ihr Brett und ihren Schirm und ging an den Strand, um ihr Equipment aufzubauen. Olli sah ihr nach. Clara war zwar schon immer arrogant gewesen und hatte nie wirklich zur Clique gehört, doch seit sie mit Kalle abhing, war sie unausstehlich. Er atmete tief durch. In einem Punkt hatte sie allerdings recht. Sarah wäre jetzt auf dem Wasser. Entschlossen sprang er auf. »Dann los!« Er spürte Bens verwunderten Blick, doch das Leben musste weitergehen. »Ben? Du kommst doch mit?«

20 Minuten später brauste Olli auf seinem Brett durch die Wellen. Er konnte wieder klarer denken, als ihm der Wind ins Gesicht wehte. Sarah war tot. Vielleicht sollte er sich jetzt wirklich um Clara kümmern.

12

Stefan saß an seinem Schreibtisch und kämpfte gegen den Brechreiz an. Der Obduktionsbericht war entsetzlich und die Fotos des kleinen Körpers konnte er nur mit Mühe ansehen. Sein Kollege Ingo Schölzel war bei der Obduktion dabei gewesen und setzte ihn über weitere Einzelheiten ins Bild.

»Ich hab ja schon viel gesehen, Stefan, aber diese Scheiße hat mich umgehauen«, schloss Schölzel seinen Bericht. Dann verließ er ohne ein weiteres Wort das Büro. Stefan warf einen letzten Blick auf die Fotos und legte dann alles zurück in den Ordner. Die Bilder in seinem Kopf ließen sich nicht so einfach zur Seite packen. Das kleine Mädchen musste entsetzlich gelitten haben. Es war unterernährt und völlig ausgetrocknet gewesen. Einige kleine Knochen waren gebrochen. Es handelte sich zum Teil um ältere Frakturen, wenn man bei einem Leben, das nur vier Monate gedauert hatte, überhaupt von älter sprechen konnte. Ingo hatte ihm erzählt, dass Lutz Franck Probleme gehabt hätte, die verkrustete Windel von der Haut zu lösen, ohne diese mit abzureißen. Ein Leben voller Qualen und ohne Liebe. Stefan rieb sich die Schläfen. Auf seinem Schreibtisch stand ein Bild von Tina und den Kindern. Warum konnten nicht alle Kinder eine Mutter wie Tina haben? Als ihm der Streit wieder einfiel, schämte er sich. Dass seine Frau mal eine Freundin um sich haben wollte, war wirklich verständlich. Und er machte ihr das Leben schwer, indem er immer wieder mit Sophie stritt. Er kannte Sophie doch nun wirklich lange genug. Anstatt ihr ein bisschen den Bauch zu pinseln und sie für ihr waches Auge zu loben, hatte er sich direkt auf Kollisionskurs begeben. Stefan stand auf und verließ sein Büro, um sich einen Kaffee zu holen. Robert Feller machte sich gerade an der Kanne zu schaffen. Als Robert ihn sah, reichte er ihm den vollen Becher.

»Hier, Chef, du brauchst ihn dringender als ich. Mann, du siehst schlimm aus! Ich dachte, du wolltest endlich mal zum Friseur? Das ist ja ein Mopp da auf deinem Kopf.«

Sein jüngerer Kollege war wie immer sonnengebräunt und sportlich gekleidet.

»Danke für die Blumen. Schaff dir drei Kinder an und dann reden wir noch mal über Freizeitgestaltung. Gockel!«

Robert hob abwehrend die Hände und Stefan verschwand wieder in sein Büro. Er hatte sich gerade gesetzt und sich eine Zigarette angezündet, als das Telefon klingelte. Auf dem Display erkannte er die Nummer des Staatsanwalts.

»Hallo, Ingmar!«, grüßte er knapp. »Ich habe es gerade gelesen. Sperr sie für immer ein!«

»Ja, der blanke Horror«, stimmte Ingmar Harder zu. »Hab mein Mittagessen ausfallen lassen. Und glaube mir, ich werde alles versuchen! Ich ruf aber wegen der anderen Sache an. Doktor Franck hat einen Blick auf die Tote aus Fehmarn geworfen. Sie hat leichte Hämatome am Oberkörper. Er kann nicht ausschließen, dass sie unter Wasser gehalten wurde. Er ist der Meinung, wir sollten sie obduzieren lassen. Wisst ihr endlich, wer sie ist?«

Stefan war einen Moment lang sprachlos. Hätte er da wirklich was übersehen, wenn Sophie nicht so penetrant gewesen wäre?

»Stefan?«

»Ja, ich bin noch da. Ihr Name ist wahrscheinlich Sarah

Müller. Einer der Surflehrer glaubt, die Leiche auf der Trage erkannt zu haben. Offiziell ist das aber noch nicht. Wann ist die Obduktion?«

»Franck macht das gleich morgen früh. Fährst du selbst hin?«

Stefan hatte Mühe, sich zu konzentrieren. »Was? Ja! Ja, ich werde mir das selbst antun. Schölzel ist nach der Babyleiche von der Rolle.«

»Verständlich! Wir telefonieren!«

Stefan legte den Hörer langsam auf die Gabel. Was hatte das zu bedeuten? War die Frau doch ertränkt worden? Hatten sie es tatsächlich mit einem Mord zu tun?

Sophie saß an dem kleinen Strand und beobachtete die Kiter. Sie überboten sich gegenseitig mit immer waghalsigeren Sprüngen. Ihr wurde fast ein bisschen mulmig, wenn sie daran dachte, dass sie es morgen selbst mal ausprobieren würde. Pelle spielte im Wasser. Ihr großer tollpatschiger Hund wollte sogar tauchen. Sie ließ sich auf den Rücken fallen und sah in den fast wolkenlosen Himmel. Wenn sie die Augen schloss, fühlte sie sich fast, als sei sie auf Phuket oder den Seychellen. Nur, dass Felix nicht neben ihr lag. Felix! Vor zweieinhalb Jahren war sie auf dieser Fernsehpreisverleihung gewesen, um über die Stars und Sternchen, Abendroben und Flirts zu berichten. An dem Abend hatte alles angefangen. Es war ihre erste große Story für die ›Stars & Style‹ gewesen und sie war so aufgeregt gewesen, als ob sie zu den Nominierten gehören würde. Fünf Schauspielerinnen hatten ihr bereits ein kurzes Interview gegeben und Rick hatte die Fotos der Damen in ihren Roben im Kasten. Als die eigentliche Preisverleihung lief, hatte sie Pause. Vor der After Show Party musste sie noch die Gewinner interviewen. Alles lief bestens und sie hatte sich ein Gläschen verdient. Der Barkeeper hatte ihr

einen Champagner gereicht und sie hatte sich schwung-
voll umgedreht. Dabei war es passiert. Sie war mit Felix
van Hagen zusammengestoßen und der Inhalt ihres Gla-
ses hatte sich über seinen Smoking verteilt. »Hoppla!«,
hatte Felix gelacht. »Da bin ich aber froh, dass Sie keinen
Rotwein bestellt haben.« Felix hatte zwei neue Drinks
geordert. »Zum Wohl, und der hier wird getrunken!«,
hatte er geschäkert und ihren Namen wissen wollen. Ein
paar Tage später hatten traumhafte weiße Rosen auf ihrem
Schreibtisch in der Redaktion gestanden. Irritiert hatte sie
die Karte gelesen: Meine Rechnung für die Reinigung. Sie
müssen mit mir essen gehen, um 22 Uhr im ›Doc Cheng‹.
Schon damals hatte sie gewusst, dass sie in Schwierigkeiten
geraten würde, wenn sie die Einladung annehmen würde.
Doch sie konnte nicht anders. Seit der Preisverleihung
musste sie ständig an ihn denken. Sogar seine furchtbare
Samstagabendshow hatte sie sich im Fernsehen angesehen.
Was solls, hatte sie sich gesagt, es ist doch nur ein Essen.
Der Abend war traumhaft. Felix hatte sie später gefragt,
ob sie noch auf einen Schlummertrunk mit in seine Suite
kommen wolle. Natürlich hätte sie nein sagen müssen.
Sie würde ihren Ruf ruinieren und außerdem war Felix
van Hagen ein verheirateter Mann. Doch als er ihr tief in
die Augen gesehen hatte, war sie wie hypnotisiert. Als
Felix die Tür der Suite geschlossen hatte, war es, als habe
er die ganze Welt ausgesperrt. Sie waren allein und nichts
und niemand zählte mehr. Schluss damit! Diese Bilder
gehörten zu einem anderen Leben. Entschlossen setzte
Sophie sich auf und sah sich um. Pelle stürmte zu ihr.
»Igitt! Aus! Du bist ja klatschnass und voller Sand. Jetzt
guck mal, wie ich aussehe! Wie ein Wiener Schnitzel!« Sophie sah auf die Bucht. Die drei jagten noch immer über
die Wellen. Ihre Sprünge wurden noch waghalsiger. Der
rote Schirm gehörte diesem Ben. Er schien der Wildeste

zu sein. Ein paarmal flog er kopfüber meterhoch über das Wasser. Das war wirklich ein rasanter Sport. Sophie merkte, dass sie sich auf den morgigen Tag freute. Ihr war klar, dass diese Verrückten jahrelang trainiert hatten, um so eins zu sein mit den Kräften der Natur, doch das war ihr egal. Sie wollte ja kein Profi werden. Allein den Kite in der Luft zu halten und an der frischen Luft ihre Kräfte zu messen, war genau die Therapie, die sie brauchte, eine Art Powerablenkung. Und dann gab es ja noch etwas, um das sie sich zu kümmern hatte. Das Geheimnis der Toten vom Strand.

Ben landete seinen Schirm sanft am Strand und ging schnell an Land, um ihn mit Sand zu beschweren, damit er vom Wind nicht fortgerissen werden konnte. Die Blondine war immer noch da, wunderte er sich. Olli und Clara waren jetzt ebenfalls dabei, ihre Kites zu fixieren.

»Was hab ich euch gesagt?«, fragte Clara grinsend. »War doch ne gute Idee aufs Wasser zu gehen, oder? Ihr solltet der armen Sarah für den freien Tag dankbar sein!«

Ben sah sie wütend an. »Es reicht!«, zischte er böse.

Clara zog sich eine Sweatshirtjacke über und fröstelte. »Habs nicht so gemeint! Ich halt jetzt meine Klappe.«

Er sah Clara tief in die Augen. Seine Lippen formten einen stummen Satz. »Ich warne dich!«

Clara hatte ihn verstanden. Jedes Fünkchen Sarkasmus wich aus ihrem Gesicht. Sie packte ihren Kram zusammen und ging, ohne sich zu verabschieden. Clara würde Olli nicht auch noch wehtun. Darauf konnte er sich verlassen.

»Sie hat tatsächlich nichts mehr gesagt«, stellte Olli verwundert fest. »Bist du soweit?«

Ben nickte. Zusammen brachten sie ihre Ausrüstung zurück in die Schuppen. »Noch ein Bierchen am Strand?«

Olli schüttelte den Kopf. »Ich hatte wirklich genug!

Ich hau mich hin, guck noch ein bisschen Fernsehen oder so. Ich ... ich muss ein bisschen allein sein. Wir sehen uns morgen.«

Ben nickte und öffnete den Kühlschrank. Dann würde er sich eben allein noch ein Bier gönnen. Plötzlich hatte er eine Idee. Er griff ein zweites Bier und ging an den Strand. Der braune Labrador kaute an einem Stück angeschwemmtem Holz. Als er Ben sah, sprang er begeistert auf ihn zu. »Kümmert sich dein Frauchen nicht um dich?«, fragte Ben übertrieben besorgt. Der Hund bellte zustimmend. Ben lachte und ging zu Sophie. Sie schlief. Er sah sie eine Weile an. Sie war wirklich verdammt sexy. Ben räusperte sich. Sophie rieb sich müde die Augen und sah ihn verwirrt an. »Ich dachte, du könntest ein Bier vertragen! So ganz allein«, sagte Ben grinsend.

Sie setzte sich auf und gähnte. »Ich bin nicht allein. Ich habe Pelle.«

»Der sich um dieses Stück Holz da kümmert, anstatt auf Frauchen aufzupassen!« Er reichte ihr die Flasche und ließ sich in den warmen Sand fallen. Sie tranken schweigend ein paar Schlucke.

»Ich habe euch zugesehen«, erklärte sie, als müsste sie sich rechtfertigen. »Beeindruckend!«

»So beeindruckend, dass du gleich weggepennt bist?«

»Es ist doch mein erster Urlaubstag. Und ich bin ein gestresstes Mädchen.«

»Gestresstes Mädchen?« Ben grinste. »Und wovon ist das arme Mädchen so gestresst?«

»Von der Arbeit, Beachboy!«

»Beachboy? Drollig! Aber mal im Ernst, was machst du? Wo kommst du her? Oder wie wir hier sagen, wo bist du denn wech?«

Sophie lachte und kraulte ihrem Hund das Ohr. »Aus Hamburg. Ich bin Journalistin.«

»Und du schreibst mit großer Begeisterung über die Schönheit der Ostsee. Oder über Krabben? Schafe?« Plötzlich zuckte er zusammen. Sie war gestern auch am Strand gewesen, zusammen mit der Polizei. »Nicht über Wasserleichen, oder?«

»Wasserleichen? Nein, ich schreibe hier gar nichts. Ich mache Urlaub bei einer Freundin. Und ich habe mir vorgenommen, mal richtig sportlich zu sein.«

»Klar! Schlafen am Strand ist immer noch die effektivste Methode, Kondition und Muskeln zu trainieren.« Sie lächelte zustimmend. »Und deine Freundin?«, fragte Ben weiter. »Macht die auch mit bei dem Kurs?«

Sophie lachte gurrend. Ihm gefiel dieses Lachen. Es war warm und kam von Herzen. »Sie hat drei kleine Kinder. Ihr jüngster Sohn ist gerade vier Monate alt.«

»Dann hat sie wohl keine Zeit!«

»Nein!« Sophie lachte noch immer. »Außerdem ist sie fit wie ein Turnschuh. Sie kann gleichzeitig Essen kochen, Streit schlichten, das Haus renovieren, Windeln wechseln, eine tolle Freundin sein und noch so sieben Dinge mehr.«

»Warum hat sie keine eigene Show in Las Vegas?«

»Gute Frage! Ich glaube, die Konkurrenz ist ziemlich groß. Und du? Bist du von hier?«

»Ursprünglich ja.« Er wurde wieder ernst. »Ich war zwischendurch vier Jahre weg. Bin erst seit ein paar Monaten zurück.«

»Und wo warst du?«

Eigentlich sprach er nicht über seine Vergangenheit. »Ich habe auf Phuket in einer Surfschule gearbeitet. Na ja, und nun bin ich wieder hier.«

»Phuket! Wie bist du denn da gelandet? Und, viel interessanter, wieso verlässt man einen so schönen Fleck wieder und zieht zurück in den kalten Norden Deutschlands?«

Ben leerte sein Bier in einem Zug. Sophie war nicht

nur schön, sondern auch ziemlich schlau. Sie hatte ihm die wesentliche Frage gestellt. Aber er würde sie nicht beantworten. »Ich hatte meine Gründe.«

Tina stand am Küchentresen und bestrich Brote mit Leberwurst. Das Genörgel der Kinder machte sie langsam wahnsinnig.

»Jetzt ist Pelle mal bei uns zu Besuch, aber er ist nie da!«, klagte Antonia.

»Pelle hat eben Ferien. Da muss er doch auch mal am Strand spielen dürfen, oder? So, und nun setzt euch!«

Während die Kinder aßen, bereitete Tina das Abendessen vor. Es würde frische Schollen geben. Der Kartoffelsalat war so gut wie fertig. Noch ein bisschen Salz fehlte. Sie wollte gerade nach dem Streuer greifen, als die Tür aufflog. Pelle stürmte in die Küche.

»Pelle!« Die Kinder sprangen von den Stühlen und stürzten sich auf den Hund.

»Sorry, wir sind ein bisschen spät dran«, entschuldigte sich Sophie. »Ich wollte dir doch helfen!«

Tina winkte ab. »Kein Problem! Der Kartoffelsalat ist fertig. Hast Farbe gekriegt.«

»Pelle und ich waren den ganzen Nachmittag am Strand und haben den Cracks beim Kiten zugesehen. Ist schon irre, was die mit einem Drachen und einem Brett so veranstalten. Und morgen früh mach ich einen Schnupperkurs. Um 10 geht es los! Erst ein bisschen Theorie und dann gehts aufs Wasser.«

»Theorie?« Tina schüttelte verständnislos den Kopf. »Du machst doch keinen Führerschein.« Finn begann zu krähen. Tina nahm ihr Baby aus dem Stubenwagen. »Du könntest die Schollen braten, während ich Finn stille.«

»Klar! Wo ist denn eigentlich dein Göttergatte?«

»Ich habe nicht die geringste Ahnung«, antwortete Tina

gereizt. »Ich schätze, er ist noch in Lübeck und hat vergessen anzurufen. Na egal. Da liegen die Fische. Aber gönn dir erst noch ein Glas Wein. Behältst du die großen Hundeflüsterer im Auge?«

»Klar!«, antwortete Sophie und kramte nach dem Korkenzieher. Tina ging nach oben. Es kränkte sie, dass Stefan es nicht für nötig hielt, sie anzurufen. Als Finn zufrieden schmatzte, legte sie ihn behutsam in sein Bettchen. Dann griff sie das Babyfon und ging wieder nach unten. Sophie räumte gerade die Teller der Kinder ab.

»Wo ist denn die Bande?«, fragte Tina verwirrt.

Sophie grinste. »Sie gehen mit Pelle einmal durch den Garten. Das gehört zu unserem Deal.«

»Was für'n Deal?«

»Ihr Part ist es, anschließend ohne Gemurre ins Bett zu gehen.«

»Das funktioniert nie.«

In der Sekunde stürmten die beiden mit Pelle durch die Terrassentür. »Mama, wir wollen jetzt schnell Zähne putzen«, erklärte Antonia. Ihr Bruder nickte energisch. Tina sah ihre Freundin erstaunt an. Die Kinder waren bereits auf der Treppe. »Wenn du mir den Trick verrätst, zahl ich dir ein Vermögen!« Verwundert lief sie den beiden hinterher. Im Bad gab es tatsächlich keinen Protest. Tina legte Paul ins Bett und er wollte nicht mal mehr eine Geschichte hören. Irritiert ging sie in Antonias Zimmer. »Alles klar, kleine Maus?« Antonia nickte nur. »Was hat Sophie denn zu euch gesagt?«

Ihre Tochter kuschelte sich in ihre Decke und schüttelte verschwörerisch den Kopf. »Ist ein Geheimnis, Mami.« Antonia wischte mit ihren Fingern über ihren Mund.

Tina schloss gerade die Zimmertür, als das Telefon klingelte. Schnell lief sie nach unten ins Wohnzimmer, um abzunehmen.

»Ich bins.«

106

»Stefan, wo bleibst du denn?« Sie nahm den Hörer mit auf die Terrasse. Sophie hatte den Tisch draußen gedeckt.

»Sei mir nicht böse, aber ich schaffe es nicht.«

Tina stöhnte genervt. »Na klar!«

»Es ist nicht wegen Sophie. Ich muss gleich morgen um neun in die Rechtsmedizin zu einer Obduktion. Aber ich kann mir morgen Nachmittag ein paar Stunden freischaufeln. Ich liebe dich!«

Tina wollte sich schon verabschieden, als ihr etwas auffiel.

»Hast du nicht gesagt, dass Schölzel die Obduktion mitmacht?« Stefans Schweigen sagte ihr alles. »Es ist eine andere! Ist es Sophies Leiche?«

»Sophies Leiche? Was soll das denn bedeuten?«

Stefan konnte vor ihr noch nie etwas geheim halten. »Also doch!«

»Tina! Ich darf dir nichts sagen und ich könnte dir auch noch nichts sagen. Bis jetzt haben wir noch keinen Fall. Und ich bezweifle, dass wir einen haben werden. Zumindest werden wir das eindeutig feststellen können.«

Tina nickte gedankenverloren. Sie war lange genug mit einem Polizisten verheiratet. Eine Obduktion wurde nicht aus Jux gemacht. Die Frau war vielleicht doch ermordet worden.

Sophie richtete zwei Teller an und stellte sie zusammen mit Weißwein und Wasser auf ein Tablett. Tina stand auf der Terrasse und starrte in den Himmel. Das Telefon hielt sie mit beiden Händen vor der Brust. »Alles in Ordnung?«

Tina zuckte zusammen. »Was? Ja, alles bestens! Es war Stefan. Er bleibt über Nacht in Lübeck.«

Sophie stellte die Teller auf den Tisch und goss den Wein ein. »Jetzt setz dich doch.«

»Nicht, bevor du mir verraten hast, was du meinen Kindern angedroht hast!«

»Angedroht?« Tina nickte. »Ich soll dir meinen Geheimdeal verraten?«, lachte Sophie. »Ich bin zu hungrig, um Spielchen zu spielen. Antonia darf Pelle morgen Abend mit dem Gartenschlauch duschen und Paul darf das Hundefutter in seinen Napf füllen.«

»Das ist alles? Du hast keinen Gameboy versprochen oder ein Sattessen bei McDonalds?« Sophie schüttelte den Kopf und zuckte mit den Schultern. »Jetzt komm, sonst wird alles kalt.«

Sie machten sich hungrig über das Essen her und vermieden es, über den Streit vom Mittag oder die Tote zu sprechen.

»Der Kartoffelsalat war der Hammer!«, schwärmte Sophie, nachdem sie alles aufgegessen hatten. Sie streckte ihre langen Beine unter den Tisch und zündete sich eine Zigarette an. »Wenn ich jemals heirate und Kinder habe, brauch ich das Rezept.«

Tina sah sie ernst an. »Vielleicht ist es ja ganz gut, dass wir heute allein sind«, sagte sie leise. »Sophie, ich muss immer daran denken. An den Artikel und an Felix. Was ist denn passiert? Willst du drüber reden.«

Sophie schloss einen Moment die Augen und nickte langsam.

»Wo soll ich denn anfangen? Wir waren auf Ibiza. Es war mal wieder so ein geklautes Wochenende. Ist ja auch egal. Da muss es passiert sein. Ich hatte vorher diese Erkältung und musste Antibiotika nehmen. Ich weiß auch, dass die Pille dann nicht mehr wirkt, aber wer denkt denn daran?« Sie atmete tief durch. »Na ja, nach zwei Monaten fiel mir auf, dass ich meine Tage nicht bekommen hatte. Ich schob es auf den Redaktionsstress. Dann musste ich plötzlich morgens kotzen und ich konnte keinen Zigarettenrauch mehr ab.«

Tina sprang fast aus dem Stuhl. »Schwanger?«

Sophie nickte traurig. »Ich habe es erst wirklich kapiert, als mein Frauenarzt mir bei einer Routineuntersuchung gratuliert hat.«

»Du hast es doch nicht etwa wegmachen lassen?«

Sophie sah sie empört an. »Natürlich nicht! Ich war nicht gerade sofort begeistert, um die Wahrheit zu sagen. Nach ein paar Tagen habe ich gemerkt, dass ich mich freue. Ich hatte Angst mit Felix zu sprechen, aber ich wusste, dass ich es tun muss.« Sophie schwieg kurz, um sich zu sammeln. »Ach Tina, ich weiß auch nicht, was ich erwartet habe. Sicher nicht, dass er vor Glück ausflippt und seine Familie verlässt, aber … ich habe nicht erwartet, dass er so ein Arschloch ist.« Sie konnte die Tränen nicht länger zurückhalten. Tina sprang vom Stuhl und nahm sie in den Arm. Sophie schluchzte auf. »Er wollte, dass ich es abtreiben lasse! Wir haben uns schrecklich gestritten. Ich habe ihm gesagt, dass er mich kreuzweise kann, und dass ich das Baby auch ohne ihn bekomme. Er ist aufgesprungen und hat seine Jacke genommen. An der Tür hat er sich umgedreht und mich wissen lassen, dass ich erst wieder mit ihm rechnen könne, wenn ich nicht mehr schwanger wäre, ohne Nachwuchs natürlich. Ich hab ihm hinterhergebrüllt, dass er sich nie wieder blicken lassen soll. Und das wars.« Tina sah sie fassungslos an. »Ich hab die ganze Nacht geheult und gehofft, dass er anruft und sich entschuldigt. Dass er einfach durchgedreht ist, weil er einen Schock hatte oder so.« Sophie zündete sich mit zitternden Händen noch eine Zigarette an. »Als mir klar wurde, dass alles aus ist, habe ich mich zusammengerissen, für das Baby.« Sie schluchzte laut auf. »Aber dann waren da diese Blutungen. Im Krankenhaus dachte ich, ich will sterben. Als im Fernsehen dann ein Beitrag über Felix und sein perfektes Familienglück gesendet wurde, habe ich beschlossen, dass ich nicht die Einzige sein sollte, die leidet. Ich wollte mich rächen!«

13

Sonntag

Stefan und sein Kollege Robert Feller warteten im Sektionssaal des Rechtsmedizinischen Instituts darauf, dass Lutz Franck mit der Obduktion beginnen würde. Sie blickten wie versteinert auf das Gesicht der toten Frau auf dem Stahltisch. Franck ging um den Tisch herum und sprach in sein Diktiergerät. »Wir haben hier eine weibliche Leiche, 1,75 m groß, etwa 65 Kilo schwer. Äußerlich auffällig sind leichte Hämatome im Brustbereich. Wir machen jetzt einen Abstrich und öffnen dann.«

Stefan wippte ungeduldig auf und ab. Robert war blass geworden. Stefan hatte den sonst immer so gut gebräunten Kollegen noch nie so gesehen.

»Die Leiche wurde am Strand von Gold auf Fehmarn gefunden«, diktierte Franck weiter. »Ich öffne jetzt den Brustkorb.«

Stefan war schon oft Zeuge dieses Y-Schnitts gewesen.

»Wir entnehmen nun die inneren Organe.« Lutz drückte auf die Stopptaste. »Besonders interessant ist natürlich die Lunge.« Robert nickte übertrieben und verließ überraschend den Sektionssaal.

»Er ist noch nicht so lange dabei«, verteidigte Stefan seinen Kollegen. Gegen die leichte Schadenfreude kam er nicht an.

Lutz nickte. »Selbst Schölzel war gestern fix und fertig, aber er war bei dem Baby dabei. So was muss ich zum

Glück auch nicht alle Tage machen. Sonst wäre ich schon in der Klapsmühle. Weiter!« Seine Hände verschwanden in dem geöffneten Brustkorb. Er entnahm das erste Organ. Stefan würde sich nie daran gewöhnen. Außerdem ärgerte es ihn, dass er bei Obduktionen immer an seine Hochzeitsreise denken musste. Sie hatten die Flitterwochen in Thailand verbracht. In Bangkok hatten sie den Markt in Chinatown besucht und kaum glauben können, was der Mensch so alles essen kann. Die unterschiedlichsten Innereien warteten in der schwülen Hitze auf Kunden. Mit viel Geschnatter wurden sie von den Verkäuferinnen auf die Waage geworfen und anschließend in Plastiktüten auslaufsicher verpackt.

»Das ist in der Tat merkwürdig!«, rief Lutz plötzlich.

Stefan war schlagartig wieder bei der Sache. »Was?«

Lutz schüttelte den Kopf und gab ihm ein Zeichen, sich noch einen Moment zu gedulden. Dann zerschnitt er den Lungenflügel und betrachtete die Schnittfläche. »Stefan! Das solltest du dir ansehen!«

Widerwillig stellte er sich neben Franck und starrte auf die zerschnittene Lunge.

»Und?«

»Hier die Schnittfläche! Trocken!«

»Trocken? Sie ist gar nicht ertrunken?«

»Doch, doch, aber der Befund sollte indifferent sein.«

»Indifferent? Verdammt, Lutz, sprich Deutsch mit mir!«

»Die Schnittfläche dieser Lunge sollte normal sein. Ostseewasser hat einen Salzgehalt, der dem des menschlichen Körpers ungefähr entspricht. Obwohl diese Frau definitiv ertrunken ist, würde sich die Lunge auf den ersten Blick nicht von einer – auf Deutsch – Landleichenlunge unterscheiden.«

Stefan sah ihn fragend an.

»Osmotischer Austausch! Bei Salzwasser ist die Lunge voll mit Wasser, weil das Salz die Körperflüssigkeiten in die Lunge zieht. Das ist wie beim Kochen. Man soll sein Steak auch nie vor dem Braten salzen, weil es dann an Geschmack verliert. Na, jedenfalls wäre die Schnittfläche bei einer Salzwasserleiche feucht! Es würde Flüssigkeit raustropfen.«

Stefan wurde fast schlecht bei dem Gedanken. Musste Franck ihm auch noch den Appetit auf sein geliebtes Steak nehmen?

»Hörst du mir eigentlich zu?«

Er riss sich zusammen und nickte.

»Bei Süßwasser verhält sich die Sache wieder ganz anders. Weil der Körper einen höheren Salzgehalt hat, wird das Wasser automatisch aus der Lunge gezogen.«

Stefan reichte der Unterricht für heute. »Und wie ist das Ende der Biologiestunde?«, fragte er eine Spur zu aggressiv.

»Das ist Chemie!«, antwortete Franck beleidigt. »Was ich zu erklären versucht habe, ist Folgendes. Die Schnittfläche dieser Lunge ist trocken! Die Frau kann nicht in der Ostsee ertrunken sein!«

Ben schob die Schiebetür zur Seite, um frische Luft reinzulassen. Der Himmel war wolkenlos und der Morgen schon jetzt angenehm warm. Das würde ein guter Tag werden. Nicht alle Tage waren gut. Oft wünschte er sich sein anderes Leben auf Phuket zurück. Auch wenn ihm diese Zeit dort mittlerweile fast unwirklich erschien, überfiel ihn die Sehnsucht mit einer solchen Heftigkeit, dass es ihm den Atem nahm. Dann sah er plötzlich wieder alles genau vor sich. Den Bang Tao Beach, die Palmen und die Surfer. Er vermisste die Tempel und die freundlichen Menschen, den Duft von Räucherstäbchen und das wunderbare Essen.

Und ihm fehlte das Gefühl der unendlichen Freiheit, wenn er durch das kristallklare Wasser surfte. Er vermisste dann sogar die Dinge, die er dort manchmal verflucht hatte. Die aufdringlichen Verkäufer am Strand, das warme Bier, die Regenzeit und die Hitze in manchen Nächten. Wie oft hatte er gejammert, wenn er in seinem kleinen Bungalow ohne Klimaanlage nicht schlafen konnte und sein Bettlaken schweißnass war? Manchmal hatte er sich dann nach kalten Wintern und dicken Daunendecken gesehnt. Doch dieser Wunsch hatte nie lange angehalten. Spätestens am nächsten Morgen hatte er gewusst, dass es keinen schöneren Platz geben konnte. Er war damals glücklich, auch wenn seine Lebensweise sehr einfach war. Seine Behausung war spartanisch. Ein einfacher Holzbungalow mit wenigen Möbeln. Außer einem Bett, einem Tisch, einem Stuhl und einem kleinen Kühlschrank besaß er nichts. Doch er hatte seine Hütte geliebt und sie mit bunten Sarongs und Kerzen zu seinem Heim gemacht. In der kleinen Surfschule hatte er zwar nicht viel Geld verdient, doch irgendwie hatte es immer gereicht. Zwischendurch hatte er Privatstunden gegeben. Die Touristinnen hatten sich ihm regelrecht an den Hals geworfen. Er hatte selten eine Nacht allein verbracht. Er konnte sich unmöglich an Namen oder Gesichter erinnern. Sicher waren alle sehr süß gewesen, doch er hatte sich nie verliebt. Er war immer fair gewesen und hatte keiner Hoffnungen gemacht. Für ihn stand fest, dass er sich aus irgendeinem Grund nicht verlieben konnte. Bis zu diesem besonderen Moment, als er Lamai zum ersten Mal gesehen hatte. Er war eines Abends zum Essen in ein Strandrestaurant gegangen. Dieses bezaubernde Mädchen war an seinen Tisch gekommen, um seine Bestellung aufzunehmen. Er hatte auf Thai bestellt. Grünes Curry mit Huhn. Mühsam hatte er den auswendig gelernten Satz herausbekommen. Lamai hatte angefangen zu lachen. Nicht

böse, sondern zauberhaft. Er hatte sie verzweifelt angesehen und dann mitgelacht. Nachdem er seine Bestellung
ein paar Mal in verschiedenen Betonungen wiederholt hatte, hatte sie lächelnd genickt und ihm kurze Zeit später
das gewünschte Gericht gebracht. Nach dem Essen hatte
Lamai ihm erzählt, dass sie mit ihren Kolleginnen später
noch auf ein Glas in einer Strandbar namens ›Coconuts‹
verabredet war. Er hatte sie fragend angesehen. Sie hatte
mit den Schultern gezuckt und gelächelt. Natürlich war er
auch dorthin gegangen. Von da an hatte er sie jeden Abend
von der Arbeit abgeholt. Er hatte sie in verschiedene Restaurants eingeladen oder einfach nur zum Picknick am
Strand. Er hatte nur noch den Wunsch, jede freie Minute bei ihr zu sein. Irgendwann hatten sie sich zum ersten
Mal geküsst. Er hatte sich gefühlt, wie ein Teenager und
die ganze Nacht nicht schlafen können. Er war nie zuvor
so glücklich gewesen. Und dann kam der Tag, der ihm
sein Glück nahm. Am Vorabend hatten sie zusammen am
Bang Tao Beach Weihnachten gefeiert. Lamai war zwar
Buddhistin, doch sie hatte darauf bestanden. Er hatte ihr
einen Ring geschenkt, den er für sie hatte anfertigen lassen. Ein schlichtes Stück mit einem Tigerauge. Der Stein
sollte sie beschützen, wenn er nicht bei ihr sein konnte.
Am nächsten Morgen war Lamai an den Kamala Beach
gefahren, um sich mit einer Freundin zu treffen. Es war
der zweite Weihnachtstag und er hatte frei. Er hatte gerade
seinen Bungalow verlassen, um in einem Strandrestaurant
zu frühstücken, als er die Schreie hörte. Dann hatte er das
Wasser kommen sehen.

Sophie schlug die Augen auf. Sie war nass geschwitzt und
ihr Herz hämmerte. Jemand quetschte sie an die Wand. Sie
konnte sich kaum noch bewegen. Etwas Feuchtes drückte
sich an ihren Hals. Vorsichtig tastete sie hinter sich. Pel-

le! Er war trotz Verbot in ihr Bett gesprungen. Erleichtert drehte sie sich um. »Pelle, du Blödmann!« Eigentlich sollte sie ihn hochkant rauswerfen, aber er sah einfach zu niedlich aus. Seine Pfoten zuckten und er knurrte leise. Wahrscheinlich verfolgte er im Traum ein Kaninchen. Vorsichtig schob Sophie den großen Hund etwas zur Seite und griff nach ihrem Handy, um auf die Uhr zu sehen. Sie drückte auf die Tastatur und sofort leuchtete das Display blau auf. 10 nach acht! Sophie rappelte sich verwundert auf. Sie hätte nicht gedacht, dass es schon so spät war. Der Kitekurs begann in knapp zwei Stunden. Sophie ließ sich zurück in ihr Kopfkissen fallen. Sie würde sich sputen müssen, aber fünf Minuten wollte sie sich noch gönnen. Plötzlich schreckte sie wieder hoch. Da war noch was auf dem Display! Sie hatte eine neue Nachricht. Schnell rief sie die SMS auf: ›Definitiv ertrunken! Lutz‹. Sie hatte sich zum Narren gemacht. Stefan würde sich totlachen. Sie seufzte und las weiter: ›Nicht in der Ostsee‹. Sophie setzte sich kerzengerade auf. Ihr Puls raste. Was hatte das denn zu bedeuten? Nicht in der Ostsee? Sie hatten sie doch am Strand gefunden. Ihr war rätselhaft, was Lutz damit meinte. Ihre eigenen Worte fielen ihr wieder ein: ›Sie sieht irgendwie hingelegt aus‹. Irgendjemand hatte die Frau an den Strand gelegt, nachdem sie woanders ertrunken, nein, ertränkt worden war. Wo? In einem See oder einem Swimmingpool? Eigentlich war das im Moment fast egal, denn eine Tatsache stand wohl fest. Die junge Frau war nicht von selbst an den Strand gekommen. Irgendwer hatte sie, bereits tot, dort abgelegt. Es war Mord! Und Stefan hatte sie für eine oberschlaue Wichtigtuerin gehalten. Er sollte ihr dankbar sein! Ohne ihre Nörgelei am Tatort wäre die ganze Geschichte vielleicht nie ans Licht gekommen. Am liebsten hätte sie ihn sofort angerufen. Aber dann würde sie Lutz verpetzen und damit ihre Informationsquelle verraten. Sie musste unbedingt mehr über die Sache erfahren. Lutz wollte nicht, dass sie ihn anrief, aber eine SMS würde sie ihm schicken. Entschlossen tippte sie eine Nachricht. Lutz würde anrufen, da war sie sich sicher. Sophie sprang aus dem Bett und ging ins Bad. Sie sollte heute beim Kurs Augen und Ohren offen halten und sich ganz unauffällig in der Szene umschauen. Schließlich hatte sie die perfekte Tarnung. Sie machte nur einen Schnupperkurs. Als sie herunterkam, stand Tina in der Küche und hatte Finn auf dem Arm. Gleichzeitig balancierte sie Aufschnitt, Milch und Marmelade aus dem Kühlschrank.

»Hier ist ja schon was los!«

Tina rollte mit den Augen. »Meine Nacht war um halb sechs zu Ende. Finn wollte nicht wieder einschlafen und dann sind die Großen aufgewacht. Ich brauch dringend einen Kaffee! Lass uns erst mal frühstücken!«

Sophie hörte gar nicht mehr zu, sondern starrte auf die Schlagzeile der Sonntagszeitung:

›Kiterin ertrunken! Schon der zweite furchtbare Unfall in dieser Saison. Sarah M. trainierte auf Fehmarn für die Deutschen Meisterschaften und galt als Favoritin. Wie ihre Sportkameradin Sandra L. ertrank auch Sarah M. nachts‹.

14

Olli putzte sich in seinem komfortablen Wohnmobilbad unter der Dusche die Zähne. Ihm ging es endlich etwas besser. Er hatte die ganze Nacht durchgeschlafen. Seine Hände zitterten nicht mehr und der latente Kopfschmerz war verschwunden. Er durfte nur nicht an Sarah denken. Jede Erinnerung schmerzte zu sehr. Es war gut, dass er arbeiten musste. Wenn er abgelenkt war, konnte er nicht durchdrehen. Olli wickelte sich in ein Handtuch und machte sich in der kleinen Küche einen Kaffee. Dann zog er sich eine Badeshorts und ein T-Shirt an, setzte sich in seine gemütliche Sitzecke und sah sich um. Alles war wieder sauber und ordentlich, fast so, als wäre überhaupt nichts passiert. Olli liebte sein Motorhome. Hier hatte er alles, was er brauchte. Vom Bett aus konnte er sogar den Strand sehen. Das Wohnmobil war sein Refugium und er musste es mit nichts und niemandem teilen. Er war gerne mit Menschen zusammen, doch er brauchte gleichzeitig seine Unabhängigkeit.

»Unabhängigkeit!«, murmelte Olli vor sich hin. Wenn er etwas nicht war, dann unabhängig. Er machte sich doch nur was vor. Irgendwann würde auch dieser Sommer zu Ende sein und dann musste er wieder auf dem Hof seiner Eltern leben, in seinem alten Kinderzimmer. Er würde sich wie jeden Winter um die Kühe kümmern. Seine Eltern hofften noch immer, dass er eines Tages den Hof übernehmen würde. Er hatte ihnen oft gesagt, dass er sich ein anderes Leben vorstellte. Das Problem war nur, dass er nicht wirklich wusste, was er eigentlich wollte. Er hatte es mit einem Studium versucht und sich für ein Wintersemester BWL eingeschrieben, doch das Studieren war auch nicht sein Ding. Seine Eltern versüßten sein Leben mit großzügigen Schecks und vor zwei Jahren hatten sie ihn an seinem Geburtstag mit dem Wohnmobil überrascht. Sie ließen ihm wirklich seine Freiheit. Er genoss es, ohne Druck die Sommermonate genießen zu können und auf einem Parkplatz am Strand zu leben. Mittlerweile fragte er sich aber selbst, wie seine Zukunft aussehen würde. Das Leben war schließlich kein ewiges Ferienlager. Durch Sarah war ihm klar geworden, dass er nicht für immer ein Surfboy bleiben konnte. Er hatte das erste Mal daran gedacht, dass ein erwachsenes Leben zu zweit, zu dem auch ein solider Job gehörte, vielleicht doch nicht so spießig sein musste, wie er immer befürchtet hatte. Er hatte ernsthaft überlegt ein Surferhotel zu eröffnen und Verantwortung zu übernehmen. Sarah! Nach so vielen Jahren hatte er sich tatsächlich wieder verliebt. Vorher hatte es mit keiner anderen wirklich gefunkt. Am Anfang hatte er sich fast schuldig gefühlt, so, als hätte er seine wahre Liebe verraten. Aber er war damals erst 15 gewesen. Kein Mensch würde erwarten, dass er für alle Ewigkeit allein blieb. Und seine Kleine hätte das am wenigsten gewollt. Trotzdem war er eines Nachts ans Wasser gegangen und hatte sie gebeten, ihm zu verzeihen. Er wollte frei sein für Sarah. Und nun war Sarah tot. Alles war umsonst gewesen. Er war wieder allein und stand vor demselben Problem. Wenn er nur sein Leben so aufräumen könnte wie sein Wohnmobil! Er sollte endlich damit anfangen. Er hatte sich damals geschworen, die Insel nie zu verlassen. Sie sollte immer wissen, wo er war. Aber nun? Er musste endlich aufhören, sich an Erinnerungen zu klammern. Warum konnte er nicht sein wie Ben? Einfach mal abhauen! Der schien nie zu zweifeln. Ben handelte einfach und fürchtete nie die Konsequenzen. Er wurde anscheinend mit allem fertig. Olli ärgerte sich über seine eigene Feigheit. Wenn er doch nur den Mut aufbringen könnte, endlich mal etwas zu ändern. Es würden noch andere Frauen in sein Leben treten und dann würde er alles richtig machen. Seine große Liebe würde nie zurückkehren, das war ihm nach 15 Jahren klar. Es würde kein Wunder geben. Er musste aufhören, sich schuldig zu fühlen. Er musste aufhören, eine Tote zu lieben.

Sophie versuchte, zumindest ein Brötchen zu essen. Eigentlich war sie viel zu aufgeregt. Dass auch die erste Frau nachts ertrunken war, war beunruhigend. Zwei tote Frauen in drei Tagen, das konnte doch kein Zufall sein! Antonia und Paul tobten schon durch das Esszimmer. Sophie trank den letzten Schluck Kaffee und stand auf. »Ich sollte jetzt abzischen! Ich will Pelle am Strand noch etwas müde toben, damit er keinen Mist baut, wenn ich auf dem Wasser bin.« Im selben Moment knallte es. Tina zuckte zusammen.

»Nichts passiert, Mami!«, krähte Antonia. »Pelle braucht eine Brille! Der hat den Stuhl umgerannt.«

Sophie lachte. »Das nützt auch nichts, fürchte ich. Aber es würde toll aussehen.«

»Es vergeht eigentlich kein Tag mehr, an dem nichts zu Bruch geht«, seufzte Tina. Die Kinder waren schon wieder dabei, Pelle um den Tisch zu jagen. »Sophie? Bevor du gehst …«, Tina suchte nach den richtigen Worten. »Über eins musste ich die ganze Nacht nachdenken. Wenn ihr euch nicht mehr gesehen habt, Felix und du, dann muss er doch davon ausgehen, dass du noch schwanger bist.«

»Ja, theoretisch schon. Aber er wird sich erkundigt haben. Mach dir um ihn keine Sorgen. Er ist doch immer über alles im Bilde.«

»Ich werde seine dumme Show jedenfalls nie wieder einschalten!«

»Da sind wir ja schon zwei! Wenn das so weitergeht, wird die wegen schlechter Quote noch eingestellt.«

Tina grinste. »Was ich an dir immer bewundert habe, ist dein rabenschwarzer Humor. Ich hab dich vermisst. Versprich mir, dass wir uns in Zukunft häufiger sehen, ja?«

»Ganz bestimmt!«

»Wir fahren heute Nachmittag an den Strand. Stefan versucht, rechtzeitig zu Hause zu sein. Und heute Abend grillen wir. Sei pünktlich zurück, sonst gehst du leer aus.«

»Natürlich bin ich rechtzeitig da! Ich mach den Salat. Ich werde bestimmt Hunger haben wie ein Wolf! Außerdem habe ich Antonia und Paul doch was versprochen.«

»Ach ja, der Geheimdeal!«, erinnerte Tina sich. »Tu mir doch den Gefallen und denk dir wieder einen aus.«

»Ich werde es versuchen! Bis heute Abend!« Sie rief Pelle und verließ mit ihm das Haus. Die Sonne brannte bereits vom Himmel. Sophie öffnete das Verdeck ihres Cabriolets und stieg ein. Eigentlich sollten sie nach Gold laufen, doch sie hatte Angst, dass sie am Abend zu kaputt sein würde, um den Weg noch einmal zu gehen. Sophie gab Gas und brauste los. Sie parkte ihren Wagen auf der Wiese neben dem freien Campingplatz und lief an den Strand. Die ersten Surfer und Kiter waren bereits auf dem Wasser. Bunte Schirme zogen über den blauen Himmel und weiter draußen rasten Surfer durch die Bucht. Sophie nahm Pelles Lieblingsball aus der Jackentasche und schleuderte ihn in die See. Begeistert stürmte der braune Labrador los. Kraftvoll schwamm er dem Ball hinterher, schnappte ihn und brachte ihn stolz zu ihr zurück. Sophie bekam ein schlechtes Gewissen. Eigentlich müsste sie mit ihm jeden Tag in den Stadtpark zum See gehen. »Wenn wir wieder in Hamburg sind, gehen wir öfter schwimmen. Versprochen!« Pelle bellte ungeduldig. »Ja, ich weiß! Ich soll hier keine Rede halten, sondern den Ball werfen.« Die Sonne kitzelte ihr Gesicht. Sie würde über Felix hinwegkommen. Vielleicht ja sogar schneller, als sie es sich je hätte vorstellen können. Und das Baby? Der Arzt hatte ihr gesagt, dass mehr als 15 Prozent der Embryonen in den ersten Schwangerschaftswochen abgingen – aus verschiedenen Gründen. Sie sollte sich keine Schuld geben. Sie hatte sich aber schuldig gefühlt, weil sie darüber nachgedacht hatte, das Baby erst gar nicht zu bekommen. Ihr war es wie eine Strafe Gottes vorgekommen. Wieder und wieder feuerte sie den Ball ins Wasser. Mit jedem Wurf fühlte sie sich etwas besser, als ob sie die trüben Gedanken mit ins Meer werfen würde. Felix war der Falsche gewesen. Wie hatte sie sich überhaupt jemals in den Mistkerl verlieben können? Sie würde sich zwingen, nicht mehr daran zu denken, was gewesen wäre, wenn … Und irgendwann würde sie bestimmt eine Familie haben. »Komm jetzt! Ich muss zum Kurs!« Pelle kam angerannt und sie umarmte den nassen Hund. »Na, Dicker, es ist wirklich toll hier, oder? Kaum zu glauben, dass hier gestern noch eine Leiche gelegen hat.«

Hanjo hantierte in der Küche herum. Die Gäste in der Gaststube waren dabei, das Buffet zu plündern. Bei diesem Wetter würden die Leute in Scharen kommen und gerade heute hatte sich seine Aushilfe krankgemeldet. Sie hatte sich den Knöchel gebrochen und würde diese Saison mit Sicherheit nicht mehr arbeiten können. Es nützte nichts, er würde für die Sommermonate eine andere Servicekraft finden müssen. Ohne Freya würde sonst alles im Chaos versinken. Sie musste für drei gearbeitet haben. Ihm war das nie aufgefallen. Bei ihr hatte alles immer so leicht ausgesehen. Hanjo seufzte und riss sich zusammen. Die Gäste hatten Hunger. Seine Stimmung besserte sich. Er hatte auch keinen Grund zu jammern, wenn er das Schicksal außer Acht ließ. Es war Sommer und er war tagtäglich von jungen, gut gelaunten Menschen umgeben. In dem ganzen Trubel war er manchmal fast glücklich. »Hanjo?«, Ben steckte seinen Kopf in die Küche. »Der Käse ist alle. Ach, und der Orangensaft auch. Warte, ich helfe dir!« Ben öffnete den Kühlschrank und legte neue Scheiben auf die leere Platte. »Wir brauchen noch Gläser.«

Hanjo deutete auf die Spülmaschine. »Da sind frische drin. Der Kaffee ist auch gleich durch. Hast du alles im Griff?«

»Ich bin die geborene Oberkellnerin! Mach dir keine Sorgen. Unsere Gäste erwarten keine Fünf-Sterne-Behandlung. Sie sind alle gut gelaunt.«

»Danke, mein Junge! Ich verspreche dir, gleich morgen such ich jemanden für die Saison.«

»Mir macht das Spaß! Alles ist ein bisschen improvisiert und lustig. Mich erinnert das an Thailand.«

Hanjo nickte lächelnd. »Wo ist Olli? Hat er sich wieder im Griff?«

Ben sah ihm direkt ins Gesicht. »Er bemüht sich. Zumindest hat er aufgehört, sich volllaufen zu lassen. Er wird damit fertig, Hanjo. Bestimmt ist er gleich hier.«

Ben schnappte die Käseplatte und verschwand. Hanjo atmete tief durch und räumte das saubere Geschirr aus der Maschine. Das benutzte stapelte sich bereits. Ohne Ben hätte er heute Morgen die Nerven verloren. Der Junge war in Ordnung. Beide Jungs. Sie kümmerten sich gewissenhaft um die Surfschule, leiteten die Kurse und pflegten die Ausrüstung. Als Freya krank wurde, kümmerten sich die beiden auch um das Bistro. Während er bei seiner Frau war, hatten sie Lebensmittel bestellt und ihr Bestes gegeben. Sie hatten improvisiert, die Speisekarte umgeschrieben und mit ihrer guten Laune die Gäste davon abgelenkt, dass längst nicht alles so perfekt lief. Ohne die Jungs hätte er sicher aufgegeben. Hanjo lächelte. Gut, dass ihm eingefallen war, den beiden alles zu vererben. So fühlte er sich nicht schuldig und sie hätten nicht umsonst so hart gearbeitet. Schade, dass er nicht miterleben würde, wenn sie es erführen. Es wäre auch in Freyas Sinn gewesen, da war er sich hundertprozentig sicher. Aber jetzt war es erst mal wichtig, dass die hungrigen Mäuler gestopft wurden. Er musste an die hübsche Frau mit dem netten Hund denken. Ob sie schon da war? Hanjo brachte das Rührei in die Gaststube, grüßte ein paar bekannte Gesichter und sah sich um. Tatsächlich, alles lief wie am Schnürchen. Ben stand hinter dem Tresen und bongte die Rechnungen für die verschiedenen Tische ein. Nebenbei flirtete er mit zwei jungen Mädchen. Olli war nun auch da. Er räumte das benutzte Geschirr von den Tischen. Hanjo fiel ein Stein vom Herzen. Er hatte sich Sorgen gemacht, dass das Verhältnis zu dieser Sarah tiefer gegangen war. Der Verlust eines geliebten Menschen war die Hölle und er wusste das. Olli war fast wie sein eigener Sohn. Er kannte den Bengel schon so lange. Damals war er fast noch ein Kind gewesen. Die Surfschule hatte es noch gar nicht gegeben, nur sein kleines Café und ein paar Bretter und Segel, die für ein paar Stunden gemietet werden konnten. Olli war schon damals besessen gewesen von der Surferei. Er hatte sich fast täglich Surfbrett und Segel geliehen. Statt mit Geld hatte er mit kleinen Dienstleistungen bezahlt. Wasser und Wind waren schon damals seine Leidenschaft gewesen – und Fee. Er hatte Fee viel zu sehr geliebt.

15

Sophie betrat das kleine Bistro. Alle Tische waren besetzt und zumeist junge Leute in Shorts und T-Shirts ließen es sich schmecken. Es wurde geplaudert und gelacht. Die toten Frauen schienen vergessen. Pelle ging begeistert von Tisch zu Tisch und kümmerte sich um heruntergefallene Krümel. Sophie blieb stehen und sah sich nach Ben um. Er stand hinter der Theke und kassierte gerade. Dann sah er sie und winkte. »Kitekurs? Bitte hier entlang!« Sie begrüßte ihn lächelnd.

»Kaffee?«, fragte er und deutete auf die große Kanne.

»Sehr gerne!«

»Hast du schon gefrühstückt?«, fragte er und biss herzhaft in ein Marmeladebrötchen.

Sophie nickte. »Ich bin bestens vorbereitet und tatsächlich ein bisschen nervös. Was ich da gestern gesehen habe, hat an meinen Ehrgeiz appelliert. Ich habe fest vor, heute noch auf dem Brett zu stehen.«

Ben grinste. »Alles klar! Solche Schüler lieben wir! Aber sei nicht zu enttäuscht, wenn es heute noch nicht so klappt. Dann wärst du nämlich ein Naturtalent!«

Sophie wollte eben bestätigen, dass sie sicher eins war, als sie Olli rufen hörte.

»So, mal alle herhören, die an den Kursen teilnehmen!« Olli stand mitten im Bistro und hielt ein Blatt Papier in seiner Hand. »Die Anfänger kommen bitte zu mir an den Ecktisch da hinten. Nehmt euren Kaffee und eure Brötchen ruhig mit. Die Fortgeschrittenen gehen schon mal raus zum Equipment. Ben kommt gleich nach!«

Sophie nahm ihre Tasse. »Dann müssen wir wohl los.«

Ben nickte. »Hals- und Beinbruch! Bis später.«

Plötzlich trabte Pelle begeistert an ihr vorbei und verschwand in der Küche. Sie stürzte hinterher. »Pelle!«

Hanjo kam ihr entgegen. Er hatte ihren Hund am Halsband gepackt und lachte. »Ist schon gut, Mädchen. Ich kümmere mich um ihn. Mach du deinen Kurs. Pelle und ich machen ›Klar Schiff‹! Er klopfte dem Hund den Rücken. »Stimmt doch? Du reinigst den Boden und ich deck die Tische ab. Ich bin übrigens Hanjo.«

»Danke, Hanjo, aber ich warne dich. Du wirst ihn nicht mehr los! Ich bin Sophie.«

Hanjo lachte und tätschelte Pelles Kopf. Sophie ging zu ihrer Gruppe und nahm auf dem letzten freien Stuhl Platz.

»Herzlich willkommen zum Kitekurs. Hat einer von euch es schon mal probiert?«, wollte Olli wissen. Alle schüttelten schweigend den Kopf. »Schon mal gesurft?« Zwei Typen meldeten sich. »Und? Könnt ihr mir etwas über Thermik erzählen?«

Beide verneinten. »Das war im Urlaub! Nur so ein erster Versuch.«

»Gut. Im Grunde hat hier niemand eine Ahnung. Dann fangen wir von vorne an. Luv und Lee.« Er rollte ein großes Blatt Papier aus und begann verwirrende Pfeile zu zeichnen. »Es ist wichtig, dass ihr den Wind begreift. Er ist euer Antrieb. Ihr müsst lernen, ihn auszunutzen, ihn zu beherrschen. Er ist wie ein Pferd. Wenn ihr reiten könnt, geht es in eure Richtung. Könnt ihr es nicht, geht es bestenfalls, wohin es will oder es wirft euch ab. Kapiert? Ich erzähl euch jetzt, worauf es ankommt!«

Luv, Lee, Segelfläche und Windgeschwindigkeit. Die Theorie war verwirrend. Alles war tatsächlich viel komplizierter, als Sophie gedacht hatte. Sie hatte fast das Gefühl einen Pilotenschein zu machen. Nach einer Stunde hatte sie eine vage Vorstellung, was in der Praxis alles zu bedenken war.

»Also gut«, endete Olli. »Wenn wir auf dem Wasser sind, wird euch das eine oder andere noch klar werden. So, dann los! Wer keinen eigenen Anzug hat, kriegt einen von mir.«

Sie gingen gemeinsam zur Hütte und Olli suchte Neoprenanzüge in den verschiedenen Größen raus und teilte sie zu. Mühsam quetschten sie sich in die engen Dinger. Olli hatte in der Zwischenzeit ein paar Kiteschirme aus dem Schuppen geholt und sie auf den Rasen vor der Hütte gelegt.

»So, jetzt wird es ernst! Sucht euch bitte einen Partner«, rief er der Gruppe zu.

Witzig, dachte Sophie, alle hatten bereits einen, denn die anderen Kursteilnehmer waren Pärchen oder Kumpel. Olli schien ihre Gedanken erraten zu haben.

»Sophie, du bleibst bei mir!«

Kein Problem, dachte sie. Olli war genauso attraktiv wie Ben. Und es war immer gut, vom Meister selbst zu lernen.

»Nehmt euch jetzt zu zweit einen Kiteschirm und dann los.«

Die Gruppe wanderte brav hinter ihm her. Am Strand erklärte Olli, wie sie den Kite aufzupumpen und danach zu beschweren hatten, damit er nicht von einer Böe mitgerissen werden konnte. Anschließend hatten sie die Leinen zu entwirren und mussten sie unter seinem wachsamen Blick mit dem Schirm verbinden.

»Denkt immer daran, so ein Schirm hat bei Wind viel Kraft. Besonders hier am Strand ist es gefährlich. Wenn es dumm läuft, schleudert euch das Teil bis an die Hauswand und ihr seid Hackfleisch. Ihr dürft niemals die Kraft des Windes und des Wassers unterschätzen. Das Equipment wird zwar immer besser und sicherer, doch es gibt immer wieder Unfälle.«

Auch welche mit tödlichem Ausgang, dachte Sophie den Satz zu Ende.

16

Stefan saß mit Robert in seinem Büro. Er versuchte immer noch zu begreifen, was Lutz ihnen bei der Obduktion bewiesen hatte. Sarah Müllers Fundort war definitiv nicht der Tatort. Er konnte es gar nicht sein. Stefan hatte nicht einmal damit gerechnet, dass die Frau überhaupt Opfer eines Verbrechens geworden war. Mord. In der Ostsee ertränkt zu werden, konnte er sich gerade noch vorstellen, aber hier lagen die Dinge ganz anders. Sie hatten es hier mit einem kuriosen Fall zu tun. Robert sprang plötzlich vom Stuhl. »Mensch, Stefan! Das macht doch alles keinen Sinn. Trockene Lunge? Franck muss sich irren!«

»Der irrt sich nie. Sarah Müller ist irgendwo anders ertrunken. Jemand hat sie an den Strand gebracht.« Es ärgerte ihn, dass er an Sophies Einwand denken musste. Ihr war sofort etwas aufgefallen. »Wenn wir den Tatort finden, finden wir auch die Person, die sie dort weggebracht hat. Ob diese Person ein Mörder ist oder jemand, der einen Unfall vertuschen wollte, wird sich rausstellen.« Robert nickte. »Dann war es Mord! Ich frag mich die ganze Zeit, warum? Ich meine, was war das Motiv?«

Stefan schüttelte den Kopf. »Fahr nach Hause oder auf den Golfplatz. Wir müssen warten, bis Franck mit den Laboruntersuchungen fertig ist. Vielleicht findet er Hinweise, die zu einem See oder Graben in der Nähe passen. Ich ruf dich an.«

Robert nickte und verließ ohne ein weiteres Wort das Büro. Stefan war froh, endlich allein zu sein. Er würde noch einen Bericht schreiben und dann losfahren. Er

wollte zu seiner Familie: Windeln wechseln und Sandburgen bauen. Nur eins wollte er nicht. Weiter an ein totes
Baby und an eine junge Frau denken, die unter mysteriösen Umständen ums Leben gekommen, und deren Tod
bis jetzt nicht logisch zu erklären war. Er musste mit Tina
sprechen. Ihre Anekdoten über den Tag mit den kleinen
Rackern würden ihn wieder in die angenehme Wirklichkeit
versetzen. Panisch tippte Stefan die Nummer und wartete
fast verzweifelt darauf, dass Tina abnehmen würde.

»Sperber«, meldete sich seine Frau.

Stefan schloss kurz die Augen und genoss den Klang
ihrer Stimme. »Ich bins! Hallo Schatz! Ich bin in einer
Viertelstunde hier raus.«

»Super. Unsere Mäuse freuen sich schon so auf dich
und den Strand. Und ich mich übrigens auch.«

»Mir geht es genauso, das kannst du mir glauben. Der
Tag war ziemlich merkwürdig.«

»Ist alles in Ordnung?«, fragte Tina mit besorgter
Stimme. »Ja. Natürlich. Mir fehlt ein bisschen Schlaf, sonst
ist alles okay. Bis gleich.« Stefan drückte das Gespräch
weg und wählte die Nummer von Ingo Schölzel. Bevor er
zurück nach Fehmarn fuhr, musste er seinen Kollegen auf
den neusten Stand der Ermittlungen bringen. Ingo nahm
nach dem zweiten Klingeln ab.

»Stefan! Gibts was Neues?«

»Allerdings! Schnapp dir Gerdt und fahr zur Surfschule
nach Gold. Ich möchte, dass ihr so viele wie möglich befragt.
Da läuft gerade ein Kurs. Die meisten Teilnehmer sind schon
ein paar Tage dort. Wir brauchen Zeugen. Vielleicht hat
doch jemand irgendwas gehört oder gesehen oder kann uns
zumindest etwas über diese Sarah Müller sagen.«

»Kannst du mir vielleicht verraten, worum es hier
geht?«

Stefan atmete tief durch. »Dieser Fehmarnfall ist etwas

komplizierter, als ich im ersten Moment gedacht habe.« Stefan wusste, dass er gleich eine Bombe platzen lassen würde. »Unsere Wasserleiche ist nicht in der Ostsee ertrunken, sondern im Süßwasser.«

Olli stand im hüfthohen Wasser und beobachtete seine Schüler, die mit mäßigem Erfolg mit den Drachen hantierten. Immer wieder knallten die Schirme auf die Wasseroberfläche und er musste durch die Bucht waten, um beim Start Hilfestellung zu geben und den Kite wieder in die Luft zu bringen. Zum Glück kam Sophie ziemlich gut alleine klar. Sie hat wirklich Biss, stellte er bewundernd fest. Der Kite hatte sie bereits mehrmals durchs Wasser geschleift. In ihrem Haar klebten Algen und sie musste unfreiwillig schon ein paar Liter Ostseewasser geschluckt haben. Trotzdem machte sie tapfer weiter. Nach zwei Stunden war sie die Beste. Sophie hatte kapiert, was sie beachten musste. Olli bemerkte plötzlich, dass sie aus der Ferne große Ähnlichkeit mit Sarah hatte. Sein Magen zog sich für einen Moment zusammen. Er versuchte, ruhig zu atmen. Die Schüler brauchten seine ganze Aufmerksamkeit. Er konnte jetzt nicht zusammenbrechen. Jede blonde Frau mit nassen langen Haaren in einem Neoprenanzug ähnelt ihr, sagte er sich. Und das machte es nicht leichter. Schöne tote Sarah! Das alles war so unwirklich. Vorgestern hatten sie noch zusammen am Strand gesessen. Warum hatte sie Schluss gemacht? Sie hatten sich doch super verstanden, viel gelacht und konzentriert trainiert. Was wollte sie denn mehr? Ein anderer Mann? Wer war der Kerl? Er hatte immer gehofft, dass sie eines Tages ein richtiges Paar werden würden und davon geträumt, mit ihr zusammenzuleben, sie Tag und Nacht um sich zu haben. Vielleicht hätten sie sogar irgendwann geheiratet und Kinder bekommen. Vielleicht eine kleine Tochter mit langen blonden Haaren.

So ein wildes Mädchen, das eher schwimmen als laufen würde. Ein lautes Platschen riss Olli aus seinen Gedanken. Wieder lag ein Kite im Wasser. Die beiden Schüler zerrten an den Leinen, doch der Schirm klebte mit der falschen Seite auf der Wasseroberfläche. »Ich komm schon!«, brüllte Olli und setzte sich in Bewegung. Er warf noch schnell einen Blick auf Sophie. Bei ihr war alles in Ordnung. Sie flog ruhig kleine saubere Achten. Bei den beiden Anfängern angekommen, kontrollierte er die Leinen und drehte den Schirm um. Er erklärte, wie man ihn jetzt in den Wind treiben lassen sollte, bevor man ihn erneut startete. Diesmal schafften sie es. Als Olli sicher sein konnte, dass alles okay war, marschierte er zurück zu Sophie. Sie bemerkte ihn gar nicht. Ihre ganze Aufmerksamkeit war auf den blauen Schirm gerichtet.

»Hey, das läuft doch super!«

Sophie ließ den Kite nicht aus den Augen. »Ha ha!«, lachte sie ironisch. »Du weißt doch, wie oft mir das Teil schon abgeschmiert ist. Ich hatte mir das etwas einfacher vorgestellt, um ehrlich zu sein. Meine Beine fühlen sich an wie Pudding.«

»Du machst das wirklich gut. Morgen stehst du garantiert auf dem Brett!«

Sie guckte skeptisch. »Ich mache bestimmt bald schlapp. An morgen will ich gar nicht denken. Wahrscheinlich komm ich nicht aus dem Bett.«

»Unsinn! Gleich machen wir eine Mittagspause und dann geht es mit neuer Power weiter. Ich erkenn doch ein Talent. Warte, ich zeig dir noch mal eben was.« Olli stellte sich dicht hinter Sophie und nahm ihr die Bar, die Lenkstange, aus der Hand. Sein Oberkörper lehnte sich an ihren Rücken. Eine ganz normale Sache, wenn er Schülern etwas mit der Bar zeigen wollte. Doch jetzt fühlte er trotz der dicken Gummihaut, dass ihr Körper ihn nicht kalt ließ.

Entschlossen lenkte er den Drachen in eine Kurve. Der Schirm bekam genug Kraft, um beide einen Meter aus dem Wasser zu heben. Sophie kreischte auf.

»Alles unter Kontrolle!«, beruhigte er sie, als sie wieder gelandet waren.

»Ich hab fast einen Herzinfarkt erlitten!«, lachte Sophie. »Ich kapiere langsam, dass der Sport süchtig machen kann.« Sie strahlte ihn an.

»Aber hast du kapiert, wie ich das gemacht habe?« Olli freute sich, dass sie so begeistert war. »Du musst ihn in einer weiten Acht nach unten ziehen. Und gleich wieder rauf. Nachher zeig ich euch, wie ihr euch so durch das Wasser ziehen lassen könnt.«

»Ich weiß schon, wie es ist, wenn man durchs Wasser gezogen wird. Vielen Dank!«

»Ich rede vom sogenannten Bodydragging. Dein Körper erfüllt dabei die Funktion des Boards. Du legst dich auf den Bauch, steuerst den Kite und lässt dich einfach durch das Wasser gleiten.«

»Einfach? Für mich klingt die Geschichte ziemlich kompliziert.«

»Blödsinn! Du packst das. Vertrau mir einfach!«

Sarah hatte ihm schließlich auch vertraut.

Sophie stürmte zusammen mit den anderen Schülern das kleine Bistro. Sie war so hungrig, dass es ihr ganz egal war, was man ihr auf den Teller legen würde. Sie hoffte nur, dass die Portion groß genug war. Sie wunderte sich wirklich über sich selbst. Sonst zählte sie jede Kalorie. Als sie las, was als Tagesgericht vorgeschlagen war, lief ihr das Wasser im Mund zusammen. Currywurst! Sophie konnte sich gar nicht mehr erinnern, wann sie das letzte Mal Appetit auf so viel Fett gehabt hatte. Die Stimmung war ausgelassen. Alle lachten und quatschten durcheinander.

Es war wirklich wie in einem Zeltlager und sie war überrascht, wie viel Spaß sie in der Runde hatte. Bis zu diesem Morgen hätte sie noch ein Vermögen gewettet, dass solche Gruppengeschichten nie und nimmer ihr Ding seien und jetzt saß sie plappernd mittendrin und amüsierte sich. Alle waren gut drauf und berichteten von ihren Pleiten und Pannen mit dem Kiteschirm. Niemand schien mehr an die Unfälle und die toten Frauen zu denken. Selbst Sophie hätte fast vergessen, aus welchem Grund sie sich für den Kurs angemeldet hatte. Sie sah sich die Kursteilnehmer genauer an. Ein ziemlich gemischter Haufen und sie war überrascht, wie spannend sie alle fand, obwohl niemand das Gesicht des Jahres war oder ein Verhältnis mit einem Filmstar hatte. Sie ging in Gedanken noch mal die Namen ihrer Mitstreiter durch. Da waren Nils, Freddy, Zecke und Jonny, vier ziemlich durchgeknallte Berliner Anfang 20. Sie hausten in zwei umgebauten Bussen, die mit lauter Graffitizeug besprüht waren. Die Jungs hatten eine unglaubliche Fahne, doch anstelle von Kopfschmerzen blendende Laune. Vor 10 Jahren hatte sie auch noch die ganze Nacht feiern können und war am nächsten Morgen topfit gewesen. Die Burschen würden auch noch älter werden. Ihr gegenüber saßen Indie und Wolf. Die beiden waren um die 50 und konnten ihre Hippievergangenheit nicht leugnen. Indie hatte ihre langen Haare hennarot gefärbt und trug einen Nasenring. Wolf saß im Lotussitz auf dem Stuhl und zwirbelte seinen langen Bart. Sie hatten ihre eigenen Teebeutel dabei. Beide hatten sich indische Tücher um die Schultern gelegt. Nach eigenen Angaben wollten sie eine neue gemeinsame Erfahrung machen. Im letzten Jahr hätten sie einen Tantrakurs gemacht, ließ Indie die anderen wissen. Das letzte Pärchen war fast noch skurriler. Bärchen wog sicher über 140 Kilo und seine Freundin Bienchen höchstens 50. Größere Gegensätze konnte es kaum geben. Bärchen war laut, Bienchen kriegte den Mund nicht auf. Er hatte einen Dreitagebart und roch etwas säuerlich, Bienchen hatte viel zu lange künstliche Nägel und war von einer Wolke edlen Parfüms umgeben. Es hatte sich im Kurs mittlerweile rumgesprochen, dass Hanjo allein ziemlich überfordert war und zudem auch noch den Tod seiner Frau zu verkraften hatte. Niemand schien es ihm unnötig schwer machen zu wollen. Sie bestellten alle Currywurst. Als das Essen auf die Tische gestellt wurde, futterten selbst Indie und Wolf mit großem Appetit. Sophie hatte eben einen Kaffee bestellt, als die Tür aufflog und zwei Männer die Gaststube betraten. Sie sahen nicht aus wie Surfer oder Touristen und sie grüßten auch nicht. Sie marschierten direkt zur Theke. Sophie beobachtete die Szene mit gemischten Gefühlen. Ihr war klar, dass es sich bei den Männern um Kripobeamte handeln musste, noch bevor die beiden ihre Ausweise zückten und sie dem überraschten Ben unter die Nase hielten.

»Ingo Schölzel, Kriminalpolizei.« Er deutete auf seinen Kollegen. »Gerdt Hartwig.«

»Scheiße, die Bullen!«, murmelte Zecke.

Sie sahen sich alle verwirrt an. Sophie versuchte, sich zu konzentrieren. Was bedeutete das?

»Sind Sie hier der Eigentümer?«, fragte Schölzel.

Ben schüttelte den Kopf. »Nein, ich bin Surflehrer. Hanjo Peters ist der Besitzer. Er ist in der Küche. Soll ich ihn holen?«

Ingo Schölzel gab seinem Kollegen ein Zeichen und Gerdt Hartwig öffnete einfach die Küchentür. Sophie war entsetzt, wie unsensibel die Beamten vorgingen. Ein paar Sekunden später kam Gerdt Hartwig mit Hanjo in die Gaststube. Schölzel nickte ihm zu. »Sie sind der Besitzer?«

»Ja, Hanjo Peters. Worum gehts?«

»Keine Sorge, es wird nicht lange dauern. Setzen Sie

sich bitte zu Ihren Gästen. Dann erklär ich die Situation«, bemerkte Schölzel eine Spur freundlicher.

Hanjo, Ben und Olli quetschten sich mit auf die Bank.

»Es tut uns sehr leid, Sie belästigen zu müssen, aber wie Sie sicher alle mitbekommen haben, sind hier zwei junge Frauen ertrunken«, begann Schölzel. Er sah sich die Gäste des Bistros der Reihe nach an. Komm auf den Punkt, dachte Sophie. »Wir müssen Ihnen ein paar Fragen stellen. Wir sind auf der Suche nach Zeugen. Vielleicht hat hier jemand etwas mitbekommen, das uns weiterhelfen könnte.«

Nach der ersten Schrecksekunde murmelte alles verwirrt durcheinander. Der Kripobeamte räusperte sich laut. »Ich werde Sie nacheinander in die Küche bitten. Es ist nur eine Routinebefragung.«

»Brauchen wir einen Anwalt?«, kicherte einer der Berliner.

Schölzel sah ihn genervt an. »Deine Drogengeschichten interessieren uns im Moment nicht. Wer macht den Anfang?«

»Ich!« Sophie sprang auf. »Ich muss nämlich dringend meinen Hund füttern!« In Wahrheit war sie so neugierig, dass sie es auf ihrem Stuhl nicht länger ausgehalten hätte. Sophie folgte dem Beamten und nahm auf einem Hocker Platz. Pelle leckte ein heruntergefallenes Ei von den Bodenfliesen.

»Ich bin Oberkommissar Ingo Schölzel«, ließ der Kripobeamte sie mit ernstem Gesichtsausdruck wissen. »Wer sind Sie bitte?«

»Sophie Sturm. Ich habe die Leiche gestern gefunden.«

»Ach, Sie sind das.« Sophie gefiel der spöttische Gesichtsausdruck nicht.

»Ich bin am Freitag erst angereist. Ich kannte hier niemanden, außer meiner Freundin Tina Sperber natürlich.«

»Dann können Sie mir nichts zu Sarah Müller sagen?«

Sophie schüttelte den Kopf. »Auch nicht zu der ersten

Verunglückten. Aber wenn mir die Frage erlaubt ist, wegen eines Unfalls würde man doch nicht so einen Aufwand betreiben, oder? Ich meine die Zeugenbefragung.«

Der Beamte nickte. »Zumindest in einem der Fälle müssen wir wohl von einem Verbrechen ausgehen.«

Stefan saß mit einer kleinen Plastikschaufel in der Hand am Strand und baute mit seinen Kindern eine gigantische Sandburg. Der ganze Stress und die schrecklichen Bilder in seinem Kopf lösten sich langsam. Paul klopfte mit seinen Händchen den Sand fest und Antonia verzierte alles mit kleinen Steinen, die sie vorher liebevoll zusammengesammelt hatte. Die Sonne brannte ihm auf den Rücken und außer dem Geplapper seiner Kinder und dem seichten Plätschern der Wellen war nichts zu hören. Stefan schloss die Augen und versuchte, den Moment festzuhalten. Seine Familie war wirklich seine Zuflucht. Er hatte mehr, als er sich je erträumt hatte. Drei gesunde Kinder, eine wunderbare Frau und ein traumhaftes Haus. So war sein Leben perfekt. Das Schreien seiner Tochter brachte ihn zurück in die Wirklichkeit.

»Nein! Paul!« Antonia sah ihn entsetzt an. »Guck mal Papa, jetzt hat er mit seinem Fuß den Turm der Prinzessin kaputt gemacht.«

Paul sah sich schuldbewusst den Schaden an und war kurz davor in Tränen auszubrechen. Stefan stupste ihn sanft und lächelte. »Sie schimpft schon wie Mama, was? Wir Männer sollten besser zusammenhalten und den Turm schnell wieder aufbauen.«

Paul nickte zustimmend und machte sich sofort ans Werk.

»Wieso hältst du zu ihm?« Seine Tochter sah ihn misstrauisch an.

Stefan bemühte sich, ernst zu bleiben. Er vergewisserte

sich, dass sein Sohn beschäftigt war, und beugte sich zu ihr. »Süße, er ist doch noch klein«, flüsterte er ihr ins Ohr. »Wir Großen wissen doch, dass er ab und zu noch etwas ungeschickt ist, oder? Hey! Sei nicht so hart zu ihm. Du warst doch auch mal klein.«

Antonia hatte ihm aufmerksam zugehört. Sie seufzte und nickte dann. »Aber ich war nie so ungeschickt! Oder?«

Zum Glück erwartete sie von ihm keine Antwort. Sie war schon wieder dabei, das Sandbauwerk mit Steinchen zu dekorieren. Schmunzelnd sah er zu. Antonia war eine kleine Schönheit. Sie hatte zum Glück die Gene ihrer Mutter. Sein Sohn war ein gesunder kleiner Frechdachs, der zwischendurch versuchte, seiner schlauen großen Schwester eins auszuwischen. Aber so oft die beiden sich auch zankten, genauso heftig hielten sie zusammen. Dann bildeten sie eine harte Front, die Eiscreme oder Haustiere forderte. Das mit den Haustieren hatten Tina und Stefan bisher erfolgreich verhindern können. Doch Stefan machte sich keine Illusionen. Früher oder später würden sie wohl doch den großen Wunsch erfüllen müssen. Die Kinder brauchten einen Hund. Aber frühestens, wenn Finn nicht mehr über den Boden krabbeln würde. Er blickte über die Schulter. Seine Frau und der Kleine lagen auf einer Decke unter einem Sonnenschirm. Finn schlief und Tina blätterte in einer Zeitschrift. Sie sah umwerfend aus. Sie hatte höchstens noch vier Kilo mehr auf den Rippen, doch ihn störte das nicht. Im Gegenteil. Eigentlich mochte er die leichten Rundungen noch mehr als ihre gertenschlanke Figur. In ein paar Monaten würden sie ihr Schlafzimmer wieder für sich haben. Vielleicht sollte er schwimmen gehen. Das Wasser müsste kalt genug sein, um ihn von diesem Gedanken abzulenken.

»Ihh! Papa! Paul pinkelt in den Sand und alles läuft in die Sandburg!«

Schlagartig war er wieder in der Realität. »Antonia, geh mal zur Mama und frag sie, wann wir endlich ein Stück Kuchen haben dürfen. Ich kümmere mich hier um Paul und den Wasserschaden.« Seine Tochter grummelte und rannte dann los. »Paulchen, warum hast du denn nicht Bescheid gesagt?«, fragte er liebevoll.

Die erste Träne kullerte über seine Wange. »Vagetten.«

»Das kann doch mal passieren. Komm, wir gehen zur Mama, und die hat bestimmt was Feines zu essen in ihrem großen Korb.«

Paul nickte und kreischte dann glücklich auf, als Stefan ihn hochhob und herumwirbelte, bevor er ihn zu Tina trug. Sie war bereits dabei, den Marmorkuchen zu zerschneiden.

»Na, Jungs? Habt ihr Hunger?«

Gemeinsam machten sie sich über den Kuchen her. Der Pinkelskandal war längst vergessen. Stefan nutzte den Augenblick und küsste seine Frau. »Du bist die Schönste! Ich liebe dich, dich und unsere wundervolle Bande. Was meinst du? Wann haben wir unser Schlafzimmer wieder für uns?«

Tina grinste ihn an und flüsterte: »Und was machen wir dann im Schlafzimmer?«

Stefan wollte gerade antworten, als sein Diensthandy klingelte. Genervt griff er das Telefon und sprang auf. »Ich hoffe, es ist sehr wichtig!«, schimpfte er in den Hörer, während er in die Dünen stapfte.

»Stefan? Tut mir leid, wenn ich störe, aber ...«

»Robert! Nein du störst kein bisschen. Ich verbringe den ersten Nachmittag seit Wochen mit meiner Familie am Strand.«

Am anderen Ende der Leitung war ein Schlucken zu hören. »Ich wollte auch lieber golfen, aber Franck hat mich angerufen. Der hat vor dir anscheinend auch mehr Angst als vor seinen gruseligen Leichen. Sollte dir mal zu denken geben. Jedenfalls geht es um die Fehmarntote.«

Stefan blieb abrupt stehen. Diese Leiche ging ihm gehörig auf die Nerven. »Ja?« Er versuchte, nicht mehr so aggressiv zu klingen.

»Sie ist in keinem See ertrunken.« Robert machte eine Pause und atmete tief durch. »Die Sache wird immer verrückter. Diese Sarah ist in stinknormalem Leitungswasser ersoffen.«

»Leitungswasser?«

»Ja, das Laborergebnis ist eindeutig. Ich erklär dir die Einzelheiten, wenn du in einer anderen Stimmung bist.«

Stefan setzte sich kraftlos in den warmen Sand. »Weißt du eigentlich, was du da gerade gesagt hast?« Stefan hatte das Gefühl, selbst zu ertrinken. Leitungswasser! Schlimmer hätte es gar nicht kommen können. »Verdammt, Robert! Jetzt haben wir unendlich viele mögliche Tatorte.«

Olli konnte nicht mehr still sitzen. Die Polizei hatte nun fast alle befragt. Alle, bis auf ihn und Ben. Olli war vollkommen durcheinander. Seine Hände zitterten. Diese Befragung machte ihm Angst. Er würde nie und nimmer einen vernünftigen Satz herausbringen. In ihm wuchs die Panik. Im Moment war der Dicke in der Küche. Die Tür öffnete sich. Bärchen verließ schweigend das Bistro. Olli sah zur Küchentür. Er wäre viel lieber im Wartezimmer eines Zahnarztes gewesen.

»Würden Sie jetzt bitte kommen!« Schölzel zeigte auf ihn.

Olli schluckte und trat in die Küche. Es fiel ihm unendlich schwer, sich möglichst gelassen auf den angewiesenen Küchenstuhl zu setzen.

»Wer sind Sie?«

»Oliver Konrad.«

»Sie sind das!«, stellte Schölzel fest. »Sie sind hier Surflehrer, richtig?«

»In den Sommermonaten, ja. Sonst helfe ich meinen Eltern auf dem Hof.«

»Dann kommen Sie von hier?«

Olli nickte und beschloss, ein bisschen selbstbewusster aufzutreten. »Ja! Da leben, wo andere Ferien machen. Wie gesagt, nicht, dass ich immer Urlaub habe, bestimmt nicht.«

»Kannten Sie Sarah Müller?«

Olli hatte das Gefühl, einen trockenen Schwamm im Mund zu haben. Statt zu antworten, nickte er.

»Sie dürfen gerne etwas ausführlicher werden!«

»Sarah trainierte hier«, erklärte Olli so sachlich wie möglich.

Schölzel nickte und machte sich Notizen. »Ja? Und weiter?«

Olli griff sich an die Stirn, so, als ob er sich erinnern müsste. »Wir waren Bekannte. Ich habe ihr beim Training geholfen. Sarah wollte an den Deutschen Meisterschaften teilnehmen.«

»Hatte jemand Streit mit den beiden? Ich meine mit Sarah Müller und möglicherweise auch mit Sandra Schmidt?« Schölzel sah ihm direkt in die Augen. »Kannten die beiden sich? Ist Ihnen da irgendetwas aufgefallen?«

Olli schüttelte den Kopf. Soweit ich weiß, hatte Sarah nur Streit mit mir, dachte er.

Der Beamte klappte das Notizbuch zu und lächelte. »Sie sind der Erste, der gar nicht wissen wollte, warum wir hier sind.«

Ollis Schläfen pochten. Ihm musste jetzt sofort eine glaubhafte Erläuterung einfallen. »Tatsächlich?«, fragte er mit gespielter Verwunderung. »Dabei ist es doch wohl offensichtlich, dass Sie ein Verbrechen nicht ausschließen.«

»Ja? Von Mord habe ich nichts gesagt!«

»Nein, aber sonst würden Sie sicher nicht nach Zeugen suchen.«

»Verstehe! Wenn Ihnen noch etwas einfällt, melden Sie sich bitte. Und außerdem hätte ich gerne eine Liste der Kursteilnehmer der letzten vier Wochen. Am besten jetzt gleich. Und vielen Dank für die Zusammenarbeit.«

Olli nickte. »Ich bringe Ihnen gleich die Liste«, bot er an. »Die Unterlagen sind in der Hütte.« Er stand auf und ging langsam zur Küchentür. Am liebsten wäre er gerannt.

»Diese Sarah war verdammt hübsch! Ist Ihnen das gar nicht aufgefallen?«, fragte Schölzel überraschend.

Ollis Kopf war kurz davor zu zerspringen. Er durfte keinen Fehler machen. »Sie können sich gar nicht vorstellen, wie viele echte Schnuckelchen hier pro Saison auflaufen. Ich hab nicht den schlechtesten Job! Ich meine, bevor die Frauen ertrunken sind, war die Stimmung wirklich gut hier«, korrigierte er sich schnell. »Jetzt ist natürlich alles anders.«

Der Kommissar nickte nachdenklich. Olli stieß erleichtert die Tür auf. So schlecht hatte er sich gar nicht geschlagen. Plötzlich begann sein Herz zu rasen. Würde Ben den Bullen erzählen, dass er Sarah geliebt hatte?

17

Sophie saß mit den anderen Kursteilnehmern und den Fortgeschrittenen auf dem Deich in der Sonne. Sie waren alle befragt worden, doch niemand hatte der Polizei helfen können. Die Stimmung war gekippt. Am Morgen hatten sie noch gelacht und jetzt klopften selbst die Berliner keine frechen Sprüche mehr. Zecke baute einen Joint und von seinen Leuten war nur ab und zu ein ›echt superkrass‹ zu hören. Bienchen jammerte Bärchen die Ohren voll. Sie hatte Angst und wollte nach Hause. Bärchen machte ein brummiges Gesicht. Sophie hatte fast Mitleid mit dem riesigen Kerl. Es war abzusehen, dass Bienchen sich durchsetzen würde und die Abreise kurz bevorstand. Indie machte Yoga und erklärte nebenbei die Bedeutung von Karma. Sophie war kurz davor, sie zu bitten, das Esoterikgequatsche für sich zu behalten.

»Da kommt Olli!«, rief Bärchen plötzlich und zeigte auf den kleinen Weg. Olli verschwand in der Hütte und kam ein paar Minuten später mit einer Handvoll Zetteln wieder heraus. Sophie nahm an, dass die Polizei die Teilnehmerlisten durchgehen wollte. Der Kitelehrer ging wieder zurück zum Bistro, ohne die Gruppe auf dem Deich überhaupt registriert zu haben. Merkwürdig, dachte Sophie, warum war Olli so abwesend? Sie hätte es normal gefunden, wenn er sich zumindest kurz nach seinen Schülern umgesehen hätte.

»Will jemand?«, fragte Zecke und reichte den Joint herum. Bis auf seine Kumpel, Indie und Wolf lehnten alle dankend ab. Plötzlich verließ Ben mit den zwei Kripobeamten das Bistro. Sie gingen in Richtung Parkplatz. Sophie verspürte ein unangenehmes Kribbeln. Ob sie Ben verhaftet hatten? Warum? Sie musste wissen, was da vor sich ging. »Leute, ich muss kurz zu meinem Wagen, Pelles Trockenfutter ist im Kofferraum. Ich habe den armen Kerl in der Aufregung ganz vergessen!« Sie pfiff nach Pelle und ging mit ihm den Deich entlang. Da waren die drei. Sie gingen nicht zu dem dunkelblauen Polizeidienstwagen, sondern zu den Bussen und Wohnmobilen. Ben erklärte den Beamten irgendwas, doch sie waren viel zu weit weg. Sophie konnte kein Wort verstehen. Dieser Hartwig machte sich Notizen. Sein Kollege nickte Ben zu. Anscheinend war er nun entlassen, denn ohne ein weiteres Wort machte er sich auf den Weg zu einem klapprigen Ford Transit. Hartwig klopfte an die erste Wohnmobiltür.

»Sie befragen alle. Jeden Camper. Und sie schreiben sich die Kennzeichen auf«, murmelte Sophie vor sich hin. Pelle sah sie irritiert an. »Hab nur mit mir selbst gesprochen. Komm, wir holen dir was zu essen.«

Sie fütterte Pelle neben ihrem Wagen und beobachtete das Geschehen auf der Campingwiese. Die Polizisten klapperten der Reihe nach jeden Bus und jedes Wohnmobil ab. Sie hatten nicht viel Erfolg. Natürlich nicht, dachte Sophie, bei diesem Wetter waren alle auf dem Wasser. Pelle leckte die letzten Krümel aus der Schüssel und sein Frauchen beschloss, aktiv zu werden. Vielleicht würde sie von Ben mehr erfahren. Sie holte Pelles Lieblingsball. Nachdem sie sich vergewissert hatte, dass die Kripobeamten sie nicht sehen konnten, warf sie ihn in Richtung Transit. Ihr Hund stürmte bellend hinterher. Sophie folgte ihm. »Pelle, hierher!«, brüllte sie übertrieben laut. Ihr Plan ging auf. Die Schiebetür flog zur Seite und Ben kam raus. »Ist er abgehauen?«

Sophie seufzte genervt. »Ja, er hat seine verrückten fünf Minuten. Hatte wohl Angst, dass ich ihm seinen Ball weg-

144

nehme, weil er ihn hier sowieso verbummelt.« Pelle kam angerannt und legte das Spielzeug vor ihre Füße. »Ja, ja, jetzt hast du ein schlechtes Gewissen, was?«, lachte sie.« Sie warf noch einmal. »Ist das nicht schrecklich?«, fragte sie dann ernst. Ben nickte. Sophie dachte schon, er würde nichts dazu sagen, als er doch noch antwortete.

»Es ist unfassbar. Die Bullen scheinen zu glauben, dass hier einer herumrennt und nachts hübsche Frauen ertränkt.«

»Aber genauso scheint es doch zu sein!«

Ben schüttelte den Kopf. »Hier ist fast jeden Abend noch Party am Strand. Manchmal sitzen da noch Leute mit einer Kiste Bier. Selbst ein Irrer würde doch nicht so leichtsinnig sein und ein paar Meter weiter einen Mord begehen. Das Risiko, dass jemand noch einen Spaziergang macht, ist viel zu hoch.«

»Wer sagt denn, dass er es hier in der Bucht getan haben muss?«

Ben sah sie fragend an. »Und wie hat er sie dann wieder an den Strand gebracht? Mitten in der Nacht? Dazu hätte er einen Wagen gebraucht. Wenn hier nachts jemand mit dem Auto an den Strand fährt, fällt das doch auf. Außerdem gibt es keine Reifenspuren. Das ist doch ne fixe Idee!«

»Ich glaub nicht, dass die Polizei wegen einer fixen Idee, wie du das nennst, hier so einen Aufwand betreiben würde!« Sie beschloss, alles auf eine Karte zu setzen. »Hast du Sarah in der Nacht noch gesehen?«

Ben sah sie erschrocken an. Sein Mund öffnete sich, doch er sagte nichts.

Olli saß in seinem Wohnmobil und trank einen Cognac. Er musste sich beruhigen und der Cognac tat ihm gut, auch wenn er sich ärgerte, dass er schon wieder zur Flasche griff. Aber das war wirklich ein Notfall. Jemand hatte Sarah ermordet. Und er hatte den Bullen nicht die Wahrheit gesagt. Was, wenn sie herausbekämen, dass er mit ihr ein Verhältnis gehabt hatte. Vielleicht hatte Sarah verbreitet, dass sie Schluss machen wollte. Dann war er wirklich verdächtig und er hatte kein Alibi. Und er konnte sich nicht erinnern. Was sollte er zu seiner Verteidigung vorbringen? Dass er eigentlich ein netter Kerl war? Dass er Sarah an dem Abend zwar gehasst hatte und sich an nichts erinnern konnte, aber im Grunde halbwegs sicher war, dass er sie nicht unter Wasser gedrückt hatte? Zumindest hatte er nichts mit Sandra gehabt. Sie war nur eine nervige Schülerin. Er durfte jetzt nicht durchdrehen. Als Erstes sollte er Ben fragen, was er den Bullen erzählt hatte. Von seinen Schülern konnte niemand etwas über ihn und Sarah wissen. Sie waren alle erst angereist. Und die Fortgeschrittenen? Scheiße! Die hingen hier schon länger rum. Aber hatten sie was mitbekommen? Nein, Sarah und er hatten nie am Strand geknutscht. Olli verließ das Wohnmobil und hoffte, dass er keinem Schüler über den Weg laufen würde. Er wollte erst mit Ben sprechen, bevor er neugierige Fragen beantworten musste. Falls die Bullen fragen sollten, was er vorhätte, würde er wahrheitsgemäß antworten, dass er den Fortgang des Kurses besprechen musste. Zum Glück nahm niemand Notiz von ihm. Olli blieb erstaunt stehen. Ben plauderte mit dieser Sophie. Was hatten die beiden denn so dringend zu besprechen? Er ging weiter.

»Das war total bescheuert!«, sagte Sophie. Ben sah sie merkwürdig an.

»Was denn?«, fragte Olli neugierig. Beide drehten sich erschrocken um.

Sophie fing sich zuerst. »Ach, gar nichts! Ich war ein bisschen nachlässig. Mein, ähm, mein Kite war nicht genügend gesichert und jetzt hat Ben mir noch mal den Marsch geblasen. Und ich gelobe hiermit feierlich Besserung!«

»Sehr brav!«, lachte Olli. Der Cognac tat seine Wirkung. Er fühlte sich lockerer. »Ben, die Schüler warten sicher irgendwo auf uns und das Equipment muss auch noch abgebaut und verstaut werden. Vielleicht sollten wir eine Kiste Bier ausgeben und die Leute auf morgen vertrösten.«

Ben nickte. »Gute Idee! Lass uns für heute Schluss machen.«

Sophie rief ihren Hund zu sich. »Die anderen warten auf dem Deich. Soll ich ihnen verraten, dass ihr einen ausgeben wollt?«

Olli nickte. »Ja, tu das! Und fangt doch schon mal an, die Luft aus den Kites zu lassen und die Knoten zu lösen.«

»Zu Befehl!« Sophie machte kehrt und joggte mit Pelle davon.

»Seit wann hältst du Standpauken? Sie ist Anfängerin und hat das heute klasse gemacht!«

Ben nickte. »Das mit den Bullen hat mich wahrscheinlich irgendwie aus der Bahn geworfen. Ich werde mich gleich bei ihr entschuldigen.«

»Ja, tu das. Sie ist wirklich richtig nett. Apropos Bullen … Hast du was von mir und Sarah erzählt?«

»Was meinst du?« Ben sah ihn entsetzt an.

»Du weißt schon. Dass wir mehr oder weniger zusammen waren.«

»Versteh ich dich gerade richtig? Du hast nichts davon erzählt? Sag mal Olli, bist du eigentlich bescheuert? Spätestens Clara wird ihnen das mit Genuss aufs Brot schmieren. Warum hast du das verschwiegen? Mann! Du bringst dich selbst in Schwierigkeiten!«

Clara! Die hatte er total vergessen. Olli bemühte sich, die aufkommende Panik zu unterdrücken. »Ich bin ein Idiot!«, antwortete er so gelassen wie möglich. »Ich war so durcheinander und rede noch mal mit den Bullen. Und nun lass uns die Kiste holen und zum Strand gehen. Unsere Truppe hat sich ein Bier verdient und wir können auch eins vertragen.«

Olli fühlte sich grauenhaft. Zumindest hatte Ben der Polizei nichts gesagt. Und das Problem mit Clara würde er auch irgendwie lösen.

Sophie lief zurück zu den anderen. Bevor sie zu Wort kam, maulte Bienchen los. »Frisst dein Hund immer so langsam?«

»Wir haben noch ein bisschen Ball gespielt!«

Bienchen sah sie verständnislos an und drehte sich zu Bärchen. »Hast du das gehört? Hier läuft ein Killer frei herum und sie spielt Ball!«

Bärchen grunzte. Sophie setzte ihr Modelgesicht auf. »Bärchen scheint sich für deine Paranoia nicht besonders zu interessieren, oder? Na egal. Leute! Was passiert ist, ist schrecklich! Aber Olli und Ben können schließlich nichts dafür. Die beiden werden in fünf Minuten mit einer Kiste kaltem Bier hier sein.« Die Berliner johlten und Bärchen klatschte begeistert. »Vielleicht fällt uns gemeinsam ja noch was ein«, gab sie zu bedenken. »Wir sollen schon mal damit anfangen, die Ausrüstung abzubauen.«

Alle sprangen auf, klopften sich den Sand ab und machten sich ans Werk. Als Ben und Olli auftauchten, waren sie fast fertig. Gemeinsam brachten sie das Equipment zu den Schuppen. Eine halbe Stunde später hielt jeder ein kaltes Bier in der Hand.

»Tut mit leid, dass der Nachmittag anders gelaufen ist als geplant«, entschuldigte sich Ben. »Wir können euch nur anbieten, den Kurs morgen früh fortzusetzen. Wenn jemand aufgrund der Umstände nicht weitermachen möchte, kriegt er natürlich die Kohle für heute zurück.«

Sophie hatte einen Kloß im Magen. Warum hatte sie Ben nach Sarah gefragt? Sie hatte sich aufgeführt wie eine schlechte Privatdetektivin. Vielleicht hatte er Sarah in der Nacht noch gesehen, aber was hieß das schon? Sie hatte es gründlich vermasselt. Ihr war schleierhaft, wie sie Ben gegenübertreten sollte, falls er überhaupt noch mit ihr reden würde. Deprimiert zündete sie sich eine Zigarette an und schloss die Augen. Die Sonne schien ihr tröstend auf das Gesicht. Sie war eine dumme, neugierige Gans. Warum genoss sie nicht einfach ihre Ferien? Es würde sie von Felix ablenken. Niemand wollte, dass sie hier rumschnüffelte. Nicht mal die Polizei! Erst, als Pelle seine kalte Nase an ihre Wange stupste, öffnete sie ihre Augen wieder. »Zisch ab!«

»Wie du meinst.«

Sophie blinzelte gegen die Sonne. Ben grinste sie an.

»Ich habe Pelle gemeint.«

»Na, da bin ich aber froh!« Er ließ sich in den Sand fallen.

»Ich hatte schon Angst, dass du wegen meines dummen Spruches sauer bist«, sagte Sophie.

Ben nickte ernst. »Ehrlich gesagt verstehe ich wirklich nicht, was das sollte. Aber dass du dumme Witze machst, nehme ich dir nicht ab!«

Sophie fühlte sich ertappt.

»Was sollte das? Glaubst du, ich könnte möglicherweise ab und zu mal eine Frau ertränken? Wie ist deine Theorie? Ist es dem Spinner Ben vielleicht ein bisschen zu langweilig auf Fehmarn? Nach seinem aufregenden Leben auf Phuket?«

»Ben, ich weiß nicht, warum ich das gesagt habe. Es tut mir ehrlich leid und ich würde alles tun, es ungeschehen zu machen.«

»Alles? Gut zu wissen! Jetzt aber mal im Ernst. Die Bullen glauben, dass Sarah nicht nachts bei einem Unfall in der Ostsee ertrunken ist. Aber was dann? Warum sollte jemand Sarah ermorden?«

Sophie schüttelte seufzend den Kopf. Das war die entscheidende Frage. Warum Sarah?

18

Hanjo schloss die Bistrotür ab und hängte das ›Geschlossen‹-Schild auf. Ihm reichte es für heute. Die Polizei hatte den ganzen Nachmittag seine Küche blockiert und das dreckige Geschirr stand noch auf den Tischen. Er musste die ganze Schweinerei dringend in Ordnung bringen. Aber vorher würde er sich einen Schluck gönnen. Er schenkte sich einen Rum ein und betrachtete die Flasche fast liebevoll. Sein Treibstoff! Was hätte er die letzten Wochen wohl ohne seine Medizin gemacht? Hanjo kippte den Schnaps mit einem Schluck runter. Sein Hals brannte angenehm und sein Magen wurde warm. Er schüttelte den Kopf. Sie suchten einen Mörder, das hatte dieser Kommissar doch gemeint. Auf Fehmarn! Wäre die Sache nicht so ernst, hätte er gelacht. Hier starb man, weil man alt oder krank war. Sicher gab es auch Unfälle. Es waren schon Bauern vom Mähdrescher gefallen oder Fischer vom Kutter. Einige hatten sich totgesoffen und ein paar Menschen waren auch ertrunken. Und nun hatte die Polizei ihn befragt. Ob ihm irgendetwas ungewöhnlich vorgekommen sei in den letzten Tagen. Er hatte ihnen versichert, rein gar nichts mitbekommen zu haben. Schließlich machte er die ganze Arbeit im Moment allein und sah nichts anderes als sein Bistro. Abends fiel er todmüde ins Bett. Hanjo atmete tief durch und klatschte in die Hände. An die Arbeit, munterte er sich auf und machte sich ans Werk. Nach einer halben Stunde war das Bistro wieder in dem Zustand, den Freya abgesegnet hätte. Er musste sich dringend um den Garten, ihr Paradies, kümmern. Die Abendsonne ließ die Farben der

Bucht intensiv aufleuchten. Freya hatte diese Stimmung geliebt, aber sie hatten viel zu selten die Zeit gehabt, im Garten zu sitzen und einfach nur ein Glas Wein zu trinken. Hanjo holte Harke und Eimer aus dem Schuppen. Wie besessen rupfte er das Unkraut aus und schnitt die verblühten Rosen ab. Er brauchte fast eine Stunde, bis er den kleinen Garten wieder auf Vordermann gebracht hatte.

»Sind die Rosen in diesem Jahr nicht besonders schön?«, fragte er laut. Erschrocken zuckte er zusammen. Er würde keine Antwort bekommen. Er war allein. Sie würde ihn nicht auf die Wange küssen und glücklich zustimmen. Sie würden auch keinen Wein zusammen trinken und gemeinsam den Tag ausklingen lassen. Was immer sein Leben ihn auch hatte ertragen lassen, ohne sie war es kaum noch auszuhalten. Jetzt platzten die alten Wunden wieder auf. Zumindest hatte er ihr in den letzten Stunden beistehen können. Freya war in seinen Armen eingeschlafen. Sie hatte gelächelt und noch zart seine Hand gedrückt. Ihre letzten Worte hörte er noch immer.

»Du musst stark sein. Glaube mir, ich freue mich. Ich bin sicher, dass ich sie gleich sehen werde.«

Ja, das hatte sie gesagt. Sie war sich sicher! Er war es ihr schuldig, dass er stark blieb. Es war entsetzlich, dass diese Mädchen sterben mussten, aber deswegen konnte er nicht einfach aufgeben. Im Gegenteil. Gerade jetzt musste er alles tun, um den Touristen den Aufenthalt so angenehm wie möglich zu machen. Er musste tapfer sein. Freya war bis zum Schluss tapfer gewesen. Auch wenn sie ihm unendlich fehlte, tröstete es ihn, dass sie so glücklich gewirkt hatte. War seine Kleine auch glücklich gewesen? Oder hatte sie Angst gehabt?

Sophie lenkte ihren Wagen vom Parkplatz auf die kleine Straße. Ihre Arme und Beine waren wie aus Gummi. Obwohl sie total erledigt war, stand sie unter Strom. Sie hatte tatsächlich recht gehabt! Es ging um Mord! Sie musste sich noch einmal alle Fakten in Erinnerung rufen, aber nicht jetzt. Jetzt war sie viel zu müde. Pelle rollte sich auf dem Beifahrersitz zusammen wie eine Katze und schloss die Augen. Sophie lächelte ihn zärtlich an. »Du verpennst gerade eine wundervolle Fahrt durch eine Postkartenlandschaft.« Die Sonne tauchte die Wiesen und Felder in traumhaftes Licht. Alles lag in fast kitschigen Farben vor ihr. Sophie genoss die kurze Fahrt. Nach wenigen Minuten steuerte sie ihren BMW auf die Auffahrt, auf der nur Stefans Audi stand, und stellte den Motor ab. »Sieht so aus, als wären deine kleinen Freunde noch am Strand!«, erklärte sie. Pelle sprang mit einem Satz aus dem Wagen und folgte ihr zur Haustür. »Du bleibst hier im Garten! Wir treffen uns gleich auf der Terrasse.« Sophie ging durch das Haus und öffnete die Schiebetür. Der Hund hatte sich bereits ein schattiges Plätzchen gesucht. Sophie beschloss, in der Küche das Abendessen vorzubereiten. Als sie den Kühlschrank öffnete, um Gurken, Tomaten, Salat und ein Bier herauszunehmen, hörte sie Tinas Kombi auf die Auffahrt fahren. Eine Sekunde später war das Klappern der Autotüren und das aufgeregte Gequassel der Kinder zu hören. Stefan kam als Erster in die Küche. Er war bepackt mit Badetaschen, Picknickkorb und einer Kühlbox. Ohne ein Wort ließ er alles auf den Boden fallen. Sophie schnappte sich noch ein Bier aus dem Kühlschrank, öffnete es und hielt es ihm hin. Stefan trank die Flasche gierig halb leer. »Das hab ich jetzt gebraucht! Ich bin total im Arsch und ich will auch keine Sandburgen mehr bauen.«

Sophie prostete ihm grinsend zu. »So schlimm?«

»Schlimm? Nein, so ein Familienausflug ist Erholung pur!«

»Er war tapfer!«, grinste Tina, als sie um die Ecke kam. Finn schlummerte in seiner Babyschale.

153

»Der tapfere Mann schmeißt jetzt den Grill an«, erklärte Stefan und verschwand auf die Terrasse.

»Für mich war es wunderbar!«, schwärmte Tina. »Stell dir vor, ich habe eine ganze Illustrierte durchgelesen. An einem Tag! Normalerweise brauch ich dazu Wochen.«

Sophie lachte und begann die Tomaten zu schneiden.

»Ich bring den kleinen Mann hier mal ins Bett. Ach, und denk an die Kinder. Sie haben euren Deal nicht vergessen!«

Der Deal! Sophie beeilte sich mit dem Salat und ging dann mit einer Dose Hundefutter in den Garten. Antonia und Paul kamen angerannt.

»Sophie! Kann ich ihn jetzt endlich duschen?«, fragte die Kleine ungeduldig.

»Darum bin ich ja in den Garten gekommen. Habt ihr noch die Badesachen drunter?« Beide nickten. »Dann zieht Shorts und T-Shirts mal besser aus. Alle Mann zum Gartenschlauch!«

Sophie wies Pelle an, sich nicht von der Stelle zu rühren, drehte das Wasser auf und übergab Antonia den Schlauch. »Nicht auf den Kopf! Fang am Rücken an und am Schluss spülst du die Beine ab.«

Die Kleine war hoch konzentriert bei der Sache. Paul wurde unruhig. »Pelle hat Hunger!«

»Wir sind gleich fertig«, beruhigte Sophie ihn. In diesem Moment schüttelte sich Pelle wie verrückt und Antonia verlor mit lautem Gekreische die Kontrolle über den Gartenschlauch.

Der Schlauch tanzte hin und her und alle wurden klatschnass, bevor Sophie das Wasser abdrehen konnte.

»Du solltest doch nur den Hund abduschen«, lachte Sophie. »Jetzt aber schnell raus aus den Badesachen und rein in eure Klamotten!«

Antonia sah sie entsetzt an. »Ohne Unterwäsche?«

»Ja, ohne Unterwäsche. Das ist schon in Ordnung«, erklärte Sophie bestimmt. »Ihr geht ja sowieso gleich ins Bett.«

Als Nächstes gab Sophie Paul die geöffnete Dose und einen Löffel. »Pelle, sitz! So, und nun löffelst du ihm das Ganze in seinen Napf. Und mach nicht zu langsam.«

Paul kleckerte sich in seiner Aufregung etwas Futter über die Hand. Bevor Sophie reagieren konnte, hatte er seine Hand einfach abgeleckt.

»Igitt!«, schrie Antonia auf.«Papa! Paul hat Pelles Futter gegessen.«

Paul fing an zu heulen. Sophie nahm ihn in den Arm. »Schmeckt gar nicht schlecht, oder?«, flüsterte sie ihm zu. »Ich hab das auch schon mal probiert. Ich glaub allerdings nicht, dass deine Schwester sich das je trauen würde.«

Paul sah sie mit großen Augen an. Dann grinste er über das ganze Gesicht.

»Die Würstchen sind fertig!«

Die Kinder rannten an den Tisch und langten herzhaft zu.

»Du, Papa!« Antonia hatte den Mund voller Ketchup und sah aus wie ein kleiner Vampir. »Wir haben keine Unterwäsche an! Sophie hat gesagt, dass das besser ist. Stimmt das?«

Stefan seufzte und reichte Sophie ein Glas Wein. »Es ist okay, weil ihr klatschnass wart.« Dann sah er Sophie mit gespieltem Ernst an. »Sieh mal an! Darauf stehst du? Ich meine, so ohne Unterwäsche …?

Sophie stöhnte genervt.

»Ich will es auch gar nicht genauer wissen«, lachte er. Dann wurde Stefan ernst. »Na? Wie waren denn deine Ermittlungen?«

»Ermittlungen?« Sophie sah ihn mit großen Augen an. »Stefan, hör auf! Ich habe nur einen Kitekurs gemacht. Und im Übrigen bin ich ebenfalls total im Eimer. Lass uns das Streiten auf morgen vertagen. Ich kann heute nicht mehr!«

»Aber morgen früh muss ich wieder nach Lübeck!«

»Dann macht ihr eben weiter, wenn du wieder hier bist! Und jetzt Schluss!« Tina war unbemerkt auf die Terrasse getreten und hatte einen Teller mit marinierten Steaks in der Hand. »Die beiden kleinen Kinder dürfen jetzt mitkommen. Es wird Zeit!«

Paul rieb sich bereits müde die Augen. Ohne Gejammer ließen sie sich nach oben bringen. Stefan legte das Fleisch auf den Grill und Sophie suchte in ihrer Tasche nach Zigaretten. Da waren sie. Sie nahm die Schachtel aus der Tasche und zündete sich eine an. Als sie sich wieder bequem zurücklehnen wollte, piepte es. Eine neue Nachricht: ›Ordinäres Leitungswasser. Und sie hatte Sex‹.

Felix saß vor seinem überdimensionalen Plasmafernseher in der weißen Lederlandschaft und kochte vor Wut. In dem Werbespot, der gerade über den Bildschirm geflimmert war, räkelte sich ein billiges Model auf einem Eisbärenfell und biss sinnlich in den ›Fire and Ice‹-Schokoriegel. Seinen Schokoriegel. Jahrelang hatten seine perfekten Zähne in das klebrige Zeug gebissen und er hatte den dummen Satz in die Kamera gesagt: ›Feuer und Eis, macht mich heiß und richtig cool. Mein Erfolgsrezept.‹ Dann hatte er sympathisch gelacht. Und jetzt wagte dieser Schokokonzern es, seine Spots einzustellen und stattdessen eine kleine geile Null ›Ich bin heiß, kühlst du mich ab?‹ keuchen zu lassen. Wütend wählte er die Nummer seines Managers.

»Felix! Schön, dass du …«

»Schön?« Er schrie in den Hörer. »Was läuft hier eigentlich?« Mit zitternden Händen schenkte er sich noch einen Whisky ein.

»Du hast den Werbespot gesehen!«

»Werbespot? Ich habe diesen billigen Scheiß gesehen!«
Er tigerte durch das Wohnzimmer. »Eddy! Ich rate dir,
setz deinen Arsch in Bewegung! Das lass ich mit mir nicht
machen.«

»Felix, bitte reg dich jetzt nicht auf! Die Sache ist die ...
Sie haben deinen Vertrag gekündigt.«

Felix stellte das Glas langsam ab, ohne einen Schluck
getrunken zu haben. »Wie bitte?«

»Wir können da nichts machen. Der Vertrag ist jederzeit von beiden Seiten aufzuheben. Es war dein speziel-
ler Wunsch.«

»Mein Wunsch? Oh nein! Es war nicht mein verdammter Wunsch, dass die Nation erfährt, dass ich quergevögelt
habe und sich nun fragt, ob ich auch über das neue Scho-
koflittchen drüber bin!«

»Wir haben das im Griff«, versuchte Eddy ihn zu beruhigen.

Felix trank einen kräftigen Schluck. »Ich warne dich!«
Er sprach sehr langsam und deutlich. »Wenn du mir nicht
in den nächsten fünf Sekunden erklären kannst, wie du
die Karre aus dem Dreck ziehen willst, bist du raus. Total
raus!«

»Wir greifen vor und behaupten, dass dein vietna-
mesisches Patenkind zuckerkrank ist und du Süßigkei-
ten im Moment nicht mit deinem Gewissen vereinbaren
kannst.«

»Ich habe kein Patenkind in Vietnam.«

»Doch hast du! Seit drei Jahren. Dieses Kinderheim
hat sich bereit erklärt, eine Patenschaft über drei Jahre
zu bestätigen. Gegen eine kleine Spende natürlich. Das
Beste ist, dieser kleine Junge ist tatsächlich zuckerkrank!
Alles wasserdicht!«

Felix grinste. Der Mann war Gold wert. Ein abgebrüh-
tes Schwein. Sie hätten Brüder sein können.

»Wir fliegen am Dienstag.«

Felix verstand plötzlich kein Wort mehr. »Was? Wohin?«

»Nach Hanoi!«, informierte ihn Eddy, als sei er schwer von Begriff. »Ein paar schöne Aufnahmen von dir und dem Kind.«

Neue Wut kochte in Felix hoch. »Ich soll um die halbe Welt fliegen, um so eine verlauste kleine Zecke in den Arm zu nehmen. Und dafür lass ich mir noch eine Spende von zig 1000 Euro aus dem Kreuz leiern? Vergiss es! Du musst übergeschnappt sein!« Wütend trank Felix einen Schluck und überlegte, ob er sein Glas an die Wand schmeißen sollte, wie es seine Frau getan hatte. Eddy schwieg ein paar Sekunden, dann räusperte er sich. »Felix. Das war ein Werbevertrag, der aufgrund deiner damaligen Affäre geplatzt ist. Du hast noch weitere. Es geht hier um Millionen. Wenn du jetzt nicht glaubhaft handelst, verlierst du die anderen auch noch. Äh, bist du eigentlich sicher, dass von deiner Romanze mit Sophie nie jemand etwas mitbekommen hat?«

Jetzt schluckte Felix. Irgendein Page würde bestimmt reden, wenn man ihm genug Geld zahlte. Oder ein Zimmermädchen. Und in ein paar Monaten würde sie ein Kind von ihm kriegen. Er hatte keine Wahl. Sophie war sein Untergang.

»Gut«, lenkte er zähneknirschend ein. Er hatte das Gefühl, gleich platzen zu müssen. Hanoi. Er sollte wegen ein paar Fotos mit dieser Slumgöre nach Vietnam fliegen. Gott, wie ihn das ankotzte. Es gab ein wichtiges Golfturnier und nun musste er das klebrige Kind im Arm halten. Sophie! Was für eine Schlampe! Er war felsenfest überzeugt gewesen, dass diese wunderschöne karrieregeile Diva für ihn der Hauptgewinn war. Was hatten sie für einen Spaß gehabt, wenn sie sich in den schönsten Hotels der Welt getroffen hatten. Felix merkte, dass es ihn keineswegs kalt ließ, wenn er an die Zeit mit Sophie dachte. Wütend öffnete er seine Hose. »Warum musstest du alles zerstören?«, zischte er. »Das wird dir noch leidtun! Das schwöre ich dir!«

19

Stefan stand am Grill und wendete die Steaks. Er hätte zu gerne gewusst, ob Sophie wirklich nur an einer neuen Sportart interessiert war. Er bezweifelte es. Sophie war von Natur aus neugierig. Eine Schnüfflerin, die in ihrem Job perfekt aufgehoben war. Sie war immer wie ein Pitbull, wenn sie an einer Sache dran war. Schon damals als Polizeireporterin war sie hartnäckiger als ihre Kollegen. Die deutsche Prominenz musste sie regelrecht fürchten. Und jetzt hatte sich ihr Verdacht bestätigt. Aber das würde er ihr auf keinen Fall erzählen.

»Und?« Er deutete auf ihr Handy. »Gute Nachrichten? Vielleicht vom Showmaster?«

»Nein. Kurze Gratulation zu den Verkaufszahlen der letzten Ausgabe.«

»Ach, wegen der Enthüllungsstory über deinen Ex? Ja, dem hast du ganz schön eine verpasst.«

Sophie sah ihn kalt an. Sie wollte gerade etwas sagen, als Tina zurück auf die Terrasse kam. »Die Mäuse schlafen. Sag mal, Sophie, stimmt es, dass du Paul Hundefutter zu essen gegeben hast? Er hat behauptet, du findest es genauso lecker wie er!«

Stefan nahm die Steaks vom Grill und legte sie auf eine Platte. »Setzt euch! Ich glaube, sie sind perfekt.«

In den nächsten Minuten war außer »Mmh!« und »Lecker!« nichts zu hören. Stefan wollte die Gelegenheit nutzen und Sophie ein bisschen ausquetschen. Das Problem war nur, dass sie nicht dumm war. Er musste sich schon sehr geschickt anstellen, damit sie keinen Verdacht schöpfte. Wenn er zu freundlich wäre, würde sie den Braten sofort riechen.

»Und? Wie ist die Stimmung bei deinen neuen Sportsfreunden in Gold?«, fragte er ganz nebenbei.

Sophie grinste. »Du willst wissen, ob ich schon einen Verdächtigen habe?«

»Haha! Ich wollte nur etwas Konversation betreiben.«

»Ich glaub dir kein Wort! Außerdem kannst du doch einfach deine Kollegen fragen. Die haben ja heute eine Riesenwelle aus ihrer Zeugenbefragung gemacht. Eins kannst du mir glauben, alle wissen jetzt, dass es nicht nur um einen Unfall geht. Der Mörder ist definitiv gewarnt. Aber zurück zu deiner Frage. Die Stimmung ist wieder etwas besser. Der erste Schock scheint vorbei zu sein und alles läuft wieder nach Plan.«

Stefan sah sie unschuldig an. »Ich wollte nur wissen, ob vielleicht jemand irgendetwas über Sarah erzählt hat. Zum Beispiel, dass sie öfter mal nachts gekitet ist.«

»Ach, soll ich jetzt doch für dich spionieren?«

Stefan seufzte genervt. Mit genau dieser Reaktion hatte er eigentlich gerechnet. Sophie blitzte ihn wütend an. »Willst du mich eigentlich verarschen? Ihr geht nicht von einem Unfall aus! Ihr sucht einen Mörder! So, und jetzt entschuldigt mich. Ich geh ins Bett. Ich bin hundemüde und morgen um neun geht es weiter. Gute Nacht! Pelle!« Ihr Hund rührte sich nicht. »Wie du willst, dann schläfst du eben draußen.« Sophie gähnte und ging ins Haus.

Stefan atmete tief durch. Das Mädchen war in Leitungswasser ertrunken. In einem Pool oder einer Wanne ertränkt worden. Sophie hatte tatsächlich recht gehabt. Man hatte die Tote an den Strand gelegt.

»Stefan?« Seine Frau lächelte ihn müde an. »Ich geh auch schlafen. Ich bin total kaputt. Zu viel Sonne, Strand und Familienglück. Grüble nicht mehr zu lange, ja?«

»Nacht, Zaubermaus. Ich komm bald. Muss nur noch über was nachdenken. Lass alles stehen, ich räum das ab.«

»Pelle? Letzte Chance bei Frauchen zu schlafen.«

Pelle schmatzte genüsslich und rollte sich zur Seite. Tina zuckte mit den Schultern. Stefan lehnte sich zurück und fasste zusammen. Die Leiche war abgelegt worden. Der Täter hatte wohl gehofft, dass man nur den Tod durch Ertrinken feststellen würde. Eine Ertrunkene wird morgens am Strand gefunden. Furchtbar zwar, aber so etwas passierte nun einmal. Er konnte davon ausgehen, dass man die Leiche nicht weiter untersuchen würde. Und er wäre ja auch damit durchgekommen. Die Polizei von Fehmarn hätte sicher keinen Mord vermutet. Nicht mal er hatte es in Erwägung gezogen. Und was war mit der anderen, dieser Sandra? Scheiße, sie würden sie ebenfalls obduzieren lassen müssen. Hoffentlich lag sie noch irgendwo in einem Kühlschrank. Stefan nahm sein Telefon aus der Hemdtasche und wählte die Nummer seines Kollegen in Lübeck.

»Chef?«, meldete sich Ingo Schölzel.

»Ingo, weißt du, ob diese Sandra noch irgendwo in der Truhe liegt? Diese Ertrunkene von letzter Woche.«

»Ja, zufälligerweise. Sie liegt beim Bestatter in Burg. Ihre Eltern waren verreist, Florida. Sie konnten sich erst jetzt um einen Beerdigungsunternehmer kümmern. Sie wollen sie morgen holen lassen.«

Stefan nickte und überlegte.

»Bist du noch dran?«

»Natürlich!«, antwortete er schroff. »Ruf die Eltern an. Wir müssen sie untersuchen. Gleich morgen früh. Ruf Franck an! Ich kümmere mich um den Staatsanwalt.«

»Erklärst du mir, was los ist?«, fragte Ingo verwirrt.

»Morgen in der Rechtsmedizin. Bis dann.«

Stefan klappte den Handydeckel zu und fluchte innerlich. Er hätte gern noch ein Bier getrunken und sich dann an seine Frau gekuschelt. Doch er war viel zu unruhig, um an Schlaf denken zu können. Vielleicht gab es sogar zwei Opfer. Irgendwo da draußen lief ein Mörder frei herum. Und dem wäre fast ein perfekter Mord gelungen.

Tina schlich leise über den Flur. Sie sah, dass Sophie noch Licht brennen hatte. Leise klopfte sie an.

»Komm rein!«

»Du schläfst ja noch gar nicht.«

Sophie schlug die Decke zur Seite und klopfte auf die Matratze. Tina kuschelte sich neben ihre Freundin.

»Der Vormittag war toll! Stell dir vor, ich bin durch die Luft geflogen. In der Mittagspause kamen dann die Kollegen von Stefan. Sie haben alle befragt, in der Hoffnung noch einen Zeugen zu finden oder mehr über diese Sarah zu erfahren. Damit ist der zweite Teil des Kurses ins Wasser gefallen.«

»Und? Hatten sie Erfolg?«

Sophie schüttelte den Kopf. »Ich glaube nicht. Da musst du deinen Mann schon direkt fragen. Mir sagt doch keiner was.«

Tina ärgerte sich, dass sie gefragt hatte. Sie wollte auf keinen Fall eine neue Diskussion. »Was habt ihr denn dann alle noch so lange gemacht?«

»Wir haben am Strand ein paar Bier gezischt. Der Kurs wird jedenfalls morgen nachgeholt.«

»Und ich hatte Angst, dass du dich hier langweilen würdest.«

»Ich langweile mich ganz bestimmt nicht! Da sind zum einen die Morde und landschaftlich ist es hier wirklich schön. Nicht ganz so wie Phuket oder Ibiza, aber eben anders schön. Und schnuckelige Typen findet man hier auch. Da ist dieser Ben. Der ist richtig lecker. Er haust in einem Bus. Stell dir das mal vor. Von dem würde ich mich gerne über Felix hinwegtrösten lassen.«

»Ben? Der Hippie, der sich in Thailand das Hirn weich gekifft hat? Willst du dich jetzt in ein Abenteuer stürzen?«, fragte sie entsetzt.

»Wer weiß?«, grinste Sophie. »Außerdem ermittle ich doch! Miss Marple ist doch auch keiner Gefahr aus dem Weg gegangen und sie hatte am Ende immer einen Verehrer, der sie heiraten wollte.«

»Sie ist aber auch ein paarmal fast drauf gegangen!«

»Woher weißt du eigentlich, dass er in Thailand war?«

»Mensch, Miss Marple, jetzt streng deine grauen Zellen mal an. Das ist Fehmarn. Nicht New York, London, Tokio. Wenn einer, der hier aufgewachsen ist, für ein paar Jahre auswandert, dann weiß das jedes Schaf!« Tina grinste. »Du bist scharf auf einen obdachlosen Spinner.«

»Tina, hör auf! Das habe ich doch gar nicht gesagt. Ach, es ist doch nur so, dass ich Ben sehr attraktiv finde. Darüber bin ich fast erleichtert. Ich hatte schon Angst, dass ich nach der Geschichte mit Felix zu so einer Männerhasserin werde. Keine Sorge, ich stürze mich bestimmt nicht sofort in die nächste Affäre. Der andere, dieser Olli, ist übrigens auch ganz schnuckelig.«

»Der ist jedenfalls nicht zu beneiden. Dein cooler Kitelehrer muss in den Wintermonaten die Kühe seiner Eltern hüten.«

»Was?«

»Im Ernst! Seine Eltern haben hier einen riesigen Hof und Sohnemann weiß nicht, was er will! Den Hof eigentlich nicht, aber außer ein paar abgebrochenen Semestern hat er nichts auf der Vita. Dabei war er ganz gut in der Schule. Ob er will oder nicht, er wird als reicher Bauer enden.« Sophie sah sie verblüfft an. »Ich war mit Olli in einer Klasse!«, erklärte Tina.

»Wozu mach ich eigentlich einen Kitekurs und riskier meine Knochen, um ein bisschen Zugang zu der Szene zu bekommen, wenn die beste Informantin hier sitzt?«

Tina lachte. »Sagtest du nicht, dein Interesse am Kitesport hätte rein gar nichts mit den Morden zu tun?«

»Ja, das sagte ich zu Stefan!«

»Stoppen kann dich sowieso niemand und wer die Frauen umgebracht hat, weiß ich nicht. Das musst du schon selbst herausfinden.« Und pass bloß auf dich auf, dass du nicht die Nächste bist, beendete Tina gedanklich den Satz.

»Das mach ich auch.«

»Ich sollte ins Bett gehen. Die Nacht hält noch ein paar Unterbrechungen für mich bereit.«

Tina schlich in ihr Schlafzimmer. Sie kuschelte sich in ihr Bett und knipste die Nachttischlampe aus. Ben, dachte sie, was war denn noch mit Ben? Es wollte ihr nicht einfallen. Sie war zu müde und außerdem war Sophie schon ein großes Mädchen. Zumindest würde Ben sie von diesem schrecklichen Felix ablenken. Dass dieser Samstagabendguru eine ganze Nation verarschte, unglaublich! Arme Sophie! Auch wenn ihr Mann bestimmt nicht sehr glamourös war und oft schrecklich überarbeitet und mies gelaunt, wusste sie, dass sie nie einen anderen haben wollte. Dass Sophie sich ausgerechnet Ben aussuchen musste? Der Typ war doch schon immer irgendwie anders gewesen. Aber wahrscheinlich war Ben tatsächlich weniger gestört als ihr alter Klassenkamerad Olli. Plötzlich war sie wieder hellwach. Da war doch damals dieses Mädchen in ihrer Klasse. Ja, Fenja! Sie war ertrunken.

20

Montag

Tina erwachte, als Finn leise wimmerte. Sie sah auf den Wecker. Halb acht! Der Kleine hatte fast sieben Stunden durchgeschlafen. Sie blickte zur Seite. Auf Stefans Kopfkissen lag ein Zettel. Mal wieder. Sie konnte sich denken was draufstehen würde. Leise trat sie an die Wiege und nahm Finn vorsichtig auf den Arm. »Ist ja gut, mein Liebling. Pst. Sonst wecken wir die anderen auf.« Tina setzte sich wieder ins Bett und griff sich die Notiz: ›Musste früh los. Liebe dich!‹

»Armer Papa,« flüsterte sie ihrem Baby zu. »Der ist auf Verbrecherjagd.« Was war denn jetzt schon wieder so wichtig, dass es nicht mal bis nach dem Frühstück warten konnte. »Weißt du, was wir zwei jetzt machen? Wir kochen Mama einen schönen Kaffee und gehen in den Garten. Na, was hältst du davon?«

10 Minuten später waren sie auf der Terrasse und wurden von Pelle stürmisch begrüßt. Tina beruhigte den aufgeregten Hund, wickelte Finn in eine Decke und legte ihn in die Babyschale. Der Kleine schaute mit großen Augen auf einen kleinen Hampelmann, der vor ihm baumelte. Tina nippte an ihrem Milchkaffee, als von oben lautes Geschrei zu hören war. Paul! Tina schnappte Finn und stürmte nach oben. Ihr Sohn saß heulend im Bett. »Mama! Ich bin ein Wauwau!«

Sie nahm ihn in den Arm. Antonia stürzte ebenfalls ins Zimmer. »Ist was Schlimmes passiert?«

Tina atmete tief durch und legte ihrer Tochter die Hand auf den Arm. »Paul hat nur schlecht geträumt. Aber du kannst mir einen großen Gefallen tun. Pelle ist im Garten. Lauf runter und sorg dafür, dass er nicht hochkommt. Er ist furchtbar dreckig.« Antonia klatschte begeistert in die Hände und stürmte los. »Paulchen, du hast nur schlecht geträumt. Du bist noch immer mein netter kleiner Junge. Wie kommst du denn auf so einen Unsinn?«

Paul schluchzte etwas ruhiger. »Weil, ich hab Hunnefutter geetten.«

Tina grinste. Wenn er müde war, fiel er immer in diese süße Babysprache zurück. »Jetzt guck doch mal auf deine Händchen. Sind das Hundepfoten oder Pauls Hände?«

Ihr Sohn betrachtete sie ein paar Sekunden. Dann strahlte er. »Pauls!«

Antonia stürmte mit Pelle ins Zimmer. Der Hund begann freudig zu bellen. »Ich konnte ihn nicht festhalten, Mama!«

»Pst. Aus! Wir gehen jetzt alle nach unten. Und zwar möglichst leise!« Das wars dann wohl mit dem ruhigen Morgen, stellte Tina lächelnd fest. Zusammen gingen sie nach unten, um das Frühstück vorzubereiten. Tina hatte den schreienden Finn auf dem Arm und versuchte, die Großen daran zu hindern sich die Köpfe einzuschlagen, als Sophie in die Küche kam. »Morgen! Gut geschlafen?«, fragte Tina nebenbei.

»Wie ein Baby! Muss an diesem Astrid-Lindgren-Gedächtniszimmer liegen. Ich fühl mich wie ein kleines Mädchen, das einen aufregenden Sommer in Schweden verbringt.«

Tina musste lachen. »Siehst du, so glücklich war meine Kindheit.«

»Allerdings hat mich heute Nacht wohl ein LKW überrollt. Mir tut alles weh. Ich schwöre, ich hatte noch nie so einen brutalen Muskelkater!«

»Nimmst du mal den Kleinen. Ich muss die Brötchen rausholen.«

Tina gab Sophie das Baby und öffnete den Ofen. »Fuck! Aua! Ich hab mir die Hand verbrannt.« Wütend schmiss sie das heiße Blech in die Spüle und hielt ihre Hand unter fließendes kaltes Wasser.

»Ist es schlimm?«, fragte Sophie.

»Nein, ich glaube nicht. V. S.!«

»V. S.?«

»Verfluchte Scheiße!«, flüsterte Tina. »Wir versuchen, vor den Kindern nicht zu fluchen.«

»Mama, was bedeutet Fuck?«, wollte Antonia wissen.

»Und das klappt auch immer ganz toll.«

Sophie fing an zu lachen. Tina schüttelte ernst den Kopf, dann konnte sie sich auch nicht mehr halten. Antonia und Paul waren schon wieder mit Pelle beschäftigt. Ein paar Minuten später saßen alle am Frühstückstisch. Das Telefon klingelte.

»Ich geh ran!«, flötete Antonia. Sie sprang auf und griff sich den Hörer. »Hallo, Papa! Gut, dass du anrufst. Du sag mal, Papa. Was bedeutet eigentlich Fuck?«

Tina ließ ihr Brötchen fallen und stürzte zum Telefon. Mit einer schnellen Bewegung nahm sie ihrer Tochter den Hörer aus der Hand. »Stefan?«

»Fuck? Was ist denn bei euch los?«

Tina sah zu Sophie und rollte mit den Augen. »Meine Schuld! Als ich am Backblech kleben blieb, ist es mir rausgerutscht.« Sie berichtete kurz von ihrem Unfall. »Und was ist bei dir so wichtig, dass du dich schon im Morgengrauen aus dem Haus schleichst?«

»Dienstgeheimnis!«

»Jetzt hör aber auf!«

»Aber kein Wort zu Miss Marple! Wir haben gerade auch diese erste Leiche obduzieren lassen.«

»Du bist in der Rechtsmedizin? Verstehe ich dich da richtig? Zwei?«

»Ich darf dir nicht mehr sagen.«

»Wenn hier ein Irrer herumrennt, hätte ich das schon ganz gerne gewusst. Denk mal an deine Kinder.«

»Ist Sophie in der Nähe?«

»Nein!«, log Tina. »Sie ist mit Pelle im Garten.«

»Es stehen noch etliche Tests aus, aber leider sind auf den ersten Blick tatsächlich Parallelen erkennbar. Schatz, ich muss Schluss machen. Feller ist da. In 10 Minuten haben wir eine Besprechung mit Franck. Ich liebe euch. Und kein Wort zu Sophie!«

Tina legte das Telefon auf den Tisch und setzte sich wieder.

»Zwei?«

Tina deutete auf die Kinder und schüttelte den Kopf. Antonia und Paul schlangen ihr Frühstück runter und sprangen auf, um mit Pelle zu spielen.

»Jetzt sag schon. Was, zwei? Zwei Leichen? Diese Sandra ist auch nicht freiwillig getaucht, stimmt doch?«

»Ich darf dir nichts sagen. Stefan würde mich umbringen.« Sophie schaute sie beleidigt an und stand auf. »Mensch, du musst das doch verstehen!«

Sophie war schon fast bei der Treppe. »Sicher.«

Tina rieb sich nervös die Schläfen. »Nur so viel. Sie haben tatsächlich die erste Leiche obduzieren lassen.«

»Dann haben wir zwei Opfer?«

»Das weiß Stefan noch nicht genau.«

Sophie nickte gedankenverloren und rannte die Treppe hoch. Tina deckte ab. Ihr Herz schlug ihr bis zum Hals. Hatte sie zu viel gesagt? Sophie würde jetzt erst recht schnüffeln. Sie wollte sich gar nicht ausmalen, was passieren würde, wenn Stefan dahinterkam. Tina zuckte zusammen. Und der Mörder? Mein Gott, natürlich! Ihm würde Sophies Schnüffelei am wenigsten gefallen.

Ben schnappte sich frische Klamotten, Duschgel und Zahnbürste und lief zum Bistro. Das Küchenfenster war weit geöffnet. Hanjo werkelte sicher schon in der Küche. Ben nahm sich vor, ihm nach der Dusche Gesellschaft zu leisten und ihm zu helfen. Er schloss die Hintertür auf und ging ins Badezimmer. Auch wenn das Bad nicht viel mehr war als ein gekachelter Raum mit Badewanne und Waschbecken und sich die Leergutkisten bis unter die Decke stapelten, war er froh, dass er es nutzen durfte. Verglichen mit seinem Badezimmer auf Phuket war es Luxus pur. Er musste nichts mit Kakerlaken teilen. Ben fröstelte kurz unter der kalten Dusche. Trotzdem blieb er eisern. Die Verlockung war groß, den Heißwasserhahn aufzudrehen. Er sollte sich gar nicht erst an diesen Luxus gewöhnen. Vielleicht würde er bald wieder weg sein, irgendwo anders, in einer Welt, die andere primitiv finden würden und die ihn retten konnte. Ben trocknete sich schnell ab und schlüpfte in Shorts und ein Batikhemd. Er rubbelte sich noch schnell durch die nassen Locken und verließ das Bad. Ohne nachzudenken, öffnete er die Küchentür. »Moin, Hanjo!«

Hanjo zuckte zusammen und verschüttete seinen Tee. Ben hätte fast gelacht, doch ihm fiel rechtzeitig genug ein, dass der Mann nach dem Tod seiner Frau wahrscheinlich einfach noch sehr sensibel war. Du bist ein Idiot, schimpfte er still. Warum kannst du nicht anklopfen wie ein normaler Mensch?

»Sorry, ich wollte dich nicht erschrecken!«

»Schon gut, mein Junge. War mit meinen Gedanken ganz woanders. Tee?«

»Kaffee wäre mir lieber. Ich setze mal welchen auf.«

»Du bist früh dran!«

»Stimmt! Bei dem herrlichen Wetter hält mich so gar nichts in meiner Rostlaube.«

»Hab nicht gut geschlafen«, erklärte Hanjo müde. »Mir will das nicht in den Kopf, dass hier so was passiert sein soll. Ich meine Mord. Auf unserer Insel. Nee, die müssen sich da irren.«

Ben nickte nachdenklich. Die Polizei war sich aber sicher und sie würde auch nicht aufgeben, bis sie den Täter gefasst hätten. »Lass uns das Frühstück vorbereiten«, schlug er gut gelaunt vor. »Mensch Hanjo, zumindest für die Gäste sollte alles so normal wie immer ablaufen.«

Hanjo öffnete den Kühlschrank und holte einen Karton Eier heraus. »Hast ja recht! Ich kann nur nicht aufhören zu grübeln. Die Polizei hat mir richtig Angst gemacht. Was, wenn es wieder passiert?« Hanjo schlug die Eier in eine Schüssel. »Olli hat Sarah doch sehr gemocht, nicht?«

Ben drehte sich schnell zur Kaffeemaschine, damit Hanjo sein Gesicht nicht sehen konnte. »Ah, er ist durch. Wird auch Zeit!« Er nahm sich eine Tasse von der Spüle und goss ein. »Olli und Sarah hatten irgendwie so ein halbes Verhältnis.«

»Ein was?«, fragte Hanjo irritiert.

Ben lächelte entschuldigend. »Na ja, sie haben zusammen trainiert und waren wohl nicht sicher, ob eine intensivere Beziehung für beide gut sein würde. Deshalb haben sie die Sache auch geheim gehalten.«

Hanjo schnaubte und schlug mit einem Schneebesen auf die Eier ein. »Ich hoffe nur, der Junge war nicht ernsthaft verliebt in sie.« Hanjo hörte auf zu rühren.

»Er hat ihr doch nichts angetan?«

»Um Gottes willen, Hanjo, natürlich nicht! Olli hat nur dran geglaubt, dass sich die Situation nach den Deutschen

Meisterschaften wieder entspannen und Sarah dann einsehen würde, dass sie in allen Lebenslagen ein wunderbares Team wären. Es war sein großer Traum!«

Hanjo nickte beruhigt. »Ja, sicher! Mein Gott, ich muss verrückt geworden sein. Bitte sag ihm nichts.«

»Natürlich nicht. Ich deck jetzt mal die Tische.«

Ben nahm sich ein Tablett mit Tassen und Tellern und ging in die Gaststube. Er war froh, allein zu sein. Wenn jemand Schuld hatte, dass Ollis Traum zerplatzt war, dann war er das!

21

Sophie ging in ihr Zimmer und wählte die Nummer von Lutz Franck. Sie ließ es lange klingeln. Er musste doch jetzt zu erreichen sein. Endlich nahm Lutz ab. »Ich hatte dir doch gesagt, dass du mich nicht anrufen sollst! Ich habe gleich eine Besprechung«, schnaubte er genervt. »Der Tag hat schon beschissen genug angefangen.«

Sophie bemühte sich um einen besonders freundlichen Ton.

»Tut mir leid, aber wenn du dich gar nicht meldest. Was soll ich denn dann machen?«

»Ich hätte dich schon noch angerufen. Hast du meine SMS nicht bekommen?«

»Doch. Ich weiß, dass diese Sarah M. in Leitungswasser ertränkt worden ist. Und dass du diese Sandra obduziert hast.«

»Woher hast du das schon wieder?«

Sophie biss sich auf die Zunge. Sie durfte nicht zu viel verraten. Am Ende würde Tina noch Ärger kriegen. Zum Glück sprach Lutz weiter. »Ja, wir sind vor ein paar Minuten fertig geworden. Und nun warten die Kollegen von der Kripo auf mich. Erwarte nicht, dass ich dich vor der Polizei informiere.«

»Sag mir nur, warum du so sicher bist, dass Sarah in Leitungswasser ertrunken ist.«

»Warum ich sicher bin? Ist das dein Ernst? Weil ich der zuständige Rechtsmediziner bin und sie untersucht habe!« Sie hörte ihn durchatmen. »Es gibt eine ganze Reihe von Anzeichen. Unter anderem eine Alge. Die sogenannte Kieselalge. Sie ist in natürlichen Gewässern stark verbreitet. Beim Ertrinken werden große Mengen davon verschluckt und eingeatmet, und gelangen in den Blutkreislauf. Ich habe Spuren von Kieselalgen gefunden, aber nur geringe.«

»Und geringe Mengen dieser Kieselalge kommen in Trinkwasser vor?«

»Bingo!«

»Hast du sonst noch was?«

»Aber dann legst du auf! Ich habe ein paar Haare gefunden, auch in den Schamhaaren.«

»In den Schamhaaren?«, fragte Sophie irritiert.

»Was ist denn mit dir los? Plötzlich prüde? Ja, Haupthaar im Schamhaar. Kommt gar nicht selten vor. Im Allgemeinen wird es Oralsex genannt.«

»Ich weiß, was das ist!«

»Na, da bin ich aber froh. Ansonsten habe ich komische weiße Spuren unter ihren Nägeln gefunden. Weiße Partikel.«

»Was für weiße Partikel?«

»Ich hab schon zu viel gesagt.«

»Hör mal, das kannst du nicht machen! Mir einen Brocken zuwerfen und dann nichts mehr.«

»Ich weiß es wirklich noch nicht. Die Sache ist im Labor. Genau wie die Proben, die wir entnommen haben, um eventuell Alkohol oder Drogen nachweisen können. Und jetzt lass mich in Ruhe.«

Sophie versuchte, sich einen Reim auf das eben Erfahrene zu machen. War der Mörder tatsächlich so leichtsinnig, so viele Spuren zu hinterlassen? Oralsex. Das hatte doch nichts mit einer schnellen Nummer zu tun. Sie musste den Täter gekannt haben. Wenn die Todesumstände dieser Sandra ähnlich waren, dann bedeutete das gar nichts Gutes. Es war zu viel Leidenschaft dabei. Ging auf der Insel tatsächlich ein irrer Killer umher? Hatten die Frauen sich gekannt? Da waren noch viele Fragen offen. Und was hatte die Sache mit den weißen Partikeln auf sich? Sophie sah auf die Uhr. Sie musste sich jetzt wirklich beeilen, wenn sie Pelle vor dem Kurs noch ein bisschen den Strand entlangjagen wollte. Sie rannte nach unten.

Tina stand auf der Terrasse und sah in den Garten. »Ein Mädchen ist ertrunken!«

Sophie sah sie verwirrt an. »Ja, wahrscheinlich sogar zwei! Ich muss mich beeilen. Pelle!« Der Labrador kam sofort angeschossen.

»Das meine ich nicht.« Tina kniff die Augen zusammen und konzentrierte sich. »Es war in der achten oder neunten Klasse. Fenja! Ja, so hieß sie. Sie ist damals ertrunken. Es war schrecklich! Wochenlang ließen wir ihren Stuhl leer. Wie konnte ich das nur vergessen?« Sie grübelte noch immer über etwas nach. »Sie hatte damals einen Freund! Händchenhalten und so, mehr war natürlich noch nicht.«

»Ja und?«

»Er hieß Oliver!«

»Da komm ich gerade nicht mit.«

Tina sah sie ungeduldig an. »Oliver! Olli! Was ist denn mit dir los, Miss Marple? Olli, dein Kitelehrer!«

Stefan verließ zusammen mit seinem Kollegen Robert Feller das Gebäude der Gerichtsmedizin.

»Soll ich fahren?«, fragte Robert.

Stefan nickte nur, ließ sich auf den Beifahrersitz plumpsen und wünschte sich weit weg.

»Mann, Chef! Das ist die dreckigste Karre, die ich je gesehen habe.«

Vorhaltungen, egal welcher Art, konnte er jetzt wirklich nicht gebrauchen. Er machte sich selbst schon genug.

»Halt die Klappe und fahr!« Robert gab Gas. Stefan war

zu müde, um einen klaren Gedanken fassen zu können. In seinem Kopf wirbelte alles durcheinander und um 14 Uhr mussten sie beim Staatsanwalt erscheinen und möglichst ein paar Ergebnisse vorlegen. Viel hatten sie nicht. Beide Frauen waren innerhalb einer Woche ertrunken. Und das nicht freiwillig und definitiv nicht in der Ostsee. Wer zum Teufel hatte was davon, junge Wassersportlerinnen zu ermorden? Sarah war ziemlich erfolgreich und es gab Sponsoren und Konkurrenten, aber dass sie deshalb ermordet worden war, konnte er nicht glauben. Dagegen sprach auch, dass diese Sandra eine Anfängerin gewesen war. Es gab keine Gemeinsamkeiten, nichts, was auf ein Motiv hinwies. Nur die Todesursache trug dieselbe Handschrift. Und beide Opfer waren blond und Mitte 20.

»Chef! Aufwachen! Wir sind da.«

Stefan rieb sich irritiert die Augen. Nun bekam er sowieso schon viel zu wenig Schlaf, und wenn er dann mal wegpennte, bekam er es gar nicht so richtig mit. Er versuchte, seinen letzten Gedanken festzuhalten. »Blond und Mitte 20!«

Robert sah ihn irritiert an. »Ja, find ich auch lecker. Erklärst du mir, was du da faselst?«

»Beide Opfer entsprachen dem gleichen Typ. Nur mit dieser Sarah hatte er Sex.«

Sie stiegen aus dem Wagen. Robert schloss ab und warf Stefan den Schlüssel zu. »Vielleicht steigert er sich.«

»Was?«

»Na, er probiert immer mehr aus.« Robert sah ihn an, als habe er ein Brett vor dem Kopf. »Er wird mutiger.«

»Kommst du mir jetzt mit so einer Serienmord-Scheiße?«

Robert machte ein beleidigtes Gesicht. »Zwei sind eine kleine Serie fürchte ich.«

Sie gingen schweigend ins Präsidium. Stefan lief es eiskalt den Rücken runter. Vielleicht hatten sie es tatsächlich mit einem Serienkiller zu tun. Wie viele Frauen waren wohl in den letzten Jahren ertrunken? Ob sie etwas übersehen hatten? Hinterließen diese Irren nicht immer ein Zeichen? Ein Label, eine Unterschrift? Sie würden danach suchen müssen. Bevor sie in Stefans Büro verschwanden, zogen sie sich zwei Kaffee aus dem Automaten.

»Lass uns noch mal alles durchgehen«, schlug Stefan nach einem Schluck Kaffee vor.

Robert nickte und zückte sein Notizbuch. »Wir haben zwei tote Frauen. Todesursache: Ertrinken in Süßwasser. Franck war sich doch sicher, dass Sandra Schmidt auch so ertrunken ist. Laborwerte! Pah, der zögert nur noch, damit er vor dem Staatsanwalt eine große Show abziehen kann. Na egal. Allein der Fundort schließt einen Unfall aus, sodass wir von einem Verbrechen ausgehen müssen. Beide Frauen hatten leichte Hämatome im Oberkörperbereich, die durch Fremdeinwirkung verursacht worden sein könnten. Wir sollten bei der jetzigen Situation sogar davon ausgehen. Dass beide Opfer sich kannten, ist möglich.«

Stefan nippte mit geschlossenen Augen an seinem Kaffee. »Das müssen wir rausfinden. Wir tappen da noch total im Dunkeln. Haben sie sich gekannt? Mit wem hatten beide Umgang. Das ganze Programm. Wir müssen alle befragen. Irgendjemand muss etwas gesehen haben. Da campen im Moment so viele Typen. Mann, die gehen doch auch nachts mal an den Strand, um in Ruhe zu kiffen.« Wütend stellte er den Pappbecher ab. »Das gibts doch gar nicht!«

»Was jetzt?«

»Das volle Programm! Teambesprechung in einer Stunde. Trommel die Leute zusammen. Besser, wir haben bis 14 Uhr irgendwas.«

Robert nickte und stand auf. »Ich muss jetzt was essen. Willst du auch was? Salamibrötchen?«

»Gute Idee!« Er hatte am Morgen schon eine Kippe nach der anderen geraucht und nun fühlte er seinen Hunger nicht mehr. Er musste sich zusammenreißen und was essen. Auf dem Schreibtisch stand das neuste Foto seiner Familie. Sie hatten es knipsen lassen, als Finn drei Wochen alt war. Paul grinste breit in die Kamera. Stefan schmunzelte, als er daran dachte, wie er ›Lamiblötchen‹ sagte. Meine Süßen, dachte er zärtlich. Und nun ist unsere Idylle der Schauplatz zweier Verbrechen. Sein Herz begann zu rasen. Und irgendwo läuft ein Mörder rum.

22

Sophie saß mit den anderen Kursteilnehmern im Bistro. Bis auf Biene und Bärchen waren alle da. Während sie auf Olli und Ben warteten, jammerten sie über ihren Muskelkater. Die Berliner hatten wieder eine ordentliche Fahne. Sie mussten noch das eine oder andere Bier vernichtet haben. Indie und Wolf konzentrierten sich auf ihr Müsli. Hier kam als Mörder niemand in Frage, da war Sophie sich sicher. Clara betrat das Bistro. Ohne einen Gruß schritt sie durch die Gaststube und setzte sich an einen Tisch in der Ecke. Sophie beobachtete sie unauffällig. Clara wirkte nervös und schlecht gelaunt. Ihre Hände zitterten leicht, als sie sich eine Zigarette anzündete. Mürrisch blies sie den Rauch aus und blickte sich herablassend um. Eigentlich ist sie ziemlich hübsch, dachte Sophie. Aber ihre arrogante Mimik ließ sie unsympathisch wirken. Sie musste irgendwie dahinterkommen, was für eine Frau Clara wirklich war. Sie war die härteste Konkurrentin von Sarah gewesen, doch würde sie wirklich so weit gehen? Außerdem passte eine Konkurrenzgeschichte nicht zum ersten Mord. Und da war ja noch die Sache mit dem Sex. Clara winkte Hanjo zu. Er griff sich die Kaffeekanne und ging zu ihr. Beide unterhielten sich kurz, doch es war nichts zu verstehen. Sophie konnte nicht mal ihre Gesichter sehen. Hanjos Rücken verdeckte Clara. Nach ein paar Minuten kam Hanjo mit der Kanne zu ihrer Gruppe und füllte die Tassen auf.

»Die Jungs kommen gleich. Tut mir leid, dass ihr warten müsst. Der Kaffee geht aufs Haus.« Hanjo machte kehrt und Pelle hängte sich sofort an seine Fersen.

»Pelle!« Ihr Hund sah sie unschuldig an.

»Ach, lass ihn doch!« Hanjo grinste. »Ich gebe ihm auch nur ein klitzekleines Stückchen.«

Sophie lachte und gab ihren Segen. Schließlich hatte Pelle auch Urlaub. Die Berliner grölten plötzlich los. Olli und Ben kamen durch die Tür.

»Hey, wir sind die Kaputten, die sich rechtzeitig aufgerafft haben, trotz des Muskelkaters!«, rief Zecke lachend. Die Jungs aus Berlin machten eine Vier-Mann-La-Ola.

»Schön locker bleiben!« Ben lächelte in die Runde. »Wir haben euch schon mal die Kites an den Strand geschleppt, damit wir wieder etwas Zeit reinholen. Na, wegen gestern. Ihr solltet uns dankbar sein!«

Olli nickte bestätigend. Wirklich zwei süße Kerlchen, stellte Sophie erneut fest. Wie viele Frauen wickelten die in einer Saison wohl so um den Finger?

»Jedenfalls seid ihr ja jetzt fit, oder? Hanjos Kaffee ist die reinste Medizin!« Ben klopfte auf den Tisch. »Los! Rein in die Anzüge! Wir sind gleich bei euch.«

Mit lautem Möbelrücken standen alle auf. Pelle kam sofort aus der Küche gerannt. Hanjo folgte ihm. »Da seid ihr ja endlich. Hab mir fast schon Sorgen gemacht.«

»Wir haben schon mal alles vorbereitet. Schließlich sind wir in Verzug und wir wollen doch heute noch möglichst viele auf dem Brett stehen sehen. Wir bringen dir die Truppe zum Mittagessen zurück. Und zwar sehr hungrig!«

»Ach, Junge!« Hanjo wandte sich an Olli. »Die Zeitung liegt in der Küche.« Olli sah ihn merkwürdig an. »Na, die Sonntagszeitung. Die wolltest du doch unbedingt haben.«

Sophie wurde aufmerksam. Sie erinnerte sich, dass in dem dünnen Blättchen eigentlich nur der Artikel über die ertrunkenen Frauen interessant gewesen war. Der Rest der Zeitung bestand vor allem aus Anzeigen.

»Was ist denn mit der Zeitung?«, fragte sie Olli lächelnd. Er zuckte mit den Schultern. »Nichts Besonderes. Ich steh auf Kreuzworträtsel!«

Sophie nickte und folgte der Gruppe. Kreuzworträtsel? Oder wollte er gerne was fürs Erinnerungsalbum?

Ben stupste Olli kumpelhaft in die Seite. »Wieder so ein geiles Wetter! Wenn der Wind so bleibt, könnten wir heute Abend noch mal raus.« Olli reagierte nicht. Mit gesenktem Blick schlurfte er neben ihm her. »Olli?«

»Was? Ich hab nicht zugehört. Ich bin noch ziemlich von der Rolle. Ich meine, sie ist tot! Endgültig weg!«

Ben sah ihn mitfühlend an. Er überlegte eine Sekunde, dann fragte er. »Bist du … einfach nur erschüttert, dass sie tot ist, oder …« Er blieb stehen und sah dem Kumpel direkt ins Gesicht. »Hast du sie wirklich so sehr geliebt?« Ollis schmerzverzerrter Blick sprach Bände. »Glaubst du wirklich, ihr hättet auf Dauer zusammengepasst? Ihr wart so … verschieden. Nicht, dass ich Sarah wirklich gut kannte, aber es fällt mir schwer zu glauben, dass ihr mal zusammen alt werden wolltet.«

»Ich hatte gerade damit angefangen, mir genau das zu wünschen.« Olli kicherte nervös. »Und sie hatte wohl gerade damit aufgehört. Wenn sie es überhaupt jemals ernst gemeint hatte.«

Ben fühlte sich elend. Sarah hatte es nie und nimmer so ernst gemeint wie Olli, das wusste er genau. Alles, was er im Moment tun konnte, war seinen Kumpel abzulenken. Wie sollte gerade er ihm wirklich helfen können? »Na, los!«, sagte er deshalb aufmunternd. »Wir machen heute einen Spitzenjob, und du versuchst, in den nächsten Stunden nicht mehr an Sarah zu denken.«

»Ist wahrscheinlich ne gute Idee. Voller Arbeitseinsatz als Ablenkung!«

Ben und Olli waren bei ihren Gruppen angekommen. Alle Schüler waren umgezogen und sahen sie erwartungsvoll an. Ben übernahm das Kommando. »Alles wie gestern! Nehmt euch zu zweit einen Kite vor. Versucht, den Schirm im Team aufzubauen. Wir checken dann alles mit euch zusammen noch mal. Die Fortgeschrittenen holen sich bitte vorher noch ein Board. Sie liegen an der Hütte. Alles klar?«

Die Schüler nickten und nahmen sich das Equipment vor. Nur die hübsche Sophie lief etwas orientierungslos herum. Wahrscheinlich wartete sie auf Olli. An ihr sah der alte Neoprenanzug aus wie Haute Couture. Ihr Gang machte den schmalen Strand zu einem Laufsteg. Ben fragte sich, ob sie tatsächlich mal gemodelt hatte. Er schloss den Rückenreißverschluss seines Anzugs und trottete zu den Fortgeschrittenen. Wie Olli kontrollierte er die Knoten an den Kites und predigte immer wieder die einzuhaltenden Sicherheitsmaßnahmen herunter. Ben ertappte sich dabei, dass sein Blick immer wieder zur Anfängergruppe schweifte und er nach Sophie suchte. Vielleicht sollte er einfach einmal mutig sein und sie fragen, ob sie mit ihm essen gehen wollte. Er hätte gerne die Gruppen getauscht. Olli hatte im Moment sowieso kein Auge für Frauen. Diese Sophie entsprach aber auf jeden Fall Ollis Beuteschema. Und seinem definitiv auch, gestand er sich ein. Er wollte sich nie wieder in eine Frau verlieben, die ihn an Thailand erinnern würde. Wie lange würde Sophie wohl noch auf der langweiligen Ostseeinsel bleiben?

Sophie baute ihr Equipment gewissenhaft zusammen. Sie checkte jeden Knoten und jede Leine dreimal, bevor sie Olli zuwinkte.

»Schon fertig?«

Sophie nickte stolz.

»Na, dann lass mal sehen!«

Während er ihren Kiteschirm kontrollierte, studierte sie heimlich sein Gesicht. Olli war wirklich attraktiv. Mit Sicherheit interessierten sich nicht weniger Frauen für ihn als für Ben. Hatte er seine Freundin umgebracht?

»Und? Was glaubst du?«

Sie sah ihn erschrocken an. Er konnte unmöglich Gedanken lesen. Hatte sie etwa laut ausgesprochen?

»Was ist?« Olli war verwirrt. »Hey! Hast du einen Geist gesehen? Ich wollte nur wissen, ob du glaubst, dass du alles richtig aufgebaut hast!«

Sophie nickte erleichtert. Reiß dich zusammen, ermahnte sie sich selbst. »Ich bin alles noch dreimal durchgegangen.«

»Ist auch alles perfekt! Los dann!«

Er half ihr, den Schirm im Wasser zu starten. Sophie ließ ihn in kleinen Achten am Himmel kreisen. Sie fühlte sich sicher. Der Wind war gleichmäßig. Olli erklärte ihr ein letztes Mal, was sie beim Bodydragging zu beachten hatte. Sophie atmete noch einmal tief durch und lenkte den Kite dann in einem weiten Bogen in die Powerzone. Die ungeheure Kraft zog sie nach vorne. Sie schoss auf dem Bauch durch das Wasser. Sophie ließ den Drachen nicht aus den Augen. Sie zog ihn wieder nach unten und gleich wieder hoch, um ihm neue Kraft zu geben. Nach 100 Metern ließ Sophie den Schirm abstürzen. Sie hatte Angst, sich zu weit von den anderen zu entfernen. Noch hatte sie nicht gelernt zu wenden oder den Kite allein zu starten. Ihr blieb nichts anderes übrig, als ihn durchs Wasser zurückzuziehen. Olli kam ihr auf halber Strecke entgegen. Was hatte Tina erzählt? Ollis Freundin war ertrunken, als er ungefähr 14 war. Und nun, Jahre später, ist wieder eine Frau ertrunken, die was mit ihm hatte. Konnte das ein Zufall sein?

»Das war doch super! Wie sieht es aus? Wollen wir es mal mit Brett versuchen?«

Sophie war etwas mulmig zumute.

»Na los. Ich würde das nicht vorschlagen, wenn ich nicht sicher wäre, dass du es packst.«

Eine Viertelstunde später half Olli ihr, die Füße in die Schlaufen zu stecken. »Jetzt machst du es gleich genau wie beim Bodydragging. Zieh den Schirm nach unten und gleich wieder hoch. Und los gehts.«

Sophie war unentschlossen und abgelenkt. Die Sache mit dem toten Teenager mogelte sich immer wieder in ihre Gedanken. Aber 14-Jährige brachten doch niemanden um! Sie zog den Drachen aggressiv nach unten. Teenager erschossen ihre Lehrer und die halbe Klasse, wenn sie durchdrehten, aber Mord? Sie wusste ja nicht mal, unter welchen Umständen das Mädchen ertrunken war. Der Wind packte ihren Schirm mit solcher Wucht, dass sie sich panisch an die Bar klammerte und durch die Luft flog.

»Lass los! Sophie! Lass die verdammte Bar los!«

Sophie lockerte den Griff. Mit großer Wucht klatschte sie aufs Wasser. Olli war sofort bei ihr. »Scheiße! Alles klar?«

Er half ihr auf die Beine. Ihr Schirm lag flatternd auf der Wasseroberfläche. »Bist du verrückt? Du bist ja abgedüst, wie eine Rakete! Das war total leichtsinnig! Was war denn?«

Sophie wischte sich das nasse Haar aus dem Gesicht. »Keine Ahnung, was los war! War wohl so eine Böe.«

»Ne Böe? Quatsch! Warum hast du nicht losgelassen? Das ist hier zu gefährlich, um unkonzentriert riskante Manöver zu fahren! Kapiert? Es kann doch nicht so schwierig sein, die einfachsten Grundregeln zu begreifen!«

Es machte sie sauer, dass er sie behandelte wie ein dummes kleines Mädchen. »Komm wieder runter!«, schnauzte sie zurück. »Ich bin kein Teenager mehr, den du zusammenstauchen kannst. Etwas mehr Respekt! Und ich ersauf auch nicht so schnell!«

Seine Augen wurden schmal. »Aha, du bist schon groß!«, zischte er. »Dein Alter ist der Ostsee ziemlich egal. Und das Wasser hat auch keinen Respekt. Es kann dich umbringen!«

23

Hanjo stand in der Gaststube am Tresen und wählte die Nummer des Hotel Ostseeblick.

»Ostseeblick. Tees Hansen am Apparat.«

»Moin, Tees. Ich bins, Hanjo.«

»Mensch, Hanjo! Schön, dass du dich mal meldest.«

»Tees, ich brauch dringend eine Aushilfe. Ich pack das hier sonst nicht. Hast du nicht noch jemanden?«

»Du, hab ich tatsächlich! Eine junge Frau aus Burg. Sie sucht einen Ferienjob und hat bei uns angefragt. Wir haben aber genug Leute. Soll ich der mal deine Nummer geben?«

»Unbedingt! Ich weiß nicht mehr ein noch aus.«

»Schon gut. Warum kommst du nicht mal wieder auf ein Glas vorbei?«

»Im Moment ist alles ein bisschen viel. Erst Freyas Tod und jetzt diese Sache mit den toten Mädchen.«

»Ja, schlimm!«, gab Tees zu. »Ich sag dir, meine Frau traut sich abends kaum noch vor die Tür. Dabei ...«

»Du, ich glaub, da brennt was an! Bis denn.« Hanjo warf den Hörer auf die Gabel. Tees war ein feiner Mensch, aber Hanjo konnte jetzt keine Geschichte über Tees' Frau ertragen. Sein Blick fiel wieder auf die Schlagzeile. Er war noch gar nicht dazu gekommen, den Artikel zu lesen. Hanjo griff gerade nach der Zeitung, als die Tür aufging und Sophie zur Tür reinkam. Er freute sich, die beiden zu sehen. »Na, ihr seid aber früh zurück.« Sophie sah irgendwie aufgewühlt aus, stellte er verwundert fest. »Wie war der Kurs?«

Sophie setzte sich auf einen Barhocker und rollte genervt

mit den Augen. »Ich bin durch die Luft geflogen und Olli hat gemeckert. Das ist heut nicht mein Tag. Ich sollte nach Hause fahren und mich in den Garten legen!«

»Ach was! Nach dem Essen sieht alles schon wieder ganz anders aus! Kaffee?«

Sie lächelte ihn an. »Du würdest mein Leben retten!«

Hanjo schlurfte in die Küche und schenkte dann zwei Tassen ein. Als er zurückkam, war Sophie in die Zeitung vertieft. Hanjo deutete auf die Schlagzeile. »›Mord auf Fehmarn‹. Ich will das einfach nicht glauben!«

»Das ist doch noch gar nicht offiziell. Bis jetzt ermittelt die Polizei noch. Weißt du, ich bin selbst bei der Presse und ich versichere dir, dass da immer alles etwas aufgebauscht wird.« Sophie zwinkerte ihm zu. »Schließlich will man Zeitungen verkaufen, oder?«

Hanjo nickte nachdenklich. »Glaubst du, dass jemand Sarah umgebracht hat?«

»Die Polizei schließt das wohl nicht aus. Und Fakt ist, dass zwei junge Frauen ertrunken sind. Ach, sag mal, hier ist doch vor vielen Jahren schon mal ein Mädchen ertrunken, oder?«

Hanjo sah sie verwirrt an. »Hier ertrinkt immer mal jemand. Ein Fischer. Surfer. Es gab auch ein paar Kiteunfälle.«

»Nein, ich rede von einem Mädchen. Fenja hieß sie, glaube ich.«

»Das ist so lange her.« Hanjo schloss die Augen, um sich besser konzentrieren zu können. »Die Kleine ist rausgesurft, allein. Sie war sehr gut und niemand hat sich Sorgen gemacht. Und dann ist sie nicht zurückgekommen.« Er öffnete die Augen wieder. »Sie ist einfach verschwunden.«

»Sie war eine Freundin von Olli, nicht?«

Er nickte langsam. »Sie waren noch halbe Kinder!«

»Schrecklich! Er muss doch total fertig gewesen sein?«

Hanjo starrte ins Leere, als er antwortete. »Das hab ich mich oft gefragt. Kommt man jemals über so was weg? Der Tod ist so endgültig.« Er lächelte sie traurig an. »Mir hilft es, dass meine Frau in meinen Armen gestorben ist. Sie wirkte zufrieden, fast glücklich. Aber diese Ungewissheit? Ich glaube, es gibt nichts Schlimmeres.«

Olli fühlte sich furchtbar. Sophie war wirklich wütend und zwar mit Recht. Er hätte sie nicht so anfahren dürfen. Er war regelrecht ausgerastet. »Mittagspause!«, brüllte er durch die Bucht. »Landet mal die Schirme!« Ungeduldig half er seinen Schülern an Land. Er musste Sophie sehen. Hoffentlich war sie noch zu Hanjo gegangen. Er musste sich unbedingt bei ihr entschuldigen. Sie musste einen riesigen Schrecken bekommen haben. Was war nur mit ihm los? Es würde ihn nicht wundern, wenn Sophie vom Kiten auf Fehmarn die Nase voll hatte. Sie brauchten gar keinen Mörder auf der Insel, um Touristen zu vergraulen, dachte er zynisch. Er schaffte das auch ganz leicht mit Worten. Olli zog seinen Anzug aus und sprang in seine Klamotten. »Ihr kommt klar?«, rief er fragend über den Strand. Alle nickten und schaufelten weiter Sand auf die Kites. »Wir sehen uns gleich! Ich geh vor und helfe Hanjo!«

Olli stieß die Tür auf und betrat das Bistro. Sophie saß mit Hanjo am Tresen und trank Kaffee. Der braune Labrador kam angelaufen und leckte seine Hand.

»Hallo, Olli!«, grüßte Hanjo. »Wir …«

»Wir plaudern gerade ein bisschen«, brachte Sophie den Satz zu Ende. Sie sah ihn so kühl an, dass er schlucken musste. Hanjo verkrümelte sich zum Glück in die Küche.

»Sophie, es tut mir leid!« Sie zog skeptisch die linke Augenbraue hoch. Er würde sich ins Zeug legen müssen.

»Ich habe wirklich total übertrieben und ich hätte dich nicht so bescheuert anschnauzen dürfen. Aber ...«

»Ja?«

»Du bist durch die Luft geflogen. Ich dachte, du brichst dir alle Knochen.«

»Willst du mir gerade erzählen, dass du in tiefster Sorge überreagiert hast?«

»Ja!«

»Du solltest mal versuchen, dein Temperament zu zügeln!«

Jetzt kam er sich vor wie ein kleiner Junge.

»Nicht, dass du vor lauter Sorge noch irgendwann handgreiflich wirst«, fuhr sie unerbittlich fort.

In diesem Moment hätte er sie wirklich gerne geschlagen. Nicht wirklich natürlich, aber verbal. Er war ihr nicht gewachsen, gestand er sich ein. »Was soll ich jetzt machen? Dir die Füße küssen, dir das Geld für den Kurs zurückzahlen? Mich in die Ecke stellen und mich für den Rest des Tages schämen?«

Sie lachte plötzlich. »Das mit der Ecke find ich nicht schlecht!«

»Frieden?«

Die Küchentür flog auf. Hanjo trug ein Tablett mit Tellern und Besteck. »Heute gibt es für alle Spaghetti Bolognese!«

Sophie nahm ihm das Tablett ab. »Ich verteil das!« Bevor sie zu den Tischen ging, sah sie noch mal über ihre Schulter. »Ach, Olli! Ja, Frieden!«

Hanjo sah ihn fragend an. »Hast du dich bei ihr entschuldigt?«

Olli sah seinen väterlichen Freund an und nickte schuldbewusst. »Hab ich! Mach dir keine Sorgen. Wir haben uns jetzt wieder lieb.« Die Bistrotür öffnete sich und die Kursteilnehmer stürmten hungrig an die Tische.

Hanjo fummelte nervös an der Tageszeitung herum.
»Was ist?«, fragte Olli verwundert.

»Sie weiß das mit dir und Fenja.« Ohne ihn noch mal
anzusehen, verschwand Hanjo in der Küche. Olli rührte
sich nicht. Er starrte auf die Schlagzeile. Die Buchstaben
verschwammen vor seinen Augen. Fenja. Wieso konnte
er sie einfach nicht vergessen? Sie war so bildschön gewesen. Sarah war auch hübsch und blond gewesen. Er hatte
sich oft gefragt, wie Fenja wohl als erwachsene Frau ausgesehen hätte.

Sophie räumte die leeren Teller zusammen und brachte
sie zu Hanjo in die Küche. »Hanjo? Wo soll ich mit dem
dreckigen Geschirr hin?«

Hanjo drehte sich irritiert um. »Ach, du bist das. Ich
hatte schon die Hoffnung, die neue Aushilfskraft wäre da.
Stell es doch auf die Spülmaschine, Mädchen. Ist mit Olli
denn alles wieder gut?«

Sophie grinste. »Alles ist wieder bestens! Wir haben
uns vertragen und ich mache weiter mit dem gnadenlo-
sen Training.«

»So schlimm? Ich dachte, die Jungs wären harmlos.«

Harmlos? Waren sie das wirklich?

»Deine Jungs sind schwer in Ordnung«, bestätigte sie.
»Die Ostsee und der Wind sind meine Feinde. Aber ich
bin ehrgeizig! Ich werde jetzt brav weiterüben und mir
den Muskelkater von gestern wegdenken.«

Hanjo öffnete einen Schrank und nahm eine Blech-
dose heraus.

»Hier! Das sind die besten Kekse der Welt. Sie haben
schon immer kleine Wehwehs geheilt und neue Kraft gegeben. Greif zu!«

Sophie nahm sich einen Keks und sah Hanjo ehr-
fürchtig an. »Vielen Dank für das magische Zauberplätz-

chen!«, sagte sie dann ironisch. Sie biss ab und verdrehte die Augen. »Wow! Superlecker!«

Lächelnd schloss Hanjo die Dose wieder, streichelte sie liebevoll und stellte sie zurück in den Schrank. »Es waren ihre Lieblingskekse«, flüsterte er gedankenverloren.

»Die von deiner Frau?«

»Was?« Hanjo sah sie verwirrt an.

»Hast du die Kekse selbst gebacken?«, fragte Sophie schnell im Plauderton.

Er schüttelte den Kopf und schluckte. »Nein, ich kann gerade mal ein bisschen kochen.« Seine Stimme war rau. Er räusperte sich. »Und nun beeil dich. Die anderen werden schon warten.«

Sophie stopfte sich den Rest in den Mund und stürmte aus der Küche. Sie hätte sich selbst ohrfeigen können. Hanjo verteilte diese besonderen Plätzchen bestimmt nicht im großen Stil. Sie war sich sicher, dass seine Frau sie gebacken hatte. Dass Hanjo ihr einen angeboten hatte, zeigte doch, dass er sie mochte. Was war sie doch für eine unsensible Kuh! Freya Peters war gerade mal vier Wochen tot. Kein Wunder, dass Hanjo traurig war und zwischendurch in Erinnerung versank. Und jetzt waren da auch noch die toten Mädchen. Wie sollte der arme Mann je zur Ruhe kommen? Es drehte sich doch alles nur noch um den Tod.

24

Stefan saß mit den Kollegen Feller, Schölzel und Hartwig im Besprechungsraum des Staatsanwalts. Lutz Franck war gerade dabei zu erklären, was er in beiden Fällen herausgefunden hatte. Stefan hatte Mühe, sich zu konzentrieren. Gleich würde er Ingmar erzählen müssen, dass die Kripo noch keine Ergebnisse hatte.

»Wie bei Sarah Müller habe ich auch bei Sandra Schmidt die Einnahme von Diazepam nachweisen können.« Franck sah sie mit großen Augen an, als erwartete er Applaus. »Die Dosis war aber jeweils zu gering. Das Zeug hat sie nicht getötet. Sie sind beide definitiv ertrunken. Die Lungenflügel sind überbläht und zeigen Paltaufsche Flecken auf der Pleura visceralis.«

»Was für Flecken?«, fragte Stefan genervt. »Es wäre zauberhaft, wenn du deinen Vortrag auch für Nichtmediziner verständlich halten könntest.« Der Rechtsmediziner warf ihm einen genervten Blick zu. »Ich rede von diesen blassroten am inneren Rippenfell. Sie entstehen, wenn die Lungenbläschen platzen und Wasser eindringt. Franck machte eine kurze Pause und sah in die Runde. »Im Gegensatz zu Sandra Schmidt hatte Sarah Müller kurz vor der Tat ungeschützten Geschlechtsverkehr. Wir haben Sperma, Schamhaar und Haupthaar gefunden. Allerdings wurde Sarah Müller in ihrem Neoprenanzug gefunden, was darauf schließen lässt, dass sie sich selbst wieder angezogen hat. Es ist schwer vorstellbar, dass der Täter ihr das enge Kleidungsstück nach ihrem Tod angezogen hat. Aus diesem Grund gehe ich nicht zwangsläufig davon aus, dass die Spuren zum Täter gehören.«

Harder räusperte sich. »Dr. Franck. Ich wäre Ihnen sehr dankbar, wenn Sie sich auf die rein medizinischen Fakten beschränken und das Analysieren der Mordkommission überlassen würden.«

Stefan nahm den beleidigten Gesichtsausdruck des Rechtsmediziners zur Kenntnis und freute sich, dass Ingmar ihm diesen Verweis erteilt hatte. Franck blätterte in seinen Notizen. »Der Todeszeitpunkt ist nicht sicher zu bestimmen. Es wurde leider versäumt, beim Leichenfund die Temperatur zu messen.«

Stefan registrierte den kurzen vorwurfsvollen Blick.

»Auf jeden Fall haben die Leichen nicht lange im Wasser gelegen. Es gibt keine Waschhautbildung. Und beide Frauen sind definitiv nicht in der Ostsee ertrunken.« Franck sah noch mal in die Runde. »Aufgrund der Menge der gefundenen Kieselalgen und der trockenen Lunge ist es sicher, dass die Frauen in Leitungswasser ertränkt ...« Franck atmete durch. »Entschuldigung, ertrunken sind.«

Es entstand eine Pause. Nur das Klappern der Kaffeetassen war zu hören. Endlich räusperte sich der Staatsanwalt.

»Gut! Beide Morde tragen die gleiche, durchaus dubiose Handschrift. Stefan, was habt ihr bis jetzt?«

»Wir haben so gut wie nichts. Wir sind dabei, die Zeugenaussagen alle noch mal durchzugehen. Die meisten wissen nichts und kommen von sonst wo her. Sandra Schmidt war eine Touristin. An Sarah Müller erinnern sich deshalb wesentlich mehr, aber gesehen oder gehört hat keiner was.«

»Verdammt!«, fluchte Ingmar und haute mit der Faust auf den Tisch. »Ich kann euch jetzt schon versprechen,

dass die Presse da keinen Spaß versteht. Und früher oder
später müssen wir eine Konferenz geben.«

Stefan nickte nur.

»Da läuft ein Irrer rum«, erinnerte der Staatsanwalt
wieder sehr ruhig. »Jemand ertränkt anscheinend Frauen
und legt sie dann am Strand ab! Auf Fehmarn! Stefan,
verdammt noch mal. Ich habe wirklich Angst, dass das
noch mal passiert.«

Stefans Herz klopfte bis zum Hals. Es war nicht
unwahrscheinlich, dass der Täter wieder zuschlagen und
es noch weitere Opfer geben würde.

Ben ging von Team zu Team und half die Kites und die
Boards ins Wasser zu tragen. Zwischendurch wanderte
sein Blick immer wieder zu Ollis Leuten. Sophie war noch
immer nicht da, wunderte er sich. Am Vormittag war sie
richtig gut gewesen. Sie hatte es sogar schon aufs Board
geschafft. Ben konnte sich nicht vorstellen, dass sie aufgegeben hatte. Sie hatte doch wirklich Spaß gehabt. Außerdem schien sie sehr ehrgeizig zu sein. Beim Mittagessen
war sie lustig gewesen. Der kleine Streit mit Olli war doch
auch beigelegt. Ob sie es mit der Angst gekriegt hatte? Er
versuchte mit dem Grübeln aufzuhören und sich auf seine
Arbeit zu konzentrieren. »Sehr gut!«, lobte er die Truppe,
nachdem jedes Team im Wasser war. »Übt noch kurz ohne
Board, damit ihr den momentanen Wind besser einschät-
zen könnt. Wenn ihr euch sicher fühlt, kann der jeweilige
Partner beim Aufsteigen helfen. Okay?«

Die Kursteilnehmer nickten zustimmend und stapften
weiter durchs Wasser. Ben hatte gerade beschlossen, kurz
zu Olli zu gehen und nach Sophie zu fragen, als er sie,
gefolgt von ihrem Hund, den Strand entlangjoggen sah.
Ben konnte den Blick nicht von ihr wenden. Sie trug eine
abgeschnittene Jeans und ein Bikinioberteil. Ihre langen

Beine waren gebräunt und die Muskeln saßen wohlproportioniert an den richtigen Stellen. Wahrscheinlich quälte sie sich alle zwei Tage in einem Fitnessstudio.

Sophie blieb vor ihm stehen und sah ihm ins Gesicht. »Was glotzt du denn so?«, fragte sie ihn etwas außer Atem.

»Ich?« Es ärgerte ihn, dass sie ihn ertappt hatte. Ihm fiel auf die Schnelle keine schlagfertige Antwort ein.

»Ja, du! Stimmt was nicht?«

Ben schüttelte den Kopf.

»Hey, Sophie! Da bist du ja endlich!« Olli kam genau im richtigen Moment dazu. Ben hätte ihn am liebsten geküsst!

Sophie wandte sich ihm zu. »Ich habe mich bei Hanjo in der Küche festgequatscht.«

»Kein Problem«, winkte Olli ab. »Quäl dich in deinen Anzug. Ich helfe dir gleich mit dem Schirm.«

Sophie nickte und verschwand.

»Danke!«, sagte Ben erleichtert. Olli sah ihn fragend an. »Ach, du bist einfach genau im richtigen Moment hier aufgetaucht.«

»Hast du was gegen sie?«

Ben grinste verlegen. »Eher nicht, fürchte ich. Und sie hat leider gemerkt, dass ich sie angestarrt habe.«

Olli lachte kurz auf. »Und sie wird dir ein paar Takte erzählt haben, nehme ich an.«

»Hätte sie wahrscheinlich, aber du hast mich gerettet!«

»Ach, wie schade!« Olli wurde ernst. »Sie ist klasse! Wirklich nett und ziemlich sexy. Vergiss es, Surferboy. Das Objekt deiner Begierde ist ne Nummer zu groß, selbst für dich.« Er machte kehrt, um seiner Gruppe zu helfen.

»Ja, bis dann«, murmelte Ben leise. Objekt seiner Begierde? Ja, wahrscheinlich war Sophie das wirklich!

25

Stefan saß an seinem Schreibtisch und massierte sich mit beiden Daumen die Schläfen. Im Grunde mochte er Lutz Franck, aber heute war er ihm auf die Nerven gegangen. Sicher konnte der nichts dafür, dass die Polizei noch immer keine heiße Spur hatte, aber musste er ihn deshalb an seinen Fehler erinnern? Die Tür ging auf und seine Kollegen traten ein. Ihre deprimierten Gesichter versprachen keinen Durchbruch.

»Dieser Scheißfall«, knurrte Ingo und ließ sich auf den Stuhl vor dem Schreibtisch fallen. Robert setzte sich auf die Fensterbank und Gerdt trat unruhig von einem Bein auf das andere.

»Nichts?«

Robert schüttelte den Kopf. »Wir haben noch mal bei den Schmidts angerufen. Sandra kannte niemanden auf Fehmarn, da waren ihre Eltern sich sicher. Sandra war das erste Mal auf der Insel. Sie hatte einen Freund und die Beziehung war angeblich sehr harmonisch. Er hatte sich kurz vor dem Urlaub den Fuß gebrochen und da hat sie sich entschlossen, allein zu fahren. Aber das ist ja alles nichts Neues.«

Stefan seufzte. Genau das hatten die Eltern schon bei der ersten Befragung erzählt. »Dann war es purer Zufall, dass es sie traf.« Die Kollegen zuckten mit den Schultern und nickten. »Seid ihr die Zeugenaussagen alle noch mal durchgegangen?«

»Mit den Zeugenaussagen hat sich der Kollege beschäftigt«, erklärte Robert mit einem Kopfnicken.

Gerdt schnappte nach Luft. »Ich bin sie alle noch mal durch. Da sind nur ein paar Kleinigkeiten«, begann er hektisch. »Diese Clara Burmeister tritt auch bei den Deutschen Meisterschaften an. Sie waren Konkurrentinnen, Sarah Müller und sie. Diese Clara hat einen Freund, der sie managt und so. Karl Weber. Der hat eine Vorstrafe wegen Körperverletzung.«

Stefan riss die Augen auf. »Wieso wussten wir das bis jetzt nicht?«

»Ich habe das erst vorhin mal gecheckt. War so ein Schuss ins Blaue. Bis jetzt hatten wir ihn gar nicht auf dem Zettel. Äh, und er war wohl gar nicht auf Fehmarn. Diese Clara hat ausgesagt, dass er in Frankfurt ein Meeting mit möglichen Sponsoren hatte. Sie hat ihn dort im Hotel angerufen.«

Stefan nickte. »Überprüf das. Sonst noch was?«

»Ähm, vielleicht. Dieser Oliver Konrad, dieser Kitelehrer, war nach der Aussage dieser Clara Burmeister der Freund oder so von dieser Sarah. Sie haben ihr Verhältnis wohl geheim gehalten, aber ab und zu … na ja … jedenfalls haben die ab und zu geknutscht und sie hat wohl auch zwischendurch in seinem Wohnmobil übernachtet.«

»Was?« Stefan brüllte dazwischen. Seine Kollegen sahen ihn erschrocken an. »Wo ist die Zeugenaussage von diesem Typen?« Er wühlte verzweifelt in seinen Unterlagen herum.

»Ich hab hier eine Kopie.« Ingo reichte ihm das Blatt.

Nach ein paar Sekunden wusste Stefan, was seine Alarmglocken hatten klingeln lassen. »Zitat: Sarah trainierte hier. Wir waren Bekannte. Ich habe mit ihr trainiert. Sie wollte an den Deutschen Meisterschaften teilnehmen…

Bekannte! Wieso hat der Typ uns verschwiegen, dass er sie gevögelt hat? Ingo, wir beide fahren sofort nach Gold

197

und knöpfen uns diesen Olli mal vor. Und dann bitten wir ihn, noch mal genau zu überlegen, wie sein Verhältnis zu Sarah war. Vielleicht fällt ihm nun wieder ein, dass sie sich viel näher waren.«

»Und wenn nicht?«

»Dann kann er seinen Anwalt anrufen und sich auf eine Reise nach Lübeck freuen, all inclusive. Das ganze Programm. Fingerabdrücke, DNA ... Wir bohren ein bisschen, machen ihm Angst und wenn wir Glück haben, verhaspelt er sich.«

»Und wenn wir Pech haben?«

»Dann haben wir immer noch nichts! Das heißt ja nicht, dass er es nicht war, aber wir müssen ihn laufenlassen und von vorne anfangen. Und wir müssen noch mehr über diese andere ...«

»Sandra.«

»Ja. Alles, was wir über sie wissen, ist mir zu glatt. Vielleicht hatte sie ein kleines Abenteuer. In einem Punkt bin ich mir jedenfalls sicher. Die Frauen wurden von ein und derselben Person ertränkt. Und solange wir im Dunkeln tappen, können wir nicht ausschließen, dass wir es tatsächlich mit einem Serienmörder zu tun haben.«

Ben schloss den Schuppen auf und nahm Sophie das Board ab, um es zu verstauen. »Du warst richtig gut!«, bemerkte er beiläufig. Er wollte auf keinen Fall zu viel Interesse zeigen.

»Ach, spinn doch nicht! Ich war ja mehr unter Wasser als auf dem Brett.«

»Jetzt untertreib mal nicht. Immerhin warst du auf dem Brett! Zum Schluss bist du doch richtig lange drauf geblieben. Ich habe in meinem Kurs Fortgeschrittene, die sich schwerer tun.«

»Ich soll also mit dem Kiten weitermachen?«

»Na klar!«, rief er verwundert. »Als Nächstes musst du aber lernen zu wenden. Du kannst nicht immer den ganzen Weg zurückklatschen.« Ben öffnete den Reißverschluss seines Neoprenanzuges. »Du solltest das ausziehen!«, meinte er nebenbei und deutete auf ihren Anzug.

»Das habe ich irgendwann schon mal gehört!« Sophie lächelte ihn ironisch an. »In diesem Fall werde ich der Aufforderung sogar Folge leisten.«

Ben konzentrierte sich auf das Türschloss, um nicht wieder in die Versuchung zu kommen sie anzustarren.

»Ich muss zugeben, dass es mir richtig Spaß macht!«, plapperte Sophie munter.

Kiten oder ausziehen, fragte Ben sich verwirrt. Sophie trug einen schlichten schwarzen Bikini und sah umwerfend aus. Ein knackiger Po und tolle Brüste. Doch am Schönsten war ihr Gesicht. Ein paar nasse Haarsträhnen hatten sich aus ihrem Zopf gelöst und klebten an ihrer Stirn wie bei einem kleinen Mädchen.

»Was ist eigentlich mit den anderen?«, fragte Ben, um sich abzulenken. Sophie sah ihn irritiert an. »Na, mit den Leuten in deinem Kurs? Machen die auch weiter?«

Sie überlegte kurz. »Bärchen und Bienchen sind abgereist. Sie wollten nicht in die Hände des Serienkillers fallen. Und die Kiffer aus Berlin fahren weiter nach Dänemark, Party machen.«

»Und die alten Hippies?«

»Ein schräges Pärchen, oder? Sie streiten sich nur noch. Sag mal, habt ihr hier immer so viele Pflegefälle?«

»Ich fürchte, ja!«

Ein paar Typen näherten sich der Hütte. Ben fluchte innerlich. Gerade war das Eis zwischen ihnen gebrochen und ausgerechnet jetzt musste er sich um Kunden kümmern.

»Da kommen schon wieder neue Patienten«, flüsterte Sophie verschwörerisch.

»Na wunderbar! Eigentlich wollte ich für heute Schluss machen.« Ben setzte alles auf eine Karte. Wenn er jetzt nicht fragen würde, würde er es nie mehr tun. »Gehen wir später zusammen essen?« Sie würde nie mit ihm essen gehen. Er musste verrückt geworden sein.

»Wann und wo?«

Hatte er richtig gehört? Ben überlegte kurz. »Hast du großen Hunger?«

»Ich könnte ein ganzes Schwein essen!«

»Das lässt sich machen!«, lachte er. »Wir haben einen netten Griechen in Orth. Riesige Portionen, Fleischberge! Alles schön fettig und mit viel Knoblauch.«

»Klingt sehr gut! Soll ich dich abholen?«

»Ich kann dich auch abholen.«

»Sicher«, schmunzelte Sophie. »Allerdings muss ich nur in mein Auto springen und losfahren. Du musst erst das Geschirr wegräumen und was weiß ich nicht, um mit deinem Haus vorzufahren.«

»Das ist ein Argument!«

Sophie griff nach ihrer Tasche und pfiff nach ihrem Hund.

»Ich bin um sieben da.«

Ben sah ihr nach und wunderte sich über sich selbst. Nach dem Tod von Lamai hatte er kein Mädchen mehr direkt gefragt. Er hatte immer nur auf Einladungen und Anmachen reagiert. Er hatte mit Frauen geflirtet und geschlafen, und sich jedes Gefühl verboten, um sich selbst zu schützen. Er hatte nie falsche Hoffnungen wecken wollen. Er hatte nie etwas versprochen. Einigen Frauen hatte er trotzdem wehgetan. Und manche waren ziemlich sauer geworden. Sarah! Sie war so schrecklich wütend gewesen.

Olli war froh, dass der Kurs endlich zu Ende war. Den Unterricht durchzustehen, machte ihm mehr Probleme, als er gedacht hatte. Es war, als hätte er erst jetzt richtig begriffen, was eigentlich passiert war. Sarah war tot und sie war schon die Zweite. Die Polizei suchte nach ihrem Mörder. Ob sie schon jemanden verdächtigten? Olli bekam eine Gänsehaut. Hatte Sarah sehr gelitten? Hatte sie große Angst gehabt? Auch wenn sie höchstwahrscheinlich nie ein glückliches Ehepaar geworden wären, hätte er doch davon träumen können. Es hätte immerhin eine winzige Chance bestanden, dass sie es sich noch anders überlegt hätte. Er hätte sie auf Händen durch ein gemeinsames Leben getragen und ihr alles verziehen. Nun musste er seine Träume begraben, wie damals. Seine Gedanken rasten immer schneller und ihm wurde fast schwindelig. Er musste hier raus, sonst würde er vermutlich noch durchdrehen. Er war schon dabei, gestand er sich ein. Wer hatte wohl alles mitbekommen, dass er Sophie angeschrien hatte? Die Bullen würden wiederkommen. Ein Image als aggressiver Schreihals konnte ihm nur schaden. Er konnte nicht weiter Unterricht geben, so als sei überhaupt nichts passiert. Warum hatte er der Polizei nicht die Wahrheit gesagt? Ben hatte recht. Früher oder später würde doch jemand erzählen, dass zwischen ihm und Sarah mehr gewesen war. Ob er von sich aus zur Polizei gehen sollte? Wahrscheinlich wäre das besser, als nur abzuwarten. Aber zuerst musste er weg und in Ruhe nachdenken. Die Idee, einfach abzuhauen, gefiel ihm immer besser. Aber wohin? »Das ist es«, murmelte Olli vor sich hin. Er würde nach Hamburg fahren und Tobias besuchen. Er sah seinen alten Kumpel sowieso viel zu selten. Er würde sich ins Auto setzen und sofort losfahren, jetzt gleich. Tobias war ein guter Zuhörer und ein erstaunlicher Mensch. Olli kannte niemanden, der sich nach einem schweren Schicksalsschlag so lebensfroh in die Zukunft stürzte.

Wenn er doch nur nicht diese Einzelstunden morgen Nachmittag hätte. Es wäre schön, wenn er länger als eine Nacht bleiben könnte. Olli sprang entschlossen auf und packte das Nötigste in eine Reisetasche. Ob er zumindest Ben Bescheid sagen sollte? Ben! Vielleicht würde er die Einzelstunden übernehmen. Olli schnappte seine Tasche und ging zum Transit. Ben saß davor und öffnete gerade eine Dose Cola.

»Olli? Alles klar?«

»Ehrlich gesagt, nicht wirklich. Ich muss hier mal raus. Kannst du die Stunden morgen für mich machen?«

»Geht klar! Was ist denn los?«

»Sarah. Ich krieg das nicht aus dem Kopf. Ich bin kurz davor durchzudrehen.«

»Hey!«, ging Ben dazwischen. »Jetzt mach dir keine Sorgen. Ich regle das hier.«

»Danke!« Olli kramte in seiner Hosentasche. »Bock auf Luxus?« Er klimperte mit dem Wohnmobilschlüssel.

»Immer wieder gern!«, lachte Ben. »Endlich mal wieder nackt fernsehen. Hast du eigentlich noch mal mit den Bullen gesprochen?«

Olli nickte und gab ihm den Schlüssel. Er fühlte sich mies dabei seinen Kumpel anzulügen, aber er konnte jetzt keine Standpauke ertragen. Und außerdem wollte er noch mit der Polizei sprechen. »Ich zieh los! Da ist übrigens noch jede Menge Bier im Kühlschrank und Eier, Schinken und Joghurt. Kannst du alles haben.« Olli ging zum Parkplatz und stieg in seinen alten Golf. Als er den Motor startete, wusste er, dass er das Richtige tat. Er musste mal raus. Er musste weg von den Toten.

Ben hatte es sich gerade in Ollis Badewanne bequem gemacht, als es an die Tür klopfte.

»Machen Sie auf! Polizei!«

Ben sprang schnell aus der Wanne und wickelte sich ein Handtuch um die Hüften. Verwirrt öffnete er.

»Oliver Konrad?«

Zwei Kripobeamte sahen ihn finster an. Ben erkannte Ingo Schölzel, der die Zeugenbefragung durchgeführt hatte.

»Ich bin nicht Olli! Das wissen Sie doch.«

Der Jüngere sah ihm ernst ins Gesicht. Dann wanderte sein Blick abwärts. »Oh, ich verstehe! Sagen Sie der anderen Schwuchtel doch bitte, dass sie Besuch hat.«

Ben starrte die beiden an und fragte sich, ob er wirklich richtig gehört hatte.

»Ben, bitte machen Sie keine Schwierigkeiten und holen Sie Ihren Freund«, sagte Ingo Schölzel mit ruhiger Stimme.

Ben merkte, wie die Wut in ihm hochkroch. »Das reicht jetzt! Er ist nicht da! Ich glaube, Sie haben sich noch nicht vorgestellt!«

»Das ist Polizeihauptkommissar Sperber. Wir kennen uns bereits. So, und nun beantworten Sie bitte meine Frage. Wo ist Ihr, ähm … Oliver Konrad denn?«

»Das weiß ich nicht! Er hat mir nur gesagt, dass er mal raus muss. Ihn hat das Ganze ziemlich mitgenommen.«

Kommissar Sperber lachte ironisch. »Klar! Und Sie gießen nur die Blumen?«

»Hören Sie, ich hab keine Ahnung, wo er steckt. Olli hat mir nicht gesagt, wo er hin wollte. Er hat mich nur gefragt, ob ich morgen zwei Privatstunden für ihn übernehmen würde, damit er noch einen Tag länger weg kann.« Es war offensichtlich, dass sie ihm nicht glaubten. Ben fühlte sich furchtbar. Es war erniedrigend, halb nackt vor zwei Beamten zu stehen. Am liebsten hätte er einfach die Tür zugeknallt. Außerdem war er langsam beunruhigt. Warum machten die Bullen so ein Theater?

Er atmete tief durch und versuchte freundlicher zu klingen. »Sehen Sie diesen alten orangefarbenen Ford Transit dahinten? Das ist mein eigentliches Zuhause. Olli und ich sind befreundet. Er weiß, dass ich ab und zu auch mal ein bisschen Luxus mag, und da hat er mir angeboten, in seiner Abwesenheit in seinem Wohnmobil zu bleiben.«

»Luxus?«, Sperber lachte leise.

»Ja! Großes Bett, Stereoanlage, Fernseher, Badewanne. Ganz normale Dinge, die Sie bestimmt aus ihrem spießigen Eigenheim kennen.«

»Jetzt werden Sie nicht frech! Wir können uns auch auf der Wache unterhalten!«

»Was macht Ihren, äh ... Kumpel, denn so schrecklich fertig?«, fragte Schölzel versöhnlicher. »Sie war doch nur eine Bekannte, oder? Sie haben gemeinsam trainiert. Ich finde es auch furchtbar, wenn einem Kollegen was zustößt, aber deshalb renn ich doch nicht davon!«

Ben biss sich auf die Lippe. Das war es! Sie waren dahintergekommen. Natürlich! Olli war ein Idiot. Er hatte es ihm gleich gesagt.

»Herr Lorenz?«, hakte Schölzel nach.

»Er ist eben sensibel!« Ben ärgerte sich, dass ihm keine bessere Erklärung einfiel.

»Wollen Sie uns verarschen?«, fragte Kommissar Sperber ungläubig.

»Glauben Sie mir, ich wünschte, ich könnte Ihnen helfen.«

»Sie wissen ja sicher, dass Sie wegen Behinderung der Ermittlungen ziemlichen Ärger kriegen können«, belehrte ihn Schölzel.

Ben reichte es langsam. »Sie meinen täglich drei Mahlzeiten und fließendes Wasser?«

Sperber grinste ihn dreckig an. »Und bestimmt jede Menge Sex. Goldgelockte Engel sind im Knast beson-

204

ders begehrt. Meine Karte, falls Ihnen noch was einfallen sollte. Schönen Tag!«

Ben schloss dir Tür und ließ sich auf die Sitzbank fallen. Er war vielleicht dabei, sich großen Ärger einzuhandeln, aber zumindest hatte er seinen Kumpel nicht verraten. Er hatte ihm schon genug angetan.

Tina stellte erschöpft Strandtasche und Babyschale in der Küche ab. Ein Tag am Meer, allein mit drei kleinen Kindern, hatte mit Erholung rein gar nichts zu tun.

»Mama, ich hab noch überall Sand. Das juckt!«, beschwerte sich Antonia. »Ich muss jetzt duschen!«

Tina atmete tief durch. »Gleich, Schatz.«

Antonia stapfte mit dem Fuß auf. »Nein! Sofort!«

Paul fing an zu heulen. »Aber ich hab doch so Hunger!«

Jetzt meldete sich auch Finn mit lautem Protestgeschrei. Tina versuchte ruhig zu bleiben. Am liebsten wäre sie schreiend aus dem Haus gerannt.

»Was ist denn hier los?« Sophie stand in der Tür. Pelle drängelte sich an ihr vorbei und leckte freudig die Kinder ab.

»Dich schickt der Himmel! Dich und deinen wunderbaren Hund!« Sophie sah sie verdutzt an. »Hier will wieder jeder zuerst bedient werden. Ich muss Finn stillen.«

»Dann los! Setz dich in einen Liegestuhl und überlass die Chaoten der lieben Tante Sophie.«

Tina hätte sie am liebsten geküsst. Sie ging mit Finn auf die Terrasse und genoss den seltenen Moment der ruhigen Zweisamkeit mit ihrem Baby. Als sie 15 Minuten später mit dem Kleinen ins Haus ging, war von ihren Kindern und Sophie nichts zu sehen. Irritiert ging sie die Treppe hoch. Aus dem Badezimmer war munteres Geplapper zu hören. Tina öffnete die Tür. »Was ist denn hier los?«

205

Antonia und Paul saßen in der Wanne. Zwischen ihnen stand ein Tablett mit belegten Broten und zwei Gläsern Milch.

»Ein Kompromiss!«, erklärte Sophie stolz.

»Ein Kompromiss? Ich lach mich tot! Jetzt werden sie immer in der Wanne essen wollen.«

Sophie sah sie beleidigt an. »Nein, eben nicht! Stimmt doch, ihr Mäuse?« Die Kinder nickten ernst. »Antonia, Paul und ich haben besprochen, dass das hier eine Ausnahme ist.«

Tina nickte skeptisch.

»Jetzt guck nicht so. Die beiden haben gleich aufgegessen und dann ziehen sie ihre Pyjamas an, ohne zu murren. Ich muss jetzt auch schnell duschen. Bin nämlich verabredet«, erklärte Sophie geheimnisvoll. Sie winkte den Kindern zu und verließ das Bad.

»Ist das nicht toll, Mama? Alles ein Abwasch, hat Tante Sophie gesagt«, erklärte Antonia begeistert.

»Ja, wirklich super. Dann kommt mal raus.«

Die Kinder gaben keine Widerrede. Nach 20 Minuten waren sie im Bett verschwunden. Tina hatte sich zur Krönung des überraschend stressfreien Abends gerade mit einer leichten Weinschorle auf die Terrasse gesetzt, als Sophie nach draußen kam. »Du hast dich aber schick gemacht! Alle Achtung! Wer ist denn der Glückliche?« Sophie trug ein schlichtes türkises Sommerkleid. Tina tippte, dass es von Gucci war. Sophie sah atemberaubend aus.

»Jetzt spinn doch nicht«, protestierte Sophie. »Das Kleid ist schon ein paar Jahre alt.«

Tina legte grinsend den Kopf schief. »Wohl doch auf ein kleines Abenteuer aus, wie?«

»Overdressed für ein Essen beim Griechen in Orth mit Ben?«

Tina fing an zu lachen. »Du siehst aus, als müsstest du gleich auf eine Promifeier nach Sylt!«

Sophie stöhnte und verschwand. Fünf Minuten später kam sie in Jeans und schlichtem weißen T-Shirt zurück. »Besser?«

Tina nickte. »Wir sind auf Fehmarn. Nicht in Saint-Tropez. Aber du siehst immer noch umwerfend aus. Das kannst du auch nur ändern, wenn du dir eine Papiertüte über den Kopf stülpst. Aber jetzt erzähl mal kurz. Ben?«

Sophie winkte ab. »Wir haben uns spontan verabredet. Wir wollen jede Menge fettiges Fleisch essen. Ich muss los!«

»Viel Spaß«, rief Tina ihr hinterher. Sie meinte es ehrlich. Es war gut, dass Sophie sich nach dem Drama mit Felix nicht verkroch. Schlimm genug, dass ausgerechnet sie diese Leiche hatte finden müssen.

26

Sophie fuhr in ihrem BMW nach Gold. Pelle saß auf dem Beifahrersitz und guckte über den Außenspiegel, die Nase im Wind. Ben stand bereits an der Straße. Er trug ebenfalls Jeans und T-Shirt und Sophie war froh, sich noch umgezogen zu haben.

»Toller Schlitten!«

»Leasing!« Sophie scheuchte Pelle nach hinten und Ben stieg ein. Er sah ziemlich schlecht gelaunt aus, stellte sie fest.

»Wir müssen nicht zusammen essen, wenn du keine Lust dazu hast.«

Ben sah sie erschrocken an. »Wie? Entschuldige! Ich hatte nur eine ziemlich schräge Begegnung mit den Bullen.«

»Die Polizei war bei dir?«

»Ja und nein. Eigentlich waren sie auf der Suche nach Olli, aber der hat zwei Tage frei.«

»Und wo steckt er?«

Ben schüttelte langsam den Kopf und lehnte sich zurück. »Ich hab keinen Schimmer. Aber ich habe auch eine gute Nachricht. Hanjo hat ab morgen wieder eine Aushilfe und ich muss in den Pausen nicht den Kellner spielen.«

»Na endlich! Der arme Mann hat mir schon richtig leidgetan. Wieso hat er sich denn nicht früher gekümmert?«

Ben seufzte. »Er hatte ja eine Kellnerin, nur die hat sich den Fuß gebrochen. Außerdem ist er total überfordert. Sonst hat sich seine Frau immer um alles gekümmert.«

208

Sophie parkte den Wagen auf dem Parkplatz am kleinen Hafen von Orth. Sie liefen die paar Meter zum Restaurant und setzten sich an einen freien Außentisch. Der Kellner brachte ihnen die Speisekarten und zwei Ouzo.

Ben hob sein Glas. »Auf unser Land und unsere Polizeibeamten!«

»Prost!« Sophie trank einen Schluck und studierte dann die Speisekarte. Wie Ben bestellte sie die größte Fleischplatte, die auf der Karte stand.

»Dieser Oberhauptkommissar Sperber, das ist vielleicht ein ätzender Sack!«, nahm Ben den Faden wieder auf.

Sophie traute ihren Ohren nicht. »Sperber?«

»Ja, so hieß er.« Ben zündete sich eine Zigarette an.

»Was kann die Polizei denn von Olli gewollt haben?«

Ben zuckte mit den Schultern. Sophie beschloss, ihm die Wahrheit zu sagen. »Dieser unfreundliche Typ, dieser Kommissar, ist der Mann meiner Freundin.«

»Du lebst mit diesem Sack unter einem Dach?«

»Ja und nein. Er ist eigentlich nie da. Stefan ist die Woche über in Lübeck.«

»Heute ist Montag!«

»Eben!«

»Da komm ich gerade nicht mit.«

»Wegen einer Zeugenaussage hätte Stefan nicht persönlich seinen Hintern nach Fehmarn gebracht«, erklärte Sophie vorsichtig.

Ben sah sie fragend an. »Was willst du damit sagen? Du meinst doch nicht, dass sie Olli verdächtigen? Das ist total lächerlich! Er hat sie geliebt! Und außerdem sind doch zwei Mädchen tot. Diese Sandra machte einfach einen Kurs bei ihm. Sie war ziemlich langweilig, aber …«

Die Platten wurden auf den Tisch gestellt. Pelle setzte sich sabbernd vor den Tisch.

»Ben! Wenn du eine Ahnung hast, wo Olli steckt, dann

solltest du ihm dringend empfehlen, mit der Polizei zu sprechen.«

»Das hatte ich eigentlich bereits getan. Aber mal im Ernst. Da gibt es doch gar keinen Zusammenhang. Sandra und Sarah kommen... kamen aus verschiedenen Welten. Sandra war aus Düsseldorf. Sie machte hier Ferien. Sie war allein angereist und hatte ein Zimmer in einer kleinen Pension im Nachbarort gemietet. Und Sarah lebte seit ein paar Monaten auf der Insel. Sie hatte ein schickes Appartement in Orth. Sie war kurz davor, die Deutschen Meisterschaften zu gewinnen.«

Sophie konzentrierte sich. Es musste einen Zusammenhang geben. »Wie sahen die beiden denn aus? Ich meine, wie würdest du sie beschreiben?«

Ben sah sie verwirrt an. »Wie sie aussahen? Puh! Sarah war ziemlich groß. Blonde Haare, schlank ... Sie war hübsch. Und Sandra, ich habe sie ja nur ein paarmal gesehen. Sie war in Ollis Anfängerkurs, aber ...« Er pfiff durch die Zähne. »Sie war zwar ganz anders, aber reduziert aufs Körperliche, Bingo! Groß, blond, schlank!«

Sophie schnalzte mit der Zunge. War das der Schlüssel? Konnte es tatsächlich so simpel sein? Wählte der Mörder seine Opfer zufällig, wenn sie in sein Beuteschema passten?

Olli saß bei seinem Kumpel Tobias auf dem Sofa und trank das dritte Bier.

»Essen ist gleich fertig!«, erklärte Tobias und balancierte ein Tablett mit Geschirr und zwei Martini auf seinem Schoß. »Und komm mir nicht damit, dass du keinen Hunger hast! Es gibt wunderbare Steaks, gebackene Kartoffeln und einen tollen Salat. Hier, ein kleiner Aperitif zur Einstimmung auf das Festmahl. Gerührt und nicht geschüttelt, oder wie war das noch?«

Olli hatte tatsächlich Hunger. Aus der Küche kam ein wunderbarer Duft. »Was würde ich nur ohne dich machen!«

»Wahrscheinlich verhungern! Prost!« Tobias trank einen Schluck und stellte das Glas auf den Tisch. »Sorry, aber ich muss wieder an den Herd. Das perfekte Steak ist eine Frage des Timings.«

Er wendete und fuhr in die Küche. Olli schluckte. Er würde sich nie daran gewöhnen, Tobias im Rollstuhl zu sehen. Er war mal einer der besten Surfer gewesen, bis er vor drei Jahren diesen grauenhaften Unfall hatte. Vor Sylt war er bei einem Rennen gestürzt und das Brett hatte mit voller Wucht seinen Rücken erwischt. Er würde seine Beine nie wieder bewegen können. Doch statt an der Situation zu zerbrechen, machte Tobias das Beste daraus. Wie früher auf dem Wasser hatte er monatelang in der Rehaklinik gekämpft. Schneller, als die Ärzte es für möglich gehalten hatten, war er so fit, dass er ohne Hilfe klarkam. Er hatte sich in Hamburg eine Wohnung im Erdgeschoss gemietet und sie behindertengerecht umbauen lassen. Als eine Straßenecke weiter ein Ladenlokal frei wurde, hatte er beschlossen, einen Surfladen zu eröffnen. Das Geschäft wurde zu einer echten Goldgrube. Auch wenn er nun im Rollstuhl saß, drehte sich sein Leben weiter um seine große Leidenschaft. Es gab keine Anzeichen von Neid oder Verbitterung. Wenn er doch ein bisschen was von Tobias hätte. Dann würde er jetzt wissen, was er als Nächstes zu tun hätte.

Kurze Zeit später saßen sie am Esstisch und genossen die butterzarten Steaks. »Der Hammer!«, schwärmte Olli. »Ich kann mich nicht erinnern, jemals so gut gegessen zu haben!«

»Nicht übertreiben. Aber danke!«, erwiderte Tobias trocken und schenkte Rotwein nach.

Olli tunkte den Rest der Soße mit seinem Brot auf. Er wusste nicht, wie er anfangen sollte. Tobias kam ihm zuvor. »So, und vor dem Espresso würde ich doch gern noch den Grund deines spontanen Besuchs erfahren. Du siehst scheiße aus! Was hat dir die Petersilie verhagelt?«

Olli schluckte.

»Hey! Raus damit! Los, langweile mich mit deiner Story. Ich lauf bestimmt nicht weg!«

»Ich hatte eine Romanze, Affäre, ein Verhältnis, was weiß ich.«

»Klingt ja wirklich schlimm! Da bin ich natürlich besser dran. Über so was muss ich mir nämlich keine Gedanken mehr machen.«

Olli sah an ihm vorbei ins Leere.

»Sorry«, entschuldigte sich Tobias. »Ich bin ein bisschen zynisch geworden. Was ist denn jetzt mit deiner Perle?«

»Sie ist tot.«

Tobias sah ihn erschrocken an. »Ach du Scheiße! Mann, Olli, das tut mir leid! Ich dachte, du hättest ein bisschen Liebeskummer. Irgendwas, das mit drei Flaschen Rotwein zu heilen ist.«

Mit zitternder Hand griff Olli nach seinem Glas und trank einen Schluck, bevor er weitersprach. »Sie ist ertrunken!« Er atmete tief durch und flüsterte: »Wie Fenja.«

»Fenja? Das ist doch eine Ewigkeit her. Da musst du doch langsam mal drüber weg sein.«

Olli sah ihm in die Augen. »Nein! Ich werde nie darüber hinwegkommen. Nie!«

27

Stefan saß in seinem Büro und starrte die Wand an. Wie sollte er jetzt weiter vorgehen? Sollte er nach Olli fahnden lassen? Die berühmte Nadel im Heuhaufen suchen? Warum war ihnen diese Geschichte mit Oliver Konrad erst so spät aufgefallen? Durch diesen Fehler hatten sie ihm genug Zeit gelassen zu verschwinden. Ingmar würde ausflippen. Das Telefon klingelte. Stefan schnauzte seinen Namen in den Hörer.

»Wie ich deiner Laune entnehme, weißt du bereits, welche Schlagzeile uns morgen erwartet.«

Was kam denn jetzt noch? »Nein, Herr Staatsanwalt.«

»Nein? Dann hör mal gut zu. ›Serienkiller auf Fehmarn‹.

Finde den verdammten Mörder! Von mir aus kannst du auch diesen Schreiberling verhaften. Der hat einen Haufen Ärger angerichtet. Wegen nichts!« Ingmar Harder korrigierte sich schnell. »Wegen zwei toten Frauen auf Fehmarn. Die Medien machen einen Serienmörder aus unserem Mann! Die suchen einen zweiten Blaubart für ihre Verkaufszahlen.«

Stefan zündete sich die nächste Zigarette an. Der Blaubart von Fehmarn hatte in den 70er-Jahren vier Frauen ermordet und zersägt. Stefan hoffte wirklich, dass er es nicht mit so einem Irren zu tun hatte. »Ingmar, was soll ich denn machen? Wir arbeiten wie die Tiere und vielleicht haben wir auch eine heiße Spur. Dieser Typ, Oliver Konrad, der hat sich in Widersprüche verstrickt.«

»Dann nehmt ihn in die Mangel!«

Stefan zog noch einmal tief an seiner Zigarette, bevor er die Bombe platzen ließ. »Er ist weg.«

Am anderen Ende der Leitung wurde es für eine Sekunde still. Stefan hielt den Hörer etwas von seinem Ohr entfernt. Er wusste, dass der Staatsanwalt gleich toben würde.

»Er ist was?«

»Keine Sorge! Wir kriegen ihn!« Stefan fragte sich, woher er seine Zuversicht nahm.

»Das will ich schwer hoffen! Gib eine Fahndung raus! Verdammt! Was wollen wir denn der Presse sagen? Wir müssen uns jetzt mal äußern, sonst schreiben die weiter diese Horrormeldungen. Verdammte Scheiße! Ruf mich an, wenn ihr irgendwas in der Hand habt oder diesen Surflehrer findet.«

Ingmar hatte aufgelegt. Stefan atmete tief durch. Er öffnete den Ordner und sah sich die Autopsieberichte noch einmal genauer an. Die Bilder der jungen Frauen auf dem Sektionstisch ließen ihn frösteln. Er zog seine Schreibtischschublade auf und kramte die unscheinbare Flasche Apfelsaft hervor. Chivas Regal. Zwölf Jahre alt. Er kippte den kalten Rest Kaffee in den Topf des längst eingegangenen Gummibaums und schenkte die Tasse halb voll. Nach einem kräftigen Schluck ging es ihm besser. Er konnte wieder denken. Es gab nur zwei Möglichkeiten. Entweder, Oliver Konrad hatte seine Freundin umgebracht und vorher schon mal geübt, oder ein Irrer hatte die beiden Frauen zufällig ausgewählt, weil sie sich ähnlich sahen. Stefan pfiff durch die Zähne. Oder sahen sie einer unbekannten Dritten ähnlich, von der sie noch nichts wussten?

Ben ließ das letzte Lammfilet unauffällig unter den Tisch fallen.

»Das hab ich gesehen!«, schimpfte Sophie. »Morgen macht Pelle Diät!«

»Wenn sein herzloses Frauchen ihm nichts übrig lässt!«

»Ich hab hier einfach Hunger, das ist alles!«, rechtfertigte sich Sophie. »In Hamburg bin ich so eine Salat- und Sushizicke.«

»Sushizicke?«

»Ja, Sushi! Ich esse mit großer Begeisterung rohen Fisch.«

»Ach, darum bist du ständig unter Wasser!« Er nickte verständnisvoll. »Du naschst ein bisschen!« Sophie lachte laut. Er stimmte mit ein. Ihr Lachen war einfach ansteckend. »Wie wäre es noch mit einem Bierchen am Strand?«

»Gute Idee!«

Sie zahlten und fuhren zurück nach Gold. Sophie parkte ihren BMW auf der Wiese. »Und wo kriegen wir nun Bier her? Hanjo scheint die Bude schon geschlossen zu haben.«

Ben klimperte mit dem Wohnmobilschlüssel. »Ollis Kühlschrank ist voll mit dem Zeug und ich habe seine Erlaubnis, weil ich morgen seinen Kurs übernehme.«

»Wow!«

Sie gingen zum Wohnmobil. Ben schloss auf und holte ein Sixpack aus dem Kühlschrank. Schweigend spazierten sie an den kleinen Sandstrand, setzten sich in den Sand und öffneten die ersten Flaschen.

»Was für eine warme Nacht!«, schwärmte Sophie und fummelte eine Zigarette aus der Schachtel.

Ben gab ihr Feuer. »Ja! Bei so einem Wetter kann ich mich wunderbar an Phuket erinnern, an den Strand von Bang Tao. Das abendliche Bier war Pflicht. Na ja, dafür fiel das Frühstück meistens aus.«

Sie lächelte. »Ich war mal da und habe im Banyan Tree Resort gewohnt. Kennst du das?«

Ben pfiff durch die Zähne. »Ob ich das kenne? Ja klar,

von außen. So einen wie mich lassen die da nicht rein. Das Hotel hat doch mindestens 17 Sterne, oder so.«

Sophie lachte. »Sechs, um genau zu sein.«

»Aber du warst doch nicht nur im Hotel? Du warst doch bestimmt auch mal am Strand, ein Stück weg von den großen Hotels?« Sie schüttelte den Kopf. »Wie jetzt? Willst du mir erzählen, du warst auf Phuket und hast außer dem Hotel nichts von der Insel gesehen? Du warst nicht einmal in einem der Strandrestaurants Fisch essen, die Füße im warmen Sand?«

»Ich war dort nicht allein und damals erschien mir das Bett in einem Hotelzimmer schöner als alles, was die Insel mir hätte bieten können. Wir hatten uns ein paar gemeinsame Tage gestohlen und ...« Sie überlegte kurz und zog an ihrer Zigarette. »Das war alles in einem anderen Leben. Und mittlerweile auch uninteressant. Erzähl mir lieber, wie du da gelebt hast.«

Alles war in dieser Sekunde wieder da. Ben atmete tief durch. »Ich war dort sehr glücklich und ich habe dort eine Katastrophe erlebt.« Sophie sah ihn fragend an. Ben beschloss, ihr alles zu erzählen. Am Ende liefen ihm Tränen über die Wangen, ohne dass er es bemerkte. »Und dann wollte ich nicht mehr dort sein ohne sie. Ich wollte ...« Sophie nahm sein Gesicht in die Hände und küsste ihn. Er hatte nicht erwartet, dass es sich so gut anfühlen würde. Er zögerte noch kurz, dann erwiderte er ihren Kuss. Sie lagen im Sand und küssten sich. Sie schien genauso verzweifelt nach Nähe zu suchen wie er. »Sophie?«

Sie schnurrte leise. Ben griff in seine Hosentasche und zog den Wohnmobilschlüssel raus. Er zeigte ihn ihr schweigend. Sie suchte seine Hand. Er ergriff sie. Sein Körper kribbelte. Nein, so was würde ihm nicht wieder passieren. Er würde aufpassen.

Tina genoss die Ruhe und die warme Nacht auf der Terrasse. Die Kinder schliefen und Sophie war noch nicht zurück. Sie überlegte gerade, ob sie sich ein Buch holen sollte, als das Telefon klingelte.

»Ich bins. Hallo Schatz«, meldete sich Stefan. »Na, was machst du gerade?«

Tina lachte leise. »Ich sitze im Garten und habe gerade überlegt, ob ich einen Krimi lesen will. Ich hab das erste Mal seit Monaten einen entspannten Abend allein. Die Bande pennt. Wir waren zusammen am Strand und …«

»Wo ist denn Sophie?«

»Sie ist nicht da. Sie ist essen gegangen, mit ihrem Surflehrer.«

»Mein Gott! Doch nicht mit diesem Olli?«

»Nein, mit Ben«, antwortete sie gereizt. »Was zum Teufel ist denn los mit dir? Sophie ist erwachsen!«

»Entschuldige! Ich hatte einen beschissenen Tag und ausgerechnet du bekommst jetzt meine miese Laune zu spüren. Wir waren heute Morgen schon auf Fehmarn …«

»Du warst hier?« Tina fragte sich, ob sie ihn richtig verstanden hatte. »Und du sagst nicht mal deinen Kindern ›Hallo‹?«

»Ich war nicht zu meinem Vergnügen da. Wir haben einen Verdächtigen.«

»Was? Wen?«

»Du weißt genau, dass ich dir das nicht sagen darf!«

Tina zählte schnell ein und eins zusammen. »Das ist doch Quatsch! Olli würde keiner Fliege was antun.«

»Wie kommst du denn auf Olli? Ich habe ihn nicht erwähnt.«

Ihr eigener Mann schien sie für blöd zu halten. »Verdammt, Stefan! Du bist ganz verrückt geworden, als du dachtest, Sophie sei mit Olli aus.«

Stefan schwieg ein paar Sekunden. »An dir ist ja eine

echte Detektivin verloren gegangen«, seufzte er dann. »Tina, du darfst niemandem was davon sagen, aber Olli hat sich tatsächlich verdächtig gemacht. In seiner Zeugenaussage hat er angegeben, dass er Sarah Müller nur flüchtig kannte. Soviel ich weiß, hatten sie aber eine Affäre.«

»Das ist alles?«, fragte sie erleichtert. »Was beweist das schon? Olli wird einfach Angst bekommen haben. Und eine Affäre ist doch auch keine Beziehung. Wahrscheinlich wusste er selbst nicht, woran er bei ihr war.«

»Er ist weg!«, fügte Stefan trotzig dazu.

Tina trank einen Schluck Schorle. »Dann frag doch Ben. Der weiß bestimmt, wo Olli steckt.«

»Der Vogel, der jetzt in seinem Wohnmobil haust? Der sagt, er weiß nichts. Schatz, ich muss Schluss machen. Auf meinem Tisch stapeln sich die Akten und der Staatsanwalt geht mir auch auf die Nüsse. Lies morgen die Zeitung und du verstehst, warum Ingmar nicht besonders entspannt ist. Ich liebe dich.«

Tina ließ sich wieder in den Liegestuhl sinken. Wozu brauchte sie einen Krimi, fragte sie sich zynisch. Sie hatten doch selbst einen Mörder. Aber doch nicht Olli? Der war doch ein harmloses Schaf. Schon in der Schule war er immer das arme Schwein gewesen, das man beim Mogeln erwischt hatte. Tina grinste, als sie sich an die alten Zeiten zurückerinnerte. Olli hatte nur Augen für Fenja gehabt. Er hatte sie angebetet und in seiner Schwärmerei nicht mal mitgekriegt, dass sie einem anderen heimlich Kekse zusteckte. Tina schüttelte kichernd den Kopf. Gott, wie lange war das alles her! Ob man heute noch mit Keksen beeindrucken konnte? Jedenfalls hatte sich dieser dünne Junge immer sehr über die Plätzchen gefreut. Wie hieß er denn noch gleich? Ach ja, der dünne Benny. Tina rutschte das Glas aus der Hand und zersplitterte auf dem Boden.

Ben!

28

Sophie ging Hand in Hand mit Ben den Strand entlang. Was machte sie nur, fragte sie sich verwirrt. Sie hatte das Gefühl, überhaupt nicht mehr sie selbst zu sein. Sie benahm sich wie ein verknallter Teenager. Es musste am Alkohol liegen. Sie war dabei, mit einem Surflehrer in die Kiste zu springen. Doch anstatt dieses Abenteuer einfach zu genießen, war in ihrem Magen ein Kloß. Sie hatte das Gefühl, Felix zu betrügen. Der Gedanke war absurd. Sie musste ihn endlich aus dem Kopf kriegen, die Flucht nach vorn angehen. Schon aus diesem Grund war die Idee, mit Ben zu schlafen, eine gute. Sie war Felix immer treu gewesen und konnte sich kaum noch an die Geschichten erinnern, die vor seiner Zeit lagen. Und wenn sie sich gleich lächerlich machte? Sophie wurde plötzlich unsicher. Ben hatte sicher unzählige Schülerinnen verführt. Auf der anderen Seite hatte er seine große Liebe verloren. Würde er sie mit dieser schönen Thailänderin vergleichen? Vielleicht sollte sie doch einfach nach Hause fahren. »Pelle?«

»Er ist hier«, flüsterte Ben und küsste ihren Hals. Sein Kuss fühlte sich weich an. Sophie wusste, dass sie es nicht mehr stoppen konnte und wollte es auch nicht. Ben schloss das Wohnmobil auf und sie trat ein. Er zündete eine Kerze an. In dem flackernden Licht zog er sie zu sich.

»Was machen wir mit Pelle?«

»Er hat draußen mehr Spaß. Pelle! Hey, du darfst draußen bleiben! Aber nicht zu weit weglaufen.« Pelle grunzte zufrieden und trabte schnüffelnd davon. Sophie schloss die Tür und sah Ben an. Er erwiderte ihren Blick und zog lächelnd die Augenbrauen hoch.

»Komm!«, flüsterte er und zeigte auf das Alkovenbett. Sophie nickte und stieg die Leiter hinauf. Ben nahm die Kerze und folgte ihr. Sie zogen sich gegenseitig langsam aus. Immer wieder küssten sie sich. Erst sanft, dann wurden sie immer leidenschaftlicher. Sophie vergaß alles um sich herum. Als sie später erschöpft dalagen und sich immer noch festhielten, musste Sophie wieder an Felix denken. An die Nächte in den vielen Luxushotels. Es war immer alles perfekt und sauber gewesen. Der Champagner hatte auf dem Nachttisch gestanden und die Kleidung ordentlich über einem Stuhl gelegen. Selbst der Sex war gewissermaßen aufgeräumt. Sie hatten gewusst, was der andere erwartete und erfüllten sich gegenseitig ihre Wünsche. Danach waren sie unter die Dusche gesprungen. Als Sophie jetzt verschwitzt in Bens Armen lag und den Sand auf ihrem Körper spürte, fühlte sie sich einfach wohl. Er küsste zärtlich ihren Nacken und sie schmiegte sich an ihn. Sie würde sich doch jetzt nicht verlieben? Ausgerechnet in einen Typen, der in einem Bus hauste. Lächelnd schlief Sophie ein. Mitten in der Nacht schreckte sie plötzlich hoch. »Pelle!«

Ben zog sie zu sich und strich ihr Haar aus der Stirn. »Pst! Du weckst ihn noch auf.« Sophie sah ihn fragend an. Er nickte mit dem Kopf. »Er schläft da unten. Ich hab ihn reingeholt.«

Tatsächlich, ihr Liebling lag auf einer Decke am Boden und schnarchte zufrieden. »Danke.«

»Purer Egoismus! Wenn dein Hund mich nicht mag, hab ich bei dir doch keine Chance.«

»Du bist ja ganz schön berechnend!«

Ben lachte leise. »Ich versuche einfach nur, an alles zu denken, wenn ich mir dadurch eine blonde Schönheit einfangen kann.«

29

Dienstag

Ben rollte sich auf die Seite. Lächelnd beobachtete er Sophie im Schlaf. Sie lag ausgestreckt auf dem Rücken und atmete ruhig. Die Morgensonne fiel auf ihr Gesicht. Nachdenklich schüttelte Ben den Kopf. Er hatte sich nach Lamais Tod fest vorgenommen, sich nie wieder zu verlieben. Neben einer anderen Frau aufzuwachen, wäre ihm wie ein Verrat erschienen. Und jetzt lag Sophie neben ihm und er würde sie am liebsten hierbehalten, obwohl er sie kaum kannte. Plötzlich schlug Sophie die Augen auf und sah sich verwirrt um.

»Guten Morgen«, flüsterte Ben.

Sophie setzte sich panisch auf. »Wie spät ist es?«

»Halb acht und für mich wird die Nacht auch unvergesslich bleiben«, schmunzelte er.

Sie rieb sich verschlafen die Augen. »Entschuldige! Ich bin wohl ein bisschen neben der Spur. Ich …«

Ben küsste sie zart auf den Mund.

»Tina wird sich Sorgen machen.«

Er streichelte ihren Hals.

»Ben, ich muss los!«

Seine Hand wanderte tiefer und er küsste sie wieder. Sie ließ sich zurück ins Kissen fallen und nahm sein Gesicht in ihre Hände. Er zitterte leicht. Selten hatte eine Frau ihn so verrückt gemacht. Plötzlich bellte Pelle wie verrückt.

»Meine Güte, was hat er denn?«

Sophie fing an zu kichern. »Er ist eifersüchtig! Außerdem springt er morgens gerne zu mir ins Bett. Das schafft er hier ja wohl kaum.«

Ben stöhnte und rollte sich auf den Rücken. »Sie hat einen Anstandswauwau!«

Sophie kletterte die Leiter hinunter. Ben hatte sich eigentlich einen anderen Start in den Tag erhofft und jetzt brauchte er dringend eine kalte Dusche. Er hörte, wie Sophie ihren Hund begrüßte und ihm die Tür öffnete.

»Kannst du mir bitte meine Klamotten runterwerfen?«

Ben setzte sich auf und sah zu ihr nach unten. »Hol sie dir doch!« Sie lächelte ihn bezaubernd an und schüttelte den Kopf. »Dann sag, dass ich nicht nur ein Mann für eine Nacht war!«, flehte er ironisch und bemühte sich, möglichst dramatisch auszusehen.

»Aber, so ist es eben, mein Liebster«, entgegnete Sophie ernst. Dann fing sie an zu lachen. Ben stimmte mit ein. Ihr Lachen liebte er wirklich. Er sammelte ihre Sachen ein und kletterte nach unten. »Ihre Kleidung, Madame.«

Sie nahm ihm das Bündel aus dem Arm. »Danke, der Herr!«

»Sophie!« Er sah sie ernst an. »Ich bin wirklich sehr gern mit dir zusammen. Der Abend war toll, auch wenn wir nicht im Bett gelandet wären.«

»Ich bin ehrlich gesagt ziemlich durcheinander. Es ist eine Weile her, dass ich die Nacht mit einem Mann verbracht habe, den ich kaum kenne.«

Sein Herz klopfte plötzlich. »Du bereust es doch nicht?«

»Was? Nein!« Sie lächelte. »Wir hatten doch jede Menge Spaß! Du bist ein interessanter Mann und ich möchte noch viel mehr über dich wissen. Aber jetzt muss ich erst mal Pipi und dann schleunigst zurück zu Tina.« Sophie ging ins Bad.

Er sah ihr nach. Ihr Körper war bei Tageslicht genauso

umwerfend wie im Kerzenschein. Ben fuhr sich durch die Haare und beschloss, Kaffee zu machen. Ob sie das wirklich ernst gemeint hatte? Mochte sie ihn wirklich? Ben stellte einen Topf mit Wasser auf die Gasflamme und löffelte löslichen Kaffee in zwei Becher. Seine Hände zitterten leicht. Diese Frau machte ihn wirklich nervös. Sie war schön und clever. Die Nacht mit ihr war unglaublich gewesen. Er würde sich ins Zeug legen müssen. Nach all den langweiligen Frauen war sie eine echte Herausforderung.

Sophie schloss aufgewühlt die Badezimmertür hinter sich. Was für eine Nacht! Sie musste komplett verrückt geworden sein. Anders war es wohl kaum zu erklären, dass sie mit einem mehr oder weniger obdachlosen Womanizer ins Bett gegangen war. Die Sache mit Felix hatte zwar auch mit einer spontanen Nacht angefangen, aber sonst hatten die beiden Geschichten nichts gemein. Sie konnte Ben immer noch riechen. Wenn sie an seine kräftigen braunen Arme dachte, kribbelte es in ihrem Bauch. Und er küsste fantastisch, unter anderem. Was auch immer geschehen würde, sie hatte jetzt zumindest eine Erinnerung, die den Sex mit Felix übertraf. Allein dafür war es doch gut, sagte sie sich und sah in den Spiegel. Eine zerzauste Frau grinste ihr dämlich entgegen. »Ach du meine Güte!«, murmelte Sophie. Sie sah tatsächlich aus wie ein verknalltes Mädchen. Sie sollte schleunigst abhauen und einen klaren Kopf bekommen. Sophie setzte sich auf die Toilette und sah sich um. Das Badezimmer war viel größer, als sie gedacht hatte, und hervorragend ausgestattet. Es gab eine kleine Badewanne, die auch als Duschkabine diente, ein Waschbecken und natürlich das Klo. Auf einem modernen Regal aus Edelstahl lagen Duschgel, Zahnpasta und Zahnbürste. Sogar zwei exklusive Rasierwasser standen dort. Olli hat es wirklich nicht schlecht hier. Das Badezimmer ihrer ersten Studentenbude war nicht größer gewesen. Olli! Hatte die Polizei wirklich ihn in Verdacht? Das war doch lächerlich! Wahrscheinlich gab es eine ganz einfache Erklärung, warum Stefan persönlich auf die Insel gekommen war. Olli konnte zwar ein Hitzkopf sein, das hatte sie selbst zu spüren bekommen, aber doch kein Mörder. Außerdem waren zwei Frauen tot und die Todesursache hatte nichts mit einer spontanen Tat zu tun. Die Morde waren genau geplant gewesen. Warum war Olli nur so dumm und lief davon? Das machte doch alles keinen Sinn. Sophie ließ sich kaltes Wasser über das Gesicht laufen, bis sie sich wieder frischer fühlte. Dann griff sie nach der Zahnpasta und putzte mit dem Finger.

»Bist du ins Klo gefallen?«, fragte Ben durch die dünne Tür.

»Nein! Ich bin gleich da.« Plötzlich wurde sie unsicher. Es war eine tolle Nacht gewesen, doch jetzt im Sonnenlicht sah die Welt ganz anders aus. Ben passte wirklich nicht in ihr Leben und sie nicht in seins. Auf der anderen Seite wollte sie ihn nicht gleich heiraten. Sophie schlüpfte schnell in ihre Klamotten und sah noch einmal in den Spiegel. Ihre Lippen formten einen stummen Satz. ›Du bist eine dumme Kuh!‹ Ein Lächeln umspielte ihren Mund und sie bekam es nicht weg. Das Ganze war doch total verrückt! Energisch drehte sie sich zur Tür. Dann blieb sie ruckartig stehen. Ollis Zahnbürste! Sie müsste reichen, um eine DNA-Analyse machen zu können. Hastig ließ sie die Zahnbürste in ihrer Hosentasche verschwinden.

Olli erwachte verwirrt. Irgendwer hatte seine Schulter gepackt und schüttelte ihn.

»Steh endlich auf! Ich komm nun schon das dritte Mal vorbeigefahren, um dich wachzurütteln.«

Olli öffnete die Augen. Ach ja, er war in Hamburg.

»Hier! Aspirin!« Tobias und reichte ihm ein Glas. Olli setzte sich stöhnend auf und trank gierig, ohne einmal abzusetzen. »Danke! Ich hab vielleicht nen Schädel. Wie spät ist es?«

»Es ist nach acht und ich muss um neun im Laden sein. Wenn du noch mit mir frühstücken möchtest, dann steh endlich auf! Bagels mit Räucherlachs warten auf dich. Dazu wunderbarer Milchkaffee und frisch gepresster Orangensaft. Hast du den Rotwein noch plattgemacht?«

Olli nickte. Er war nicht stolz drauf und ärgerte sich, dass er so neben der Spur war. »Sorry, ich bin ein Idiot. Ich spring schnell unter die Dusche.«

10 Minuten später zog Olli sich seinen Jogginganzug an. Seine Beine waren wie Brei, doch er musste an die frische Luft. Er musste sich bewegen und den Kopf klar bekommen. Wenn er sich immer nur zuschüttete, würde er nicht weiterkommen. Er musste es endlich mal verarbeiten, statt sich zu betäuben. Olli ging in die Küche. Tobias blätterte in einer Surfzeitschrift.

»Jogginganzug wegen Sofavormittag vor der Glotze? Oder hast du wirklich vor ein bisschen Sport zu machen?«

»Ich will mich tatsächlich ein bisschen um die Häuser quälen. Ich muss wieder fit werden. Ach, Tobias. Ich lass mich hier gehen und dabei bist du derjenige, der Grund zu jammern hätte.«

»Ich?« Tobias sah ihn mit gespieltem Entsetzen an. »Mir geht es prächtig! Mein Geschäft läuft bombig. Olli, deine Freundin ist tot. Du hast jeden Grund, dir eins auf die Lampe zu gießen, aber ich freu mich, dass du jetzt den Arsch hochkriegst.«

Olli schluckte. »Sie war nicht so richtig meine Freundin … Sie hat Schluss gemacht.«

»Mensch, Olli, das macht doch keinen Unterschied. Ihr seid euch mal sehr nah gewesen. Wir frühstücken jetzt erst mal und dann lässt du dir die Birne freipusten. Ich koch uns später was Feines!«

Olli nickte und trank einen Schluck Kaffee. Eigentlich war er sich sicher gewesen, dass er keinen Bissen runter bringen würde, aber als er die üppig belegten Bagels sah, lief ihm das Wasser im Mund zusammen.

»Du hast geduscht. Du isst.« Tobias grinste ihn an und nickte. »Lass dir das von einem Mann mit Erfahrung sagen, du bist auf dem Weg der Besserung.«

Olli atmete tief durch. Er konnte sich wirklich glücklich schätzen, Freunde wie Ben und Tobias zu haben. »Du bist ein Schatz. Wirklich!«

Tobias machte ein entsetztes Gesicht. »Du wirst dich jetzt aber doch nicht in mich verlieben, oder? Ne Olli, vergiss es. Ich habe es vielleicht mal nötig, aber du bist nicht mein Typ!«

Olli sah ihn erschrocken an. Erst als Tobias anfing zu lachen, stimmte er erleichtert mit ein. »Du Arsch! Warum bist du nicht Schauspieler geworden. Mann! Eine Sekunde dachte ich, du meinst das ernst!«

Tobias wischte sich die Tränen aus den Augenwinkeln. »Dein Gesichtsausdruck eben! Wenn ich könnte, würde ich mit den Beinen trampeln.« Es dauerte noch ein paar Minuten, bis Tobias sich wieder im Griff hatte. »Olli, das hier meine ich wirklich ernst. Ich möchte eine zweite Filiale eröffnen und ich brauche einen Mann, dem ich absolut vertrauen kann. Ich kann schwer von einer Ecke der Stadt in die andere fahren, um nach dem Rechten zu sehen. Zumindest noch nicht. In zwei Jahren habe ich hoffentlich die Kohle für ein behindertengerechtes Auto zusammen. Wird aber leider eher ein Golf und kein Mustang. Egal jetzt. Vielleicht ist das eine Alternative zu deinem jetzigen Leben? Ich muss jetzt los. Wir sehen uns heute Abend.«

Die Tür fiel ins Schloss. Olli trank seinen Orangensaft und dachte nach. Vielleicht war das wirklich eine Chance, aus allem rauszukommen und eine echte Perspektive zu haben. Geschäftsführer in einem Laden, voll mit Equipment, mit dem er sich wirklich auskannte. Eigentlich wollte er Fehmarn nie verlassen. Aber jetzt? Er war doch bereits dabei, verrückt zu werden.

Sophie lenkte den BMW auf Tinas Auffahrt. Sie öffnete die Autotür, um Pelle rauszulassen. Sie selbst blieb im Wagen und wählte die Handynummer von Lutz.

»Ja!«, meldete sich der Rechtsmediziner schlecht gelaunt.

»Lutz? Hey, ich bins, Sophie!«

»Ich weiß! Steht auf meinem Display!«

Ich gehe ihm auf die Nerven, stellte Sophie fest. Und ich werde ihm gleich noch viel mehr auf die Nerven gehen!

»Keinen guten Start in den Tag gehabt?«

»Was willst du jetzt schon wieder?«

»Auf den neusten Stand der Dinge kommen. Was kam bei der zweiten Obduktion raus? Ich dachte, du wolltest mich anrufen!«

»Derselbe Scheiß!«, brummte Lutz Franck. »Ich weiß das jetzt ganz sicher.«

»Dann gibt es tatsächlich zwei Mordopfer. Was ist mit den weißen Partikeln?«

»Weiß ich noch nicht.«

»Salz oder Zucker?«

»Nee, löst sich in Wasser auf. Jetzt geh mir nicht auf den Keks.«

Sophie beschloss, sich nicht einfach abschütteln zu lassen.

»Mehl?«

»Auch nicht. Mehl klumpt. Du wirst dich schon gedul-

den müssen, bis die Jungs vom LKA mit der Stoffana-
lyse fertig sind«, meinte Lutz genervt. Dann atmete er tief
durch. »Außerdem ist Mehl feiner. Das Zeug sieht eher aus
wie Waschpulver, aber das hätte sich auch aufgelöst.«

»Waschpulver?« Sophie dachte einen Moment nach.
»Was ist mit Scheuerpulver oder Scheuermilch?«

»Was?«

»Na Ata, Viss, das Zeug eben, mit dem man Waschbecken und Wannen reinigt?«

»Nicht übel! Würde gut zu dem Fall passen. Da muss
ich tatsächlich mal ›Danke‹ sagen.«

»Brauchst du nicht«, meinte Sophie großzügig. »Du
kannst mir stattdessen lieber einen Gefallen tun.«

»Vergiss es!«

Sophie beschloss, ihm keine Wahl zu lassen. »Es ist
eine Kleinigkeit. Ihr habt doch die DNA von ihrem letzten äh …?«

»Stecher? Stimmt, aber was heißt das schon? Nur, dass
sie vor ihrem Tod noch mal Sex hatte. Und sie ist nicht
vergewaltigt worden. Ist doch schön für sie.«

»Ihr Pathologen habt einen kranken Humor!«

»Was ist?«

Sophie schluckte. »War das Sperma frisch?«

»Sophie, ich kann dir nicht sagen, wann genau sie Sex
hatte. Aber es war an dem Tag, Abend, was weiß ich.
Jedenfalls hatte sie noch nicht geduscht. Krank genug,
dass es jemand heute noch ohne Gummi macht.«

»Aber dann gibt das doch einen Hinweis auf den Menschen, der sie kurz vor ihrem Tod noch gesehen hat.«

»Gevögelt hat!«, sagte Lutz kalt.

»Ich habe einen Verdächtigen!«

»Sag mal, spinnst du jetzt?«, schnauzte er in den Hörer.

»Nein! Es dauert zu lange, dir das alles zu erklären,
aber ich habe seine Zahnbürste. Damit muss sich doch

was rausfinden lassen.« Ein paar Sekunden lang sagte er kein Wort.

»Lutz?«

»Schon gut, ich bin noch dran! Die Antwort lautet ja. Wenn die Zahnbürste ihrem letzten Lover gehört hat, dann kann man das beweisen. DNA-Analyse! Das weißt du doch!«

Sophie ignorierte seinen gereizten Tonfall und plauderte mit Begeisterung weiter. »Das ist doch super! Lutz, ich würde dich nicht drum bitten, wenn es nicht sehr wichtig wäre, aber du musst die Proben mal kurz vergleichen.«

»Kurz vergleichen? Das ist nicht so schnell gemacht! Du spinnst doch!«

Sophie wusste, dass eine DNA-Analyse Tage dauerte, aber sie hatte die Hoffnung, dass Lutz sich persönlich darum kümmern würde. Vielleicht ließ sich das Ganze irgendwie beschleunigen. Er musste es einfach versuchen. »Ich muss auflegen! Ich bin in zwei Stunden da und bring dir die Zahnbürste! Ich danke dir!«

»Sophie …«

Sophie drückte das Gespräch weg, atmete tief durch und ging ins Haus. Wenn es wirklich Ollis DNA war, dann war Sarah vor ihrem Tod ohne Zweifel mit ihm zusammen gewesen. »Das beweist rein gar nichts!«, zischte sie leise. Aber warum zum Teufel war Olli dann untergetaucht?

Tina saß auf der Terrasse und starrte in den Garten. Sie war wütend. Auch wenn Sophie erwachsen war, konnte sie doch nicht einfach die ganze Nacht wegbleiben, ohne sich abzumelden. Immerhin lebten sie im Handyzeitalter und da draußen war vielleicht ein Irrer unterwegs. Tina wollte gerade einen Schluck Kaffee trinken, als Pelle in den Garten preschte. Sie stellte den Becher ab und sprang auf.

»Pelle! Wo ist denn dein Frauchen?« Der Labrador

stürmte begeistert auf sie zu und bellte glücklich. Sie kraulte ihm den Nacken und wartete. Drei Minuten später kam Sophie endlich um die Ecke.

»Morgen, Tina!«

»Wo warst du?«

»Ich habe noch kurz telefoniert«, erklärte Sophie mit Unschuldsmiene. »Im Auto.«

»Wo du warst?«

»Ich hab die Nacht mit meinem Surflehrer verbracht, Mum.«

Tina ließ die Faust auf den Tisch krachen. »Hab ichs doch gewusst! Du musst verrückt geworden sein!«

Sophie klaute sich ihre Tasse und trank einen Schluck. »Igitt, der ist ja kalt. Was stört dich dran? Es war sehr nett.«

»Es war sehr nett? Mensch, Sophie, der Typ ist doch nicht ganz dicht.«

»Warum? Weil er ein paar Jahre weg war von eurer Insel oder wieso?«, fragte Sophie trotzig.

»Er lebt in einem Bus!«

»Ich wollte ihn auch nicht heiraten und bei ihm einziehen! Ich hab einfach mal …«

»Ich will keine Einzelheiten!«

Sophie lächelte sie entschuldigend an. »Ach Tina, tut mir leid, wenn du dir Sorgen gemacht hast. Ich hatte das wirklich nicht geplant. Es ist einfach passiert. Stell dir vor, ich habe es endlich mal geschafft, Felix für eine ganze Zeit zu vergessen. Ich hatte Spaß und Ben ist ein toller Mann.«

»Klingt ja fast so, als hättest du dich verknallt!«

»Mir wird das jetzt zu blöd. Mir scheint, du gönnst mir mein kleines Abenteuer nicht.«

»Was hast du denn bis jetzt herausgefunden?«

»Wenn dein Mann dich hören könnte! Na ja, nicht viel.

Zumindest weiß ich, dass Stefan auf der Suche nach Olli ist. Und ich habe erfahren, dass Fenja damals rausgesurft und nie zurückgekommen ist. Sie war wohl eigentlich sehr gut. Ob das irgendwas mit den Morden zu tun hat, ist wohl eher auszuschließen. Viel zu lange her.«

»Ich verstehe«, flüsterte Tina übertrieben geheimnisvoll.

»He, verarsch mich nicht! Merkwürdig ist es doch trotzdem, dass auch Sarah eine Freundin von Olli war, oder?«

»Du denkst doch nicht auch, dass Olli …?«

»Nein, das glaub ich nicht. Er ist sicher nicht ganz glücklich bei dem Gedanken, dass er früher oder später den Hof übernehmen muss, aber ich kann mir schwer vorstellen, dass er den Knast vorzieht.«

»Wäre doch ne tolle Schlagzeile: ›Mörder wollte weg von Mama‹.« Tina sah Sophie ernst an. »Die von heute ist auch nicht schlecht: ›Serienkiller auf Fehmarn‹. Willst du den Artikel mal lesen?«

»Später. Ich muss kurz nach Lübeck, beruflich! Ich bin heute Mittag wieder da und ich bring uns irgendwas Feines zu essen mit. Kann ich Pelle hierlassen?«

»Klar kann er hierbleiben und ich hätte gerne Sushi. Und ich will heute Mittag alles wissen!«

Sophie lachte kurz und stürmte nach oben, um zu duschen. 10 Minuten später startete ihr Wagen. Was hatte sie jetzt nur wieder vor, fragte sich Tina. Sie schämte sich ein bisschen. Warum hatte sie nur so hysterisch reagiert? Wenn ihre Freundin eins verdient hatte, dann wohl ein bisschen Ablenkung. Tina kicherte, als sie sich plötzlich erinnerte. Bens Eltern hatten doch diesen Fimmel für Gartenzwerge. Ja, der ganze Garten stand voll mit kleinen Tonmännern. Wahrscheinlich wäre sie dann auch von zu Hause weggerannt. In ihrem Magen war plötzlich ein

Kloß. Sie schluckte, doch sie bekam das ungute Gefühl nicht weg. Da war noch was anderes. Es lag schon viele Jahre zurück. Ihre Eltern hatten davon gesprochen und sie hatte es als kleines Mädchen zufällig mit angehört. Es war entsetzlich und hatte mit Bens Schwester zu tun.

30

Hanjo sah sich erschöpft in der Bistroküche um. Sie glich einem Schlachtfeld. Auch wenn er heute Morgen keine Horde Schüler hatte, die er bewirten musste, waren doch einige Gäste zum Frühstück gekommen. Irgendwie hatte er es ohne Hilfe geschafft. Jetzt waren noch fünf Tische besetzt, an denen Surfer und Kiter ihren letzten Schluck Kaffee tranken. In der ganzen Hektik hatte Hanjo das dreckige Geschirr überall dort abgestellt, wo ein bisschen Platz war. Er wollte sich erst mal einen klitzekleinen Rum genehmigen, bevor er sich ans Aufräumen machte. Er goss sich gerade ein Gläschen ein, als in der Gaststube das Telefon klingelte.

»Surf- und Kiteschule Gold.«

»Hallo! Anja Schneider hier. Ich würde gerne mit Hanjo …«

»Am Apparat«, ging er dazwischen. Lieber Gott, lass es die Aushilfe sein, schickte er ein Stoßgebet zum Himmel.

»Oh, sehr gut«, fuhr Anja Schneider fort. »Ich habe ihre Nummer vom Hotel Ostseeblick. Man hatte mir dort …«

»Wann können Sie anfangen?«, unterbrach er sie glücklich.

»Sie scheinen ja wirklich dringend Hilfe zu brauchen, Herr Peters. Sofort?«

»Wunderbar! Kommen Sie einfach vorbei.« Hanjo legte auf und gönnte sich zur Feier des Tages gleich noch ein Schnäpschen. Die Bistrotür öffnete sich und Clara kam rein. »Schnaps? Um diese Zeit?«

Kümmere dich doch um deinen eigenen Kram, dachte Hanjo mürrisch. Clara mochte eine sehr begabte Sportlerin sein und zudem ein hübsches Mädchen, aber sie war ihm unsympathisch. Und dabei kam sie von der Insel. Wo hatte sie nur diese Arroganz her? Sie war überheblich und ihr ständiger Begleiter war noch schlimmer.

»Morgen, Clara«, grüßte Hanjo trotzdem. »Ich wünsche dir auch einen guten Tag. Was kann ich für dich tun?«

Sie setzte sich mit einer schwungvollen Bewegung auf einen der Barhocker an der Theke. »Du darfst mir ein großes Rührei bringen und einen Milchkaffee.« Ohne ihn weiter zu beachten, schnappte sie sich die Zeitung und begann zu lesen. Hanjo rührte sich nicht vom Fleck. Irritiert sah Clara ihn an. »Gibt es irgendein Problem?«

»Die Küche ist leider geschlossen. Einen stinknormalen Kaffee kannst du haben.« Es freute ihn, dass Clara beleidigt nach Luft schnappte. »Es sind auch noch ein paar Brötchen da, wenn du so hungrig bist«, bot er ihr versöhnlich an. »Aber die Küche ist im Moment nicht zu gebrauchen. Ab morgen wird alles besser.«

»Was ist das heute nur für ein Scheißtag«, zischte Clara. Erstaunt bemerkte Hanjo, dass ihr die Tränen in die Augen schossen. »Clara? Ist alles in Ordnung?« Sie schüttelte den Kopf. Er bemerkte einen Bluterguss an ihrer Schläfe. »Du hast dich verletzt!«

»Nein, das ist nichts. Blöder Stein!« Clara hatte zu ihrem zickigen Tonfall zurückgefunden.

»Wo ist denn dein … ich hab seinen Namen vergessen«, fragte Hanjo.

»Ich auch! Und er ist weg!«

Daher weht der Wind, schlussfolgerte Hanjo. Karl, oder besser Kalle, hatte sie sitzen lassen. Das waren doch mal gute Nachrichten. Hanjo schenkte zwei Gläschen Rum ein und stellte ihr eins auf den Tresen. »Na komm, Mädchen, trink das. Medizin! Und ich mach dir jetzt ein Brot.« Clara lächelte ihn zaghaft an. Vielleicht war sie gar nicht so schrecklich kalt, überlegte Hanjo und ging in die Küche. Clara hatte eigentlich gar keine Freunde. Sie war immer nur die Konkurrentin von Sarah gewesen und mit den alten Weggefährten hatte sie es sich längst selbst verdorben. Ihr fehlte es an Menschlichkeit und Humor. Diese Sophie, die war in Ordnung. Obwohl sie fremd war und aus der Großstadt kam, hatte sie einen Instinkt für Menschen. Sie war so freundlich und begeisterungsfähig. Fee war auch so gewesen. Warum hatte er sie nicht beschützen können?

Stefan stand im Waschraum des Präsidiums vor dem Spiegel und versuchte, ein bisschen Ordnung in seine Frisur zu bringen. Sein Outfit war in Ordnung. Dunkelgrauer Anzug, weißes Hemd, klassische Krawatte. Er war rasiert und duftete nach dem Eau de Toilette, das Tina ihm geschenkt hatte. Die Pressekonferenz war für 10 Uhr angesetzt. Ihm blieben nur noch fünf Minuten. Dann musste er rein in die Höhle des Löwenrudels. Die Kamerateams waren bereits dabei, ihre Stative aufzubauen und die Tontechniker verkabelten die Mikrofone, die sie auf sein Rednerpult gestellt hatten. Es war eine ganze Meute Journalisten gekommen. Der Fall hatte durch die reißerischen Schlagzeilen ein ungeheures Interesse in der Bevölkerung geweckt. Außerdem war Sommer. Aus Verzweiflung über mangelnde Themen in der Urlaubszeit wurde gerne eine Geschichte für die Titelseite zurechtgebastelt, auch wenn sie zu einer anderen Jahreszeit als kleine unscheinbare Meldung geendet wäre. Stefan atmete noch einmal tief durch und öffnete die Tür. Es war wirklich die Hölle los. Sofort schleuderten die Journalisten ihm ihre Fragen entgegen. Stefan ging stur zum Pult und hob beschwichtigend die Hände. »Guten Morgen! Schön, dass Sie so zahlreich erschienen sind. Bevor Sie mir jetzt alle durcheinander Fragen an den Kopf werfen, schlage ich vor, ich setze Sie erst mal über den Stand der Ermittlungen in Kenntnis.« Die Pressevertreter beruhigten sich und Stefan gelang es, sie im üblichen Rahmen zu informieren. Die Journalisten schrieben hektisch mit und die Kameramänner sahen ihn durch ihre Objektive an. Nach 15 Minuten hatte Stefan viel geredet und wenig verraten. »Meine Damen und Herren, soweit die Infos von unserer Seite. Selbstverständlich können Sie mir jetzt noch Ihre Fragen stellen.« Diesen Teil jeder Pressekonferenz hasste Stefan besonders. Er kam sich immer vor wie in einem Kugelhagel.

»Polizeioberkommissar Sperber«, begann der Erste. Er kannte den Journalisten. Frantzen oder Frentzen. Ein zäher kleiner Mann, der einem Terrier ähnelte. Er war von einem örtlichen Fernsehsender und schien mit nervtötender Penetranz seine Karriere ankurbeln zu wollen. »Wenn ich Sie richtig verstanden habe, wurden auf Fehmarn zwei Frauen brutal ermordet. Was tut die Polizei, um junge Frauen vor diesem Serientäter zu schützen?«

»Ich habe nie von einem Serientäter gesprochen«, wiegelte Stefan die Frage ab. »Im Moment überprüfen wir, ob es zwischen den Morden überhaupt einen Zusammenhang gibt. Wahrscheinlich handelt es sich, wie bereits gesagt, um ein Beziehungsdrama. Also kein Grund …«

»Können Sie Touristinnen noch mit gutem Gewissen einen Aufenthalt auf Fehmarn empfehlen«, kreischte eine junge Frau, die er noch nie gesehen hatte. Wahrscheinlich eine Praktikantin.

»Die Frage gehört nicht in diese Pressekonferenz«, wies Stefan die Frau zurecht.

»Sie eiern herum, Polizeihauptkommissar!«

Stefan erkannte die Stimme von Andreas Becker vom Hamburger Abendblatt. Er war ein ruhiger Mann mit dem Blick fürs Wesentliche. »Herr Becker. Worauf wollen Sie hinaus?«

»Mir scheint, Sie tappen vollkommen im Dunkeln. Sind Sie sich sicher, dass wir in den nächsten Tagen nicht wieder ein Mordopfer zu beklagen haben?«

Stefan verbot sich, einen Schluck Wasser zu trinken. Man hätte es zu Recht seiner Nervosität zugeschrieben. Nein, er konnte nicht ausschließen, dass es weitere Opfer geben könnte. Im Gegenteil. Er fürchtete, dass auf Fehmarn etwas vor sich ging, das noch lange nicht zu Ende war.

Sophie stoppte mit quietschenden Reifen auf dem Parkplatz des Universitätsklinikums. Das Gebäude des Rechtsmedizinischen Instituts lag auf dem Krankenhausgelände. Sie stieg aus dem Wagen und rief Lutz an. »Hey! Ich bin da.«

»Wo genau?«, fragte er genervt.

»Auf dem Besucherparkplatz. Ich komm jetzt rüber.«

»Auf keinen Fall! Dich muss hier wirklich niemand sehen. Da ist ein Café, gleich auf der anderen Straßenseite. Siehst du das?«

Sophie blickte sich um. »Café ... den Namen kann ich nicht aussprechen.«

»Genau das ist es. Geh dahin und warte. Ich bin in 20 Minuten da.«

Sophie steckte die Tüte mit der Zahnbürste in ihre Handtasche und überquerte die Straße. Das Café war gut besucht, doch sie fand einen kleinen freien Tisch am Fenster. Sophie bestellte sich einen Kaffee und ein Sandwich, obwohl sie keinen Hunger hatte. Sie war viel zu aufgewühlt. Sie hatte immer noch Bens Geruch in der Nase. Er roch nach Salz und Sonne. Das Gefühl, Felix betrogen zu haben, konnte sie nicht abschütteln, obwohl sie wusste, wie lächerlich das war. Felix hatte die meisten Nächte mit seiner Frau verbracht. Sie hatte nur ein paar geklaute Stunden gehabt. Sophie riss sich zusammen. Über ihre Gefühle konnte sie später noch nachdenken. Im Moment sollte sie sich auf die Opfer und Olli konzentrieren. Wenn er tatsächlich so dumm gewesen war, der Polizei nichts von seinem Verhältnis zu Sarah zu erzählen, dann war die Frage: warum? Hoffentlich würde Lutz ihr tatsächlich helfen.

»Du hättest mit dem Essen nicht auf mich warten müssen!«

Sophie sah ihn verwirrt an. Tatsächlich hielt sie das Sandwich seit fünf Minuten in der Hand und hatte noch nicht einmal abgebissen. »Ich hab wohl doch keinen Hunger.« Sie legte das Sandwich zurück auf den Teller und warf die Papierserviette drüber. »Willst du dich nicht setzen? Einen Kaffee vielleicht?«

Lutz schüttelte ungeduldig den Kopf. »Ich hab keine Zeit. Ich arbeite, falls dir das entgangen sein sollte. Das Ganze ist sowieso total bescheuert! Jetzt gib die olle Zahnbürste schon her! Dir ist doch klar, dass eine DNA-Analyse nicht in fünf Minuten gemacht ist.«

Sophie nickte. Sie wusste, dass es Tage dauern würde und diese Zeit hatte sie nicht. »Und wenn du dich ganz doll beeilst?«

»Mich ganz doll beeile?« Lutz sah sie an, als hätte sie den Verstand verloren. »Du wirst es nicht glauben, aber ich habe durchaus noch ein paar Dinge zu erledigen, die mit tatsächlichen Fällen zu tun haben.« Lutz atmete durch. »Gut. Das PCR-Gerät beschleunigt die Sache!«

Sophie verstand nur Bahnhof. »PCR-Gerät?«

»Polymerase Chain Reaction, auf Deutsch, das Gerät vervielfältigt die DNA.«

»Und wie lange dauert es dann, bis du ein brauchbares Ergebnis hast?«

»Brauchbar? Brauchbar ist die ganze Sache sowieso nicht. Sie ist einfach nur illegal und als Beweismittel nicht zulässig. Das ist dir doch klar.«

Sophie nickte. »Aber wenn die DNA identisch ist, dann könnte man die Person zu einem Speicheltest schicken. Ich bin dir dankbar.« Sophie steckte ihm die Tüte zu.

»Ich werde mich heute Abend nach Feierabend an die Sache machen.«

»Heute Abend?« Sophie sprang entsetzt auf. »Lutz, ich brauch die Zahnbürste aber sofort wieder. Ich muss sie zurückbringen.«

Lutz stöhnte. »Eins sage ich dir, wenn du mir nicht so einen guten Tipp gegeben hättest, könntest du mich mal mit deinen Sonderwünschen.«

»Tipp?« Sophie wurde hellhörig.

Lutz schüttelte den Kopf. »Ich muss wieder los. Warte hier. Ich brauche mindestens eine Stunde.«

Sophie ließ sich wieder auf den Stuhl fallen. Also hatte sie mit ihrer Idee richtig gelegen. Scheuermilch! Die beiden Frauen waren in einer gründlich geschrubbten, aber nachlässig ausgespülten Wanne ertrunken.

31

Stefan hatte sich in sein Büro zurückgezogen. Die Pressekonferenz war ein Albtraum gewesen. Diese Horde von sensationsgeilen Karrieremenschen kotzte ihn an. In seinen Augen hatte ihre Arbeit wenig mit Journalismus zu tun. Sie wollten doch alle nur möglichst viel erfahren, um eine grauenhafte und Angst einflößende Story daraus zu machen. Für diese Meute waren Pressekonferenzen doch nichts anders als ein Brainstorming. Stefan löste seine Krawatte und starrte das Telefon an. Wieso klingelte es nicht? Warum konnten die Kollegen diesen Oliver Konrad nicht finden? Stefan stand auf und trat ans Fenster. Dieser Bursche schien tatsächlich niemanden in seine Pläne eingeweiht zu haben. Und wenn sie doch den Falschen jagten? Endlich klingelte sein Handy. Stefan riss es hektisch aus der Brusttasche. »Habt ihr ihn?«, rief er aufgeregt.

»Was? Wen? Ich bins, Sophie.«

»Was willst du? Die Pressekonferenz ist vorbei!«

»Pressekonferenz?«, fragte sie unschuldig. »Jetzt komm mal wieder runter. Ich wollte nur wissen, ob du heute Mittag zu Hause bist? Ich besorge Sushi und wenn du auch kommst, bringe ich natürlich entsprechend mehr mit.«

»Was soll der Scheiß?«

»Bitte?«

Sophies naives Getue ging ihm gehörig auf die Nerven. Für wie blöd hielt sie ihn eigentlich? »Was willst du wirklich? Du kannst dir doch denken, dass ich nicht die Zeit habe, für ein paar zickige Häppchen rohen Fisch meine Arbeit zu unterbrechen.« Stefan hörte Sophie schlucken.

»Ihr sucht Olli. Warum?«, fragte sie plötzlich ganz sachlich.

»Warum? Wie kommst du eigentlich auf die Idee?«, fragte Stefan überrascht. Dann fiel es ihm wieder ein. »Ach ja! Hatte schon ganz vergessen, dass du mit seinem Kollegen zum Essen warst. Du gehst ganz schön weit, um deine Neugier zu befriedigen. Oder wolltest du nicht nur die befriedigen?«

»Du bist geschmacklos.«

Das war er tatsächlich. Stefan schloss die Augen und schaltete einen Gang zurück. »Tut mir leid, aber du glaubst doch nicht wirklich, dass ich dir was über laufende Ermittlungen verrate? Du spinnst doch!«

»Kannst du mir nicht wenigstens sagen, ob Olli ein wichtiger Zeuge ist oder ob ihr ihn tatsächlich verdächtigt?«

»Ich leg jetzt auf!«

»Stefan! Warte! Ben und ich, wir verstehen uns ganz gut. Ich bin mir sicher, dass er sich mehr Mühe gibt, sich an Ollis Bekanntenkreis oder Ähnliches zu erinnern, wenn ich ihn drum bitte statt der Polizei.«

Stefan fragte sich, ob er sie richtig verstanden hatte. Schlug Sophie ihm ein Geschäft vor? Sie würde diesen Ben aushorchen, wenn er ihr verriet, was Ollis Problem war?

»Wenn du was weißt und es mir nicht sagst, steck ich dich in den Knast.«

»Bis jetzt weiß ich ja gar nichts. Aber ich könnte mich natürlich bemühen, etwas herauszufinden.«

Stefan zündete sich eine Zigarette an. »Ich kann dir nichts sagen! Und das weißt du auch.« Ach, zum Teufel! Stefan klopfte die Asche ab. »Gut! Stell dir einfach vor, jemand hatte ein Verhältnis mit einem Mordopfer und erwähnt das in seiner Aussage mit keinem Wort.«

»Sondern taucht ab.« Sophie schnalzte mit der Zunge. »Ich verstehe. So rein theoretisch wäre das nicht sehr clever, wenn derjenige nichts mit dem Tod seiner Freundin zu tun hätte. Aber es beweist auch nichts.«

»So, und nun ist die Plauderstunde beendet.«

Stefan ließ den Hörer auf die Gabel krachen und fluchte. Hatte er zu viel gesagt? Wahrscheinlich hatte Sophie sich die Zusammenhänge schon gedacht. Herumschnüffeln würde sie sowieso. Er konnte nur hoffen, dass sie wirklich zuerst mit ihm reden würde, falls sie von diesem Ben etwas erfahren sollte, und nicht auf die Idee kam, selbst nach Olli zu suchen.

Ben stand in der Bucht und gab einem Touristen aus Bremen Einzelunterricht. Der Typ machte sich wirklich gut. In kürzester Zeit hatte er den Bogen raus und den Kite vollkommen unter Kontrolle.

»Nicht schlecht!«, lobte Ben.

»Ich war vor zwei Jahren schon mal ziemlich weit, aber dann musste ich pausieren«, erklärte sein Schüler. »Bandscheibenvorfall.«

Ben verzog das Gesicht. »Aua! Was ist? Soll ich ein Board holen?«

»Wenn du meinst! Ich würde es schon gerne versuchen.«

Ben stiefelte an Land. Seine Gedanken drehten sich schon den ganzen Morgen nur um Sophie. Nicht mal den Namen seines Schülers hatte er sich merken können. Er musste Sophie unbedingt heute noch sehen. Er wollte wissen, woran er bei ihr war. Ob sie die Nacht bereute? Statt zum Schuppen zu gehen und das Brett zu holen, steuerte er die Hütte an und wühlte sein Handy aus der Tasche. Gut, dass sie am Morgen noch daran gedacht hatten ihre Nummern auszutauschen. Es klingelte gerade einmal. Dann hörte er ihre Stimme.

»Willst du mir plötzlich doch noch was sagen?«

Sie klang schrecklich sachlich. Ben lief es kalt den Rücken runter. »Was?«

»Ben? Sorry, ich dachte, es wäre jemand anderes«, erklärte Sophie freundlicher.

»Was ist denn los?«

»Hör mal, nur weil wir die Nacht zusammen verbracht haben, musst du nicht alles wissen.«

Ben schnappte nach Luft.

»Entschuldige! Du bist gerade der Dumme, der meinen ganzen Frust zu spüren kriegt.«

Ben wurde ruhiger. Es war alles in Ordnung. »Ist schon gut«, erklärte er erleichtert. »Ich wollte dich auch nicht stören, sondern eigentlich nur zum Abendessen einladen.«

»Sehr gern. Wann und wo dinieren wir?«

»Um halb acht auf der Terrasse vor meinem Anwesen.« Ihr wunderbares Lachen schallte durch den Hörer direkt in sein Ohr.

»Ich komme sehr gern! Sag mal, hast du überlegt, wo Olli stecken könnte?«

»Jein. Ich bin noch nicht so richtig dazu gekommen. Ich habe hier gerade Unterricht und außerdem war ich zu lange weg, um alle Freunde von Olli zu kennen. Um ehrlich zu sein, schweifen meine Gedanken auch immer wieder ab. Kann mich kaum auf den Kurs konzentrieren, wenn du verstehst.« Sophie schwieg einen Moment und er hatte Angst, dass er zu weit vorgeprescht war.

»Na, vielleicht fällt dir ja noch was ein. Ich freu mich jedenfalls auf heute Abend. Sehr sogar. Bis dann.«

Sie hatte aufgelegt. Ben seufzte und ging endlich zum

Schuppen, um das Board zu holen. Er musste jetzt erst mal den Unterricht zu Ende bringen und am Nachmittag den Verleih von Surfbrettern und Kiteequipment organisieren. Dann konnte er sich auf den Abend freuen. Er konnte es kaum noch erwarten, sie wieder bei sich zu haben. Er würde sich für sie etwas ganz Besonderes einfallen lassen. Er würde sie überraschen. Ben lächelte. Damit würde sie nie und nimmer rechnen.

Felix stand in seinem begehbaren Kleiderschrank und wählte schlecht gelaunt die Klamotten aus, die er auf dieser elenden Vietnamreise brauchte. Bei dem Gedanken an den stundenlangen Flug wurde er so wütend, dass er die Kleiderstange aus den Angeln riss und sie auf den Boden schleuderte. Designeranzüge im Wert eines Sportwagens lagen auf der Erde. Sollte sich doch die Haushälterin um den Scheiß kümmern! Sein Handy klingelte. Fluchend lief er ins Wohnzimmer. Er griff nach dem Telefon und sah auf das Display. Eddy! Felix nahm das Handy mit an die Hausbar. Noch eine schlechte Nachricht würde er ohne doppelten Scotch nicht ertragen. »Was ist jetzt schon wieder los?«, schnauzte er in den Hörer. Nebenbei schenkte er sich das Glas voll.

»Felix, beruhige dich.«

»Ich soll mich beruhigen? Du tickst doch nicht ganz richtig! Jedes Mal, wenn du anrufst, berichtest du von neuen Katastrophen. Und morgen muss ich in dieses Scheißkaff in diesem Scheißland.« Felix trank einen tiefen Schluck und nahm eine Zigarette aus dem Silberetui.

»Felix, komm runter! Diesmal habe ich gute Nachrichten.«

»Ach ja? Kommt das Balg hierher? Das wäre mal eine gute Nachricht.«

»Um das Balg geht es nicht.«

Felix wurde ungeduldig. »Jetzt mach es nicht so spannend! Ich bin hier der Quizmaster! Verstanden?«

»Ich war heute Morgen auf dem Golfplatz und stell dir vor, mit wem ich in einem Flight war?«

Felix war kurz davor, das Telefon wegzuschmeißen. Wollte Eddy ihn provozieren?

»Professor Huniklich vom UKE!«, fuhr Eddy fort.

»Es freut mich, dass du dich in so feinen Kreisen bewegst. Kann dir nicht schaden, wenn du einen neuen Job suchen musst.«

»Jetzt warte doch mal. Huniklich ist ein unsympathisches Arschloch und eine dumme Plaudertasche. Na ja, wir kamen jedenfalls nebenbei so auf die Prominenz zu sprechen«, erklärte Eddy.

»Ach, hast du mal wieder damit angegeben, dass du der Manager von Felix van Hagen bist?«

Eddy ignorierte seine Bemerkung. »Er fand die Enthüllungsstory über dich jedenfalls auch schrecklich. Er ist der Meinung, dass Privates doch auch privat bleiben sollte. Na, und dann wunderte er sich, dass seine Patientin Sophie Sturm, die er doch eigentlich so sympathisch gefunden hatte, hinter dieser Sache steckt.«

Felix lauschte gespannt.

»Und er wunderte sich, dass sie schon wieder so viel Energie hat nach der Fehlgeburt!«

Fehlgeburt? Hatte er gerade richtig gehört?

»Felix? Ich dachte, du würdest jetzt Jubelschreie von dir geben. Diese Sorge bist du los! Sophie wird nie ein Kind von dir bekommen und sie wird dich nie damit erpressen können!«

Felix nickte langsam. »Das sind wirklich fantastische Nachrichten. Eddy, dass hast du sehr gut gemacht. Sehr gut! Liebäugelst du noch immer mit dieser Rolex? Kauf die verdammte Uhr und schick mir die Rechnung!« Felix legte

245

auf, bevor Eddy ›Danke‹ sagen konnte. Er hatte jetzt für so was keine Zeit. Sophie hatte das Kind verloren. Natürlich hatte sie es nicht für nötig gehalten, ihm die Neuigkeit mitzuteilen. Aber so einfach würde er das nicht hinnehmen. Plötzlich huschte ein Lächeln über sein Gesicht. Für sie war die Situation bestimmt schlimm. Ein Kind, auf das man sich so gefreut hatte, einfach zu verlieren. Nein, das war bestimmt nicht schön. Wahrscheinlich war sie in Therapie, um den Verlust zu verarbeiten. Vielleicht sollte er sie lieber dran erinnern. Blumen für die Dame! Hämisch grinsend griff er zum Telefon.

32

Sophie saß noch immer in der Konditorei. Sie hatte einen Milchkaffee nach dem anderen getrunken und über die Sache mit dem Scheuerpulver nachgedacht. Zwischendurch schlich Ben sich immer wieder in ihre Gedanken. Sie freute sich wirklich über die Einladung zum Essen, auch wenn sie sich schwer vorstellen konnte, was Ben in seinem klapprigen Bus denn servieren wollte. Endlich flog die Tür auf und Lutz trat ein.

»So, hier ist das Teil«, brummte er und schmiss die Plastiktüte mit der Zahnbürste auf den Tisch. »Ich muss sofort wieder los. Der ganze Mist hat mich von der Arbeit abgehalten.«

»Ich danke dir. Du bist ein Schatz!«

Lutz verdrehte die Augen und ging zur Tür. Dann stoppte er und sah sich noch mal um. »Hör zu, Sophie. Du steckst deine Nase da ganz schön tief rein. Sei vorsichtig.«

Sophie war fast gerührt. »Mach dir mal um mich keine Sorgen. Unkraut vergeht nicht.« Er nickte und verschwand. Sophie winkte der Kellnerin, um vier Milchkaffee und ein ungegessenes Sandwich zu bezahlen. Sie gab der Kellnerin ein gutes Trinkgeld, weil sie fast das Gefühl hatte, bei ihrem langen Aufenthalt einen Teil der Miete schuldig zu sein. Plötzlich fiel ihr wieder ein, dass sie versprochen hatte Sushi mitzubringen. »Ach, entschuldigen Sie noch mal?«, fragte sie die Kellnerin. »Wo ist denn hier in der Nähe eine Sushibar?« Die junge Frau sah sie irritiert an. »Ein japanisches Restaurant?«

Die Kellnerin beschrieb ihr den Weg. Vertraulich fügte sie noch hinzu, dass dort alles sehr teuer sei. Ein paar Minuten später saß Sophie in ihrem Wagen. Sie fand das Restaurant ohne Schwierigkeiten. Mittlerweile hatte sie Hunger wie ein Tiger. Sie bestellte die halbe Karte und wartete an der Theke auf das Essen. Neben ihr saß ein kleiner Mann in einem schlecht sitzenden Anzug. Er stopfte Makiröllchen in sich rein und telefonierte nebenbei. Seine Stimme war so unangenehm hoch, dass sie sich mit geschlossenen Augen vorstellen konnte, neben Micky Mouse zu sitzen. Sie konnte gar nicht anders, als zuzuhören.

»Ne, die haben wieder nichts erzählt auf der PK. Kennst doch diesen Sperber. Macht immer auf seriös und verscheißert uns nur ... Nein, ich bin mir sicher, dass die da einen Serienmörder suchen. Ja, war eine geile Idee, heute schon damit aufzumachen, aber wir setzen noch einen drauf ... Wer ist denn da noch so abgesoffen, sagen wir mal in den letzten zwei Jahren ... Du guck doch mal nach Fotos im Archiv. Ja, so ne blonde Wasserleiche wäre schick ... Ja genau.«

Sophie war entsetzt. Wussten diese sogenannten Journalisten denn gar nicht, dass Menschen wie Hanjo ihnen glaubten und es mit der Angst zu tun bekamen? Serienmörder! Es waren zwei Frauen ermordet worden, beide auf dieselbe Art und Weise. Aber zwei Todesfälle waren doch keine Serie. Aber was, wenn es der Anfang einer Serie war?

Hanjo sah sich in der Küche um. Alles war aufgeräumt, die Spülmaschine lief und der Boden war gewischt. Die neue Aushilfskraft war wirklich die Erlösung. Ein nettes, etwas dickes Mädchen mit einer Brille und kurzen roten Locken. Keine Schönheit, hatte Hanjo mit etwas Bedauern festgestellt, doch sie war eine Frau, die zupacken konnte und darauf kam es schließlich an. Nachdem er ihr alles gezeigt hatte, hatte sie sofort nach Eimer und Putzlappen gegriffen und die längst überfälligen Regale ausgewischt. Als die ersten Gäste zum Mittagessen gekommen waren blitzte das Bistro und das Mädchen hatte gut gelaunt die Bestellungen entgegengenommen. Er musste nicht ein einziges Mal aus der Küche kommen. Sie hatte alles im Griff und er musste sich nur um die Zubereitung der bestellten Gerichte kümmern. Hanjo lächelte zufrieden. Anja hatte sich jetzt wirklich eine Pause verdient. Hanjo goss zwei Tassen Kaffee ein und legte ein paar seiner kostbaren Kekse auf einen Teller. Sie polierte gerade die Theke, als er in die Gaststube kam.

»Schluss jetzt! Es wird wirklich Zeit für eine Pause.« Er stellte das Tablett auf den Tresen und lächelte sie väterlich an.

»Danke, Hanjo!« Anja warf den Lappen ins Spülbecken. Ihre Wangen waren gerötet und ein paar verschwitzte rote Löckchen klebten in ihrer Stirn. »Ein Kaffee ist jetzt genau das Richtige. Ich habe heute noch gar keinen getrunken. Das muss man sich mal vorstellen. Normalerweise bin ich koffeinabhängig! Es macht mir Spaß hier! Die Gäste sind so nett! Alle gut gelaunt und braun gebrannt. Eigentlich unvorstellbar, oder?« Anja sah kurz über ihre Schulter. »Nach all den Morden?«

»Was meinst du denn mit all den Morden? Es gab zwei … äh … Todesfälle. Es ist nicht mal sicher, was überhaupt passiert ist.«

Anja schüttelte den Kopf und griff nach der Zeitung. »Aber hier steht es doch! Ein Serienkiller! Wie im Film!«

Hanjo starrte geschockt auf den Artikel. Serienmörder? Nein! Sophie hatte ihm doch erklärt, dass die Journalisten alles aufbauschen müssten, um die Verkaufszahlen in die Höhe zu treiben. »Mädchen, nicht alles, was in der Zeitung steht, entspricht der Wahrheit«, erklärte er. »Und die Polizei weiß das auch. Kein Grund zur Panik. Früher oder später wird bestimmt alles aufgeklärt. Wir können nur hoffen, dass dieser Artikel nicht die Touristen abschreckt.«

»Ja, wäre schade, wenn ich nicht mehr gebraucht würde. Hab doch gerade erst angefangen. Ich bin gern hier. Ist fast wie Urlaub.«

Hanjo freute sich, dass ihr die Arbeit gefiel. »Wie Urlaub? Du hast für drei geschuftet. Heute Mittag war ganz gut was los und einer der Surflehrer hat ein paar Tage frei.«

Anja putzte sich ihre Brille an ihrem T-Shirt ab. »Ach, da ist noch ein Lehrer? Auch so ein hübscher?« Sie errötete und rührte verlegen ihren Kaffee um.

»Wenn du Ben hübsch findest, dann ist Olli auch dein Typ«, lachte Hanjo.

Sie sah ihn entsetzt an. »Um Himmels willen, nein! Ben ist natürlich nicht mein Typ, sondern ein Kollege, aber ich glaube, viele Frauen finden ihn sehr attraktiv.« Sie trank verlegen einen Schluck Kaffee.

Hanjo hatte keinen Zweifel, dass Anja nachts von einem Mann wie Ben oder Olli träumte.

Aber sie war absolut nicht deren Typ. Das war so sicher wie das Amen in der Kirche. Er kannte doch seine Jungs! Die hatten Geschmack!

Tina und Pelle sprangen gleichzeitig auf, als sie Sophies BMW auf die Auffahrt fahren hörten. Eine Minute später stand Sophie mit einem großen Karton auf der Terrasse. »Wo warst du denn so lange? Ich habe so einen Hunger. Ich sabbere schon wie Pelle«, erklärte Tina vorwurfsvoll. Sophie stellte den Karton auf den Tisch und nahm die gewaltige Sushiplatte heraus. »Das ist doch viel zu viel!«, staunte Tina. »Hast du die Kinder mit eingeplant? Die essen doch keinen rohen Fisch.«

»Apropos. Hast du die Kinder verschenkt?«

Tina riss fragend die Augenbrauen hoch.

»Na, es ist so ruhig hier.«

Tina lachte. »Die gucken fern. Kleines Geheimnis zwischen ihnen und mir. Stefan ist nämlich dagegen, aber ich muss auch mal eine halbe Stunde Ruhe haben. Bis jetzt haben die beiden auch brav dicht gehalten. Ich habe ihnen allerdings auch ziemlich deutlich gemacht, dass es sonst ein für alle Mal vorbei ist mit Tom, Jerry und Co.«

»So kenn ich dich ja gar nicht«, kicherte Sophie.

Mit großem Appetit machten sie sich über die japanischen Häppchen her. Tina liebte Sushi. Auf Anraten des Arztes hatte sie in der Schwangerschaft darauf verzichten müssen.

»So was Feines hatte ich seit einer halben Ewigkeit nicht mehr. Ich werd mich heute daran überfressen!«, sagte Tina und leckte sich die Finger ab. Sophie starrte ins Leere. »Sophie? Hallo! Jemand zu Hause?«

»Was?«, fragte Sophie verwirrt. »Endschuldige, ich bin gerade irgendwie woanders.«

Tina schüttelte belustigt den Kopf und tunkte ein Makiröllchen in die Sojasoße. »Lass mich raten. Bei Ben?«

»Er geht mir schon durch den Kopf.«

»Die letzte Nacht bei dem Hippie muss ziemlich gut gewesen sein!«

Sophie rollte mit den Augen. »Da ist noch was.«

Tina sah sie neugierig an.

»Ich hab Ollis Zahnbürste mitgehen lassen und sie einem Bekannten in der Gerichtsmedizin gebracht. Man hat Spermaspuren an Sarahs Leiche gefunden.«

Tina ließ entsetzt das Stück Maki auf den Teller fallen.

»Du hast was? Sag mal, bist du total wahnsinnig geworden? Wenn Stefan davon erfährt, dann gnade dir Gott! Was soll der Scheiß?«

»Dein Mann verdächtigt ihn auch.«

»Mein Mann ist bei der Kripo! Dass du ein bisschen Feriendetektiv spielst und herumschnüffelst, ist eine Sache. Aber jetzt greifst du in die laufenden Ermittlungen ein!«

»Quatsch! Das mach ich doch gar nicht. Es ist total inoffiziell. Nur ein Freundschaftsdienst. Niemand weiß, wem die Zahnbürste gehört.«

Tina feuerte ihre Serviette auf den Teller. »Sag mal, wie blöd bist du eigentlich? Dein Bekannter weiß zumindest, dass sie derselben Person gehören könnte, die das Sperma, sagen wir mal, verloren hat. Was tust du Olli da an?«

»Ach Tina, vielleicht passt es ja nicht zusammen.«

»Darum geht es doch gar nicht! Es ist illegal und total bescheuert. Ich kann nicht glauben, dass du das wirklich getan hast. Und was beweist das schon? Sie hatten eben Sex und auf dem Nachhauseweg hat irgendein Irrer sie ertränkt. Willst du dich wichtig machen?«

»Sie ist nicht in der Ostsee ertrunken.«

»Dann hat sie jemand in ihrer Wohnung überfallen und an den Strand geschleppt. Olli ist ein Surflehrer, kein Killer.«

Tina sprang auf. »Ich glaube, Finn schreit. Krieg dich wieder ein, Sophie. Olli! So was Bescheuertes. Und unlogisch bist du auch noch. Olli lebt in einem Wohnmobil. Er hat die Frauen ja wohl kaum in seinem Waschbecken ertränkt.«

»Nein, warum sollte er auch?«, zischte Sophie.

Tina drehte sich wütend um und sah sie fragend an.

»Ja! Du bist nicht auf dem neusten Stand, Frau Kommissarin. Olli hat eine Badewanne in seinem Wohnmobil!«

Sophie blieb allein auf der Terrasse sitzen. Ihre Gedanken spielten Achterbahn. Olli hatte eine Badewanne, aber machte ihn das gleich zu einem Mörder? Außerdem hatte sie Tina mit ihrer Schnüffelei wirklich sauer gemacht. Sie hätte einfach die Klappe halten sollen. Wie sollte Tina auch sonst reagieren? Ihr Mann war bei der Kripo. Sie brachte Tina in echte Schwierigkeiten, Freundschaft hin oder her. Es war doch logisch, dass Tina sich auf die Seite ihres Ehemannes stellte. Pelle legte seinen Kopf auf ihre Knie. »Na, Dicker. Frauchen hat Mist gebaut. Komm mal her.« Pelle sprang begeistert an ihr hoch und leckte über ihr Gesicht. »Das reicht jetzt!«, lachte Sophie. »Ich liebe dich über alles, aber ich küsse lieber Zweibeiner!« Ihr Handy klingelte und sie zuckte erschrocken zusammen. »Sophie Sturm«, meldete sie sich knapp.

»Ben hier. Alles im grünen Bereich?«

»Bitte?«

»Na, du warst vorhin ein bisschen … komisch. Ich will dich nicht bedrängen, Sophie. Wenn du lieber allein sein willst, ist das in Ordnung. Auch wenn dir dann ein ziemlich feines Essen entgeht.«

Sophie schloss die Augen, um sich sein Gesicht besser vorstellen zu können. Was redete Ben da eigentlich? Natürlich wollte sie mit ihm essen. »Ich war im Stress«, versicherte sie. »Glaub mir, ich komme sehr gern. Ich liebe Abendessen in lauen Sommernächten und ich würde dich sehr gerne sehen. Ach, hast du Olli eigentlich erreicht?«

»Bis jetzt noch nicht. Ich hatte ehrlich gesagt auch keine Zeit. Und gleich habe ich noch eine Einzelstunde. Die war gar nicht geplant, aber was soll ich machen? Der Rubel muss ja rollen.«

Sophie überlegte kurz. Sie fühlte sich wirklich mies dabei, Ben für ihre Zwecke zu benutzen, aber sie steckte schon zu tief drin. »Wann kommt Olli wieder?«

»Irgendwann morgen. Hoffentlich ist er dann ein bisschen drüber weg.«

»Das ist alles so furchtbar. Olli muss Sarah tierisch vermissen. Gestern noch ein glückliches Paar und peng! Irgendein Schwein bringt seine Liebe einfach um.«

»Na, ganz so war es ja nicht«, gab Ben zögernd zu. »Sarah hatte Schluss gemacht. Ich bin mir aber ziemlich sicher, dass Olli immer noch die Hoffnung hatte, dass sie es sich anders überlegen würde, wenn der ganze Meisterschaftsstress erst mal vorbei ist.«

Sophie versuchte ruhig zu bleiben und ganz normal zu klingen. »Es ist immer blöd, wenn der eine mehr liebt als der andere.«

»Wohl wahr«, bestätigte Ben. »Ich muss los! Und ich freu mich sehr auf heute Abend.«

Sophie beendete das Gespräch und atmete tief durch. Sarah hatte Schluss gemacht? Wenn die Proben tatsächlich übereinstimmten, was hatte das dann jetzt zu bedeut~. Wieso hat Sarah dann mit ihrem Exfreund geschlafen?

Tina kam zurück auf die Terrasse und balancierte zwei Becher Kaffee in der einen Hand. In der zweiten hielt sie die Babyschale mit Finn. Sie stellte die Becher auf den Tisch und legte Finn auf eine Decke. »Lass das Sushi stehen! Ich war noch lange nicht fertig!«, knurrte sie.

Sophie sah sie reumütig an. »Tina, es tut mir leid.«

»Du guckst ja schon wie dein Labrador!« Tina musste fast lachen. »Entspann dich. Hier ist Kaffee!«

»Ich bring die Zahnbürste unauffällig zurück. Versprochen!«

Tina nickte und nahm sich ein Sushimi vom Tablett. »Ich hätte mich nicht so aufregen sollen. Schließlich hätte ich damit rechnen müssen, dass du dich an keine Regeln hältst. Warum auch? Aber wenn man drei Kinder hat, ist es ein ungeschriebenes Gesetz, dass man für jeden Mist Regeln aufstellt und sauer wird, wenn diese gebrochen werden. Ach, ich rede wirr. Kaum Schlaf, Stefan kaum da und ich sehe schon aus wie ein Zombie!«

»Du spinnst ja. Du hast nie besser ausgesehen.«

»Danke! Das geht runter wie Öl. Aber modeln könnte ich nicht mehr! Du dagegen …«

Sophie rollte mit den Augen. »Wer will schon in durchgeknallten Kleidern über einen Catwalk laufen? Für uns beide wäre das Geschäft heute sowieso nichts mehr. Wir sind zu hübsch! Jetzt wollen die Agenturen magersüchtige Junkies. Erinnerst du dich noch an Stella?«

»Skinny Stella?« Tina nickte. Diese Bohnenstange würde sie nie vergessen. »Na klar! Die sehe ich ja auch heute noch ständig in den Modemagazinen. Was ist eigentlich aus Laura geworden?« Tina wunderte sich, dass ihr nach all den Jahren die Namen ihrer damaligen Modelkolleginnen wieder einfielen.

»Laura ist nach Hollywood gegangen«, erklärte Sophie. »Der große Durchbruch lässt natürlich auf sich warten. Aber sie hatte schon ein paar winzige Nebenrollen in Serien. Ab und zu schickt sie mir eine frustrierte Mail. Lustig, wie verschieden sich das Leben für jede Einzelne von uns seitdem entwickelt hat. Damals hatten wir auf jeden Fall eine tolle Zeit.«

»Stimmt. Wir waren jung und brauchten das Geld!« Sophie lachte und Tina dachte an ihre WG-Zeit zurück.

»Ich wollte nach New York!«, schmunzelte Tina. »Schon als ich nach Hamburg zog, dachte ich, ja, ich liebe die Stadt! Mein Bedarf an Wiesen, Stränden und kleinen kuscheligen Häusern war echt gedeckt. Ich wollte in eine kleine Wohnung ins East Village ziehen, eine mit Feuerleiter.«

»Wo du dann Moon River gesungen und dich mit der Gitarre begleitet hättest. Klar!«

»Wer weiß? Fakt ist aber, dass ich hier bin. Ich lebe wieder auf dieser Insel, damit die Gören in der Natur aufwachsen können. Nix New York.«

»Aber du machst es doch richtig. Ich wuchs in einer kleinen Wohnung am Stadtrand auf. Meine Eltern arbeiteten meistens und ich trug immer den Haustürschlüssel um den Hals, damit ich ihn nicht verliere. In der Schule war ich die Bohnenstange und musste mir blöde Sprüche anhören, weil ich größer war als die meisten Jungs. Na ja, du kennst die Geschichte schon.«

Tina lachte zustimmend.

»Bevor ich es vergesse«, unterbrach Sophie die Reise in die Vergangenheit. »Ich bin heute zum Abendessen nicht da. Ben will mich bekochen.«

»Kochen?« Tina kicherte. »Du meinst, er macht eine Dose Ravioli auf einem Campingkocher warm! Du und Ben, das ist schon eine schräge Geschichte. Zugegeben, er sieht ziemlich gut aus. Wer hätte das damals gedacht. Er war der dünnste kleine Junge überhaupt.«

»Du kennst Ben schon aus Kindertagen?«

Tina nickte. »Ich hatte das vollkommen vergessen. Gestern ist es mir dann plötzlich wieder eingefallen. Ben war damals in meiner Parallelklasse. Das ist hier eine kleine Insel. Ben kannte Fenja übrigens auch.«

33

Stefan saß mit Ingo und Robert in seinem Büro. Bei einer Tasse Kaffee warteten sie gemeinsam auf Enno Gerken von der Spurensicherung.

»Ich habe noch mal mit Ollis Mutter gesprochen«, erklärte Robert. »Ihr Sohn ist mit seinem Auto weg. Ein Golf drei, dunkelblau. Wir haben das Kennzeichen und fahnden nach der Karre.«

»Und wenn er seinen Wagen irgendwo abgestellt und sich verpisst hat?«, warf Stefan ein.

»Wir haben bereits die Flughäfen angerufen«, informierte ihn Ingo. »Von Hamburg, Bremen oder Lübeck ist er jedenfalls nicht geflogen. Die haben keinen Oliver Konrad auf den Passagierlisten. Sollen wir noch andere Flughäfen überprüfen?«

Stefan schüttelte den Kopf. »Nein, erst mal nicht. Er könnte genauso gut mit der Bahn gefahren sein oder per Anhalter.«

»Frau Konrad will die Namen von zwei Freunden aus seiner glanzlosen Studentenzeit raussuchen. Ach, und dann ist da noch so ein Tobias«, erinnerte sich Robert wieder. »Ollis Mum wusste aber auch nicht mehr, wie der weiter heißt. Nur, dass der in Hamburg lebt.«

Stefan nickte unzufrieden. »Robert, ruf doch gleich bei Frau Konrad an und helfe Mum dabei, sich zu erinnern. Oder noch besser: ruf Broder an. Der kennt doch alle, die mal auf Fehmarn gelebt haben. Wenn es sich um einen Jugendfreund handelt, dann haben wir bald seinen vollen Namen.«

Robert nickte und machte sich eine Notiz. Stefan stand auf und ging zum Fenster. Warum hatte er einfach keine Idee? »Ingo? Nur für den Fall. Überprüf doch kurz die Krankenhäuser. Vielleicht hat der Irre sich die Pulsadern aufgeschnitten und wir wissen noch nichts davon.«

Ingo brummte seine Zustimmung. Die Tür wurde geöffnet und Enno betrat den Raum. »Moin. Entschuldigt die Verspätung.«

Stefan ging zurück an seinen Schreibtisch. »Jetzt bist du ja da. Und ich hoffe mit Neuigkeiten. Kaffee?«

Enno nickte und setzte sich auf einen freien Stuhl. »Unsere Hoffnung war, dass der Täter Fingerabdrücke hinterlassen hat, als er die Leichen transportierte. Tja, aber leider hat er wohl Handschuhe getragen. Der Fundort der Leichen hat nach all den Tagen auch nicht mehr hergegeben. Wir haben nichts gefunden.«

Stefan schnaubte. »Was ist mit Fußspuren?«

Gerken schüttelte den Kopf. »Da gibt es keine Spuren mehr. An der Stelle, an der Sarah Müller gefunden wurde, klettern täglich unzählige Surfer über den Deich.« Enno sah in die Runde und schüttelte den Kopf. »Tut mir leid, Jungs.«

Stefan rührte schweigend in seinem Kaffee. Dieser Fall war einfach verhext. »Verdammt!«

»Eine Kleinigkeit habe ich aber für euch. Würde mich mit leeren Händen doch gar nicht in dieses Büro wagen.«

Stefan überhörte die dämliche Bemerkung. »Was?«

»Franck hat doch diese weißen Partikel unter den Nägeln beider Opfer gefunden. Und der gute Mann hatte einen Geistesblitz, worum es sich dabei handeln könnte. Das Labor hat ein paar Tests gemacht. Wir wissen jetzt, was das ist.«

Stefan starrte ihn an, wie eine Schlange das Kaninchen. Enno lehnte sich wieder zurück und lockerte seinen albernen Schlips.

»Getrocknete Scheuermilch! So ein Zeug eben, mit dem man Waschbecken und Badewannen sauberschrubbt. Scheuermilch löst sich nicht auf. Meine Frau meinte allerdings, dass man deshalb gründlich nachspült. Entweder hatte euer Mann es ziemlich eilig oder er kann nicht putzen.«

Stefan legte seinen Kopf auf die Handflächen und kratzte mit den Fingernägeln seine Kopfhaut. Scheuermilch! Die Frauen hatten Scheuermilch unter den Nägeln, weil sie in ihrem Todeskampf versucht hatten, an den Wänden einer Wanne Halt zu finden. Jetzt hatten sie einen Tatort. Sie mussten die richtige Badewanne nur noch finden.

»Scheiße!«, fluchte er laut.

Tobias rollte rasant durch die Wohnungstür. »Hallo, bist du da?«, rief er gut gelaunt. »Ich bin früher weg. War nicht viel los und wozu hat man Angestellte. Olli?«

Tobias zog die Tür zu und fuhr in die Küche. Olli schien noch unterwegs zu sein. Das hatte man nun davon, wenn man sich um einen alten Kumpel kümmern wollte. Tobias schaltete die Espressomaschine an und fuhr durch das Wohnzimmer, um die kleine Terrassentür zu öffnen, die in seinen winzigen Schattengarten führte. Es war stickig in der Wohnung. Draußen waren es über 30 Grad und es lag ein Gewitter in der Luft. Zurück in der Küche packte er die eingekauften Lebensmittel in den Kühlschrank. Er würde heute eine Paella machen und zur Vorspeise Melone mit Serranoschinken. Gut gelaunt schaltete Tobias das Radio ein: ›It never rains in Southern California‹. Aber hier hoffentlich schon! Plötzlich fuhr er zusammen. Das Wohnzimmer hatte ausgesehen wie sonst. Wo waren Ollis

259

Sachen? Er ließ die Melone fallen und fuhr zurück. Nicht nur von Olli fehlte jede Spur, auch seine Klamotten waren weg. Auf dem Tisch lag ein Zettel: ›Vielen Dank fürs Essen und dein offenes Ohr. Bin spontan nach St. Peter-Ording aufgebrochen. Lass mir den Kopf durchpusten.‹

Tobias schüttelte den Kopf und knüllte die Notiz zusammen. Er war ein bisschen beleidigt, dass Olli einfach so abgehauen war, doch auf der anderen Seite beneidete er ihn. Er war gesund und hatte eben die Möglichkeit, einfach seine Pläne zu ändern und spontan ans Meer zu fahren, um zu kiten. Wütend ließ er die Faust auf den Tisch krachen. Er hasste die Spur von Selbstmitleid, die in ihm hochkam. »Jetzt dreh nicht durch!«, beschimpfte Tobias sich selbst. Ihm ging es wirklich nicht schlecht. Er war nicht isoliert, sondern durch sein Geschäft noch mitten in der Szene. Plötzlich klingelte es an der Tür. Tobias öffnete in der Hoffnung, dass Olli zurückgekommen war.

»Herr Schuhmacher?«, fragte ein ihm fremder Mann.

»Ja?«

»Schölzel von der Kripo Lübeck. Darf ich kurz eintreten? Ich habe nur eine Frage.«

Tobias zuckte mit den Schultern und fuhr zur Seite.

»Wir sind auf der Suche nach Oliver Konrad. Er ist ein, ähm, wichtiger Zeuge. War er zufällig hier?«

Tobias nickte und freute sich, dass seine Beine nicht zittern konnten. »Ja, er war hier. Nun ist er aber weg. Ich habe es selbst gerade erst gemerkt. War in meinem Surfshop ›The Wave‹. Der Laden ist gleich um die Ecke.«

»Wissen Sie vielleicht, wo er hin wollte?«

Tobias schluckte und machte ein nachdenkliches Gesicht. In Wirklichkeit überlegte er, ob er dem Kommissar von der Notiz erzählen sollte. »Keinen Schimmer«, sagte er schließlich.

»Verdammt! Vielen Dank, Herr Schuhmacher. Ich lass Ihnen meine Karte da. Nur für den Fall, dass Herr Konrad sich bei Ihnen melden sollte.«

Tobias nahm sie entgegen und nickte freundlich. Dieser Schölzel war schon wieder aus der Tür, als er sich noch einmal umdrehte.

»Herr Schuhmacher. Sie sind doch ein alter Freund von Oliver Konrad. Ist er Ihnen irgendwie verändert vorgekommen? Irgendwie bedrückt?«

Tobias zuckte mit den Achseln und hob die Augenbrauen. »Mir ist nichts dergleichen aufgefallen. Natürlich hat er von der schrecklichen Sache erzählt, die auf Fehmarn passiert ist. Ist doch klar.«

»Danke noch mal«, sagte der Kommissar und trat nach draußen.

Tobias schloss die Tür und atmete tief durch. Olli war ganz und gar nicht normal gewesen. Er hatte das erst auf den Liebeskummer und dann auf den Verlust geschoben. Tobias beschloss, statt des Espressos doch lieber ein Bier zu trinken. Er hatte der Polizei nicht die Wahrheit gesagt und er kam nicht dahinter, warum er das getan hatte. Sie suchten einen Zeugen, keinen Täter. Oder dachten sie vielleicht, dass Olli…? Tobias öffnete die Bierflasche mit einem Feuerzeug und trank einen Schluck. Er hatte richtig gehandelt. Olli war ein feiner Mensch. Sollte die Polizei sich eben ein bisschen mehr Mühe geben, ihn zu finden. Er würde seinen Freund nie verraten. Das war er ihm schuldig. Nach seinem Unfall damals hätte niemand damit gerechnet, dass er jemals woanders leben würde als in einem Pflegeheim. Fast alle Kumpels hatten irgendwann den Kontakt abgebrochen. Olli war einer der wenigen, der mit ihm, dem Krüppel, noch befreundet war. Wahrscheinlich musste Olli sich einfach nur ablenken. Nach St. Peter-Ording zu fahren war doch eine super Idee! Er hätte an seiner Stelle das Gleiche gemacht. Kiten! Aber hatte Olli denn überhaupt ein Brett dabei?

Tina saß mit Antonia und Paul auf der Terrasse und war dabei, Ravioli auf zwei Teller zu verteilen. Sophies Verabredung mit Ben hatte sie auf die Idee gebracht, den Kindern eine Dose warm zu machen. Die Kinder liebten das Zeug. Begeistert machten sie sich über die Nudeltaschen her. Pelle lag sabbernd unter dem Tisch. Als Sophie kam, sprang er begeistert auf. Sie trug eine ausgewaschene Jeans und ein tief ausgeschnittenes schwarzes Top. »Ganz schön sexy für ein Essen auf dem Campingplatz«, stellte Tina fest.

»Es ist eine Einladung zum Dinner. Da habe ich mich eben für das kleine Schwarze entschieden. Außerdem ist es schwül hier draußen.«

»Das wird heute noch ein Gewitter geben. Jede Wette. Ich hoffe, das Anwesen deines Kavaliers ist wasserdicht. Die Kinder wollten unbedingt draußen essen. Sie hoffen auf Blitz und Donner.« Immer mehr dunkle Wolken zogen auf. »Du solltest mit dem Auto fahren«, schlug Tina vor. »Da braut sich wirklich was zusammen.«

»Ach was, ich gehe zu Fuß. Bis das losgeht, dauert es bestimmt noch. Und es wird nicht die ganze Nacht regnen. Außerdem finde ich es spannend, durch den Sturm zu laufen.«

»Ich verstehe. Nomen est omen. Na, wie du meinst. Hast du die Zahnbürste?«

Sophie klopfte auf ihre Handtasche und nickte. »Das wird eine leichte Nummer.«

»Mir wird schlecht, wenn ich daran denke, dass der arme Olli sich damit wieder die Zähne putzt und nicht ahnen kann, dass sie in der Zwischenzeit in den Händen eines Leichendoktors war.«

»Der Leichendoktor hatte mit Sicherheit Handschuhe an«, beschwichtigte Sophie. »Ich werde mal losgehen. Pelle kann sich dann noch ein bisschen müde toben.«

»Damit er nicht stört?«, witzelte Tina. Sophie sah sie genervt an. »Ich hör schon auf. Soll ich dich fürs Frühstück mit einplanen?«

Sophie stöhnte. »Du bist wirklich wie eine Mama. Bis morgen!«

Sie verabschiedete sich von den Kindern und ging mit Pelle in Richtung Strand. Tina sah ihr grinsend nach. Ihre Freundin wirkte richtig aufgekratzt. Sie konnte sich gar nicht mehr erinnern, wann sie selbst zuletzt Schmetterlinge im Bauch gehabt hatte. Nicht, dass sie mit Sophie hätte tauschen wollen. Sie liebte Stefan über alles. Aber nach all den Jahren gab es eben nicht mehr viele Überraschungen. Es war doch merkwürdig, überlegte Tina. Als Teenager war man jede Woche in jemand anderen verknallt und dachte, man würde es nicht überleben, wenn man einen Korb bekam. Die Gefühle waren so intensiv gewesen und doch schwärmte man nie lange für denselben. Sie selbst war als Teenager in fast jeden coolen Jungen der Schule mal verliebt gewesen. Der dünne Benny war aber mit Sicherheit nicht unter ihren Favoriten gewesen. Der war damals immer so komisch. Ja, er war ein richtiger Einzelgänger. Ben interessierte sich nur für Tiere. Zu Hause hatte er angeblich einen halben Zoo. Tina erinnerte sich wieder. Sie hatte ihre Eltern mal über Benny reden hören, als sie noch klein war. Sie sprachen darüber, dass der Junge einem leidtun könne, weil seine Zwillingsschwester in der Wanne ertrunken war, als beide erst drei Jahre alt waren. Tina bekam ein ungutes Gefühl. Vielleicht wäre es besser, wenn sie Sophie anrief und ihr von der alten Geschichte erzählte. Sie ging zum Telefon und wählte Sophies Handynummer. Warum ging sie nicht ran? Ein Schrei ließ Tina zusammenzucken. Dann war das Heulen von Paul zu hören. Antonia rannte ihr bereits entgegen.

»Mama, Paul blutet! Er ist hingefallen! Voll gegen den Blumenkübel.«

Tina legte auf und rannte ins Haus. Sie bemerkte nicht, dass auf dem Wohnzimmertisch das Display von Sophies Mobiltelefon blinkte: ›Ein Anruf in Abwesenheit‹.

Ben hatte seinen Bus aufgeräumt, das Bett bezogen und Kerzen aufgestellt. Diese Maßnahmen machten aus seinem Bus zwar keine Luxussuite, aber es wirkte gemütlich. Er wohnte eben in einem klapprigen Transit. Er würde ihr nichts vormachen. Ben stellte zwei Stühle und einen Tisch vor den Bus und legte einen bunten Sarong als Tischdecke über die Platte. Noch war es zu hell, um die Kerzen anzuzünden, aber nach Sonnenuntergang würde die Kulisse sicher sehr romantisch wirken. Schließlich sollte sie einen ganz besonderen Abend erleben. Er hoffte nur, dass das Wetter ihm keinen Strich durch die Rechnung machen würde. Ben war gerade dabei eine Flasche Rotwein zu öffnen, als Sophie plötzlich vor ihm stand. »Hey! Da bist du ja schon.« Ben nahm sie in die Arme und küsste sie zart. »Ich hab deinen Wagen gar nicht kommen hören.«

»Pelle und ich sind gelaufen! Wir haben den ganzen Nachmittag faul im Garten gesessen und uns war nach Bewegung.«

»Schön, dass du da bist.« Er gab Sophie einen stürmischen Kuss und riss sie fast um.

»Langsam«, lachte sie. Ihre Tasche rutschte ihr von der Schulter und fiel zu Boden. Der Inhalt kullerte über den Rasen. Ben half ihr, die Sachen wieder einzusammeln.

»Was ist das denn?«, fragte er grinsend und griff nach der Zahnbürste. »Das finde ich aber süß, dass du dir ein Souvenir mitgenommen hast. Ein Andenken an unsere gemeinsame Nacht!«

»Souvenir?« Sophie sah ihn verwirrt an. »Quatsch! Das ist Ollis. Ich muss sie heute Morgen in Gedanken versehentlich eingesteckt haben.«

»Ollis? Nee, die ist mit ihm verreist. Das ist meine. Ich habe sie wie verrückt gesucht.« Ben lachte und steckte sie zurück in Sophies Tasche. »Bitte behalt sie. Ich habe noch eine. Wein?« Sophie starrte ihn an, als habe sie einen Geist gesehen. »Süße? Möchtest du ein Glas Wein?« Sie nickte und setzte sich langsam auf einen Stuhl. Er schenkte die beiden angeschlagenen Wassergläser voll. »Aufpassen! Da ist ne Macke im Glas. Du hast aber das gute! Nur auf einer Seite anschlagen.« Sophie lächelte und trank einen Schluck. »Ist alles paletti?«, fragte er forschend.

»Na klar! Was gibt es denn zu essen? Tina war der Meinung, du würdest uns eine Dose Ravioli warm machen.«

»So schlimm wird es nicht. Versprochen!« Er stellte einen Wok auf den Gaskocher, der neben dem Tisch stand, und ließ Sesamöl heiß werden. Dann gab er Knoblauch und Chilis dazu und briet Garnelen an. Sophie war von ihrem Stuhl aufgestanden und sah beeindruckt zu. Als die Garnelen knusprig waren, warf er Frühlingszwiebeln, Zitronengras, Zuckerschoten und Brokkoliröschen dazu und löschte alles mit Kokosmilch ab.

»Das riecht ja wie in meinem Lieblingsrestaurant!«

»Na dann.« Ben rührte im Wok und sie schwiegen. Es war ihm wichtig, dass sie sich wohlfühlte. Er wollte sie verwöhnen, auf seine Art und nach seinem Budget. Sophie sah aus wie eine Göttin. Sie warf ihr langes Haar zurück und lächelte ihn an. »Ich hoffe, du hast Hunger.« Ben gab

Reis und das Garnelencurry auf zwei altmodische Teller und stellte sie auf den Tisch. »Guten Appetit!«

Sophie kostete und riss überrascht die Augen auf. »Ben! Das ist ja köstlich. Wirklich! Wo hast du das Rezept her?«

»Aus Asien. Ich meine, ich habe mich auf Phuket davon ernährt.«

»Mit ihr?«, fragte sie leise.

Er nickte nur. Sie aßen schweigend weiter. Ben hoffte, dass es kein peinliches Schweigen war, sondern dass sie ihr Essen genoss. Das Klingeln seines Handys ließ sie zusammenzucken. »Ich geh nicht ran!«

»Sieh wenigstens nach, wer dran ist«, lachte sie.

Ben griff in seine Hosentasche und sah auf das Display. Er zog überrascht die Augenbrauen in die Höhe. »Olli«, formten seine Lippen stumm, bevor er das Gespräch annahm. »Alter! Hey, wo steckst du denn?«

»Ich sitz am Meer«, lallte Olli. »Es sieht alles so... ich weiß auch nicht.«

Ben stand auf und zündete sich eine Zigarette an. »Ist alles in Ordnung? Ich meine, du klingst ein bisschen komisch. Bist du betrunken?«

»Betrunken? Nur ein ganz kleines bisschen. Nein, es geht mir gut. Ich glaube, ich verstehe langsam. Ja, Ben. Ich sehe immer klarer! Ach, du musst mir einen Gefallen tun. Das bist du mir schuldig.«

Sophie versuchte gelassen weiterzuessen. Am liebsten hätte sie Ben den Hörer aus der Hand gerissen. Ben wühlte sich mit der freien Hand durch das Haar.

»Was? Jetzt?«, fragte er Olli entsetzt. »Hat das nicht Zeit bis ...? Na gut! Nervensäge! Hast du mit den Bullen gesprochen? ... Was? ... Wie du meinst, bis dann.«

Ben drückte das Gespräch weg.

»Wo steckt er denn?«, fragte Sophie beiläufig und schenkte Wein nach. Das war vielleicht ihre Chance. Wenn Ben ihr sagen würde, wo genau sein Kumpel sich aufhielt, könnte sie Stefan informieren. Sie fühlte sich unwohl in ihrer Haut. Ben würde es ihr sicher übel nehmen, wenn sie seinen besten Freund verriet. Aber wenn Olli doch der Mörder war?

»Er ist in St. Peter-Ording. Sitzt betrunken am Strand und hat sich irgendwo ein Zimmer genommen.«

»St. Peter-Ording? Macht er das öfter?«

»Ab und zu schon. Weißt du, manchmal guckt er eben, wie die Konkurrenz so arbeitet. Morgen ist er wieder da.«

Sophie nickte und zündete sich eine Zigarette an. »Na, Hauptsache, es geht ihm wieder einigermaßen. Das Essen war übrigens super! Vielen Dank! Ich bin schon ziemlich lange nicht mehr von einem Mann so lecker bekocht worden.« Eigentlich nie, dachte sie bitter. Felix hatte sie zwar in die feinsten Restaurants der Welt eingeladen, aber er hatte ihr in der ganzen Zeit nicht mal ein Ei gekocht. Sie schüttelte den Gedanken ab. Es war nicht mehr wichtig, stellte sie überrascht fest. Es war eine andere Zeit, ein anderes Leben, und sie wünschte es sich nicht mehr zurück.

»Der Koch fühlt sich geschmeichelt«, versicherte Ben lachend. Dann wurde er ernst. »Sophie, es tut mir leid, aber Olli hat mich gebeten, kurz die Gasflasche in seinem Wohnmobil zu kontrollieren. Sie ist wohl bald alle und er hat irgendwelchen Fisch in seinem Gefrierfach. Ich bin in fünf Minuten wieder da. Geh nicht weg! Versprochen?«

Sophie nickte belustigt. Ben gab ihr einen langen Kuss und verschwand in der Dunkelheit. »Pelle?« Ihr dicker Freund lag gähnend unter dem Tisch. »Du passt doch fein auf, oder?«

Er legte den Kopf auf seine Pfoten und schloss die Augen. Auf dich ist auch kein Verlass, dachte Sophie grinsend. Sie fühlte sich angenehm leicht. Der Wein hatte sie entspannt und das wunderbare Essen hatte sie leicht müde gemacht. Sie schenkte sich noch einmal nach und sah in den Himmel. Aus der Ferne war schon Donnergrollen zu hören. In Gold war es noch immer sehr schwül. Sie war gespannt, wann das Gewitter kommen würde. Die Vorstellung, in Bens Armen zu liegen, während der Regen auf das Dach prasselte, war verlockend. Sie sollte ihre Zeit mit ihm einfach genießen und aufhören Detektiv zu spielen. Sie beschloss, Stefan nicht anzurufen. Ben hatte doch gesagt, dass Olli morgen sowieso zurückkommen würde. Ihre Einmischungen hatten bis jetzt doch eh nichts gebracht. Wenn sie daran dachte, welche Arbeit sich Franck mit der Zahnbürste machte, bekam sie ein schlechtes Gewissen. Der ganze Aufwand war umsonst. Warum hatte sie denn auch nicht nachgedacht? Es war doch logisch, dass Olli seine Zahnbürste mitnahm, wenn er über Nacht wegblieb. Und natürlich hatte Ben seine eigene mit ins Wohnmobil genommen. Ben! Sie sah auf die Uhr. War er tatsächlich schon 15 Minuten weg?

Ben lief eilig zurück zu seinem Bus. Er hoffte, dass Sophie noch da war. Erleichtert sah er sie im Schein des Windlichts auf dem Stuhl sitzen. Ihre Augen waren geschlossen. »Sophie?«

Sie blinzelte ihn überrascht an. »Ich muss irgendwie weggedämmert sein.«

»Tut mir leid, dass es so lange gedauert hat. Ich …«

»Ihh, du stinkst ja grauenhaft!«, fiel sie ihm ins Wort. Selbst Pelle rümpfte die Nase.

»Glaub ich gerne«, stöhnte Ben. »Die verfluchte Gasflasche war alle und der Fisch war schon grün. Ich musste die ganze Schweinerei wegmachen und dann die andere Gasflasche anschließen. Olli ist mir was schuldig! Nachtisch?«

Sophie sah ihn fragend an. »Jetzt noch?«

»Was ganz Süßes! Drinnen?«

Sie schüttelte lachend den Kopf. »Sei mir nicht böse, aber du stinkst wirklich übel und ich bin gerade schon eingenickt. Genießen wir den Nachtisch doch besser morgen. Ich glaube, ich geh lieber nach Hause.«

Ben schüttelte den Kopf. Sie durfte nicht gehen. Er hatte so lange nach einer Frau gesucht, die es schaffte, dass er vergessen konnte. Sophie war vielleicht diese Frau. Ben griff nach einer Flasche Mineralwasser und seinem Duschgel, das in einer Tüte vor dem Bus lag. Ohne sie anzusehen, zog er sein Hemd über den Kopf und seifte sich ein. Dann nahm er die Wasserflasche und wusch den Schaum ab. Sophie sah ihm amüsiert zu.

»Mit der Nummer kannst du auftreten«, kicherte sie.

Er ging zu ihr und nahm ihr schönes Gesicht in die Hände. Er küsste sie, erst zärtlich und dann immer heftiger. Sie zögerte erst, doch bald erwiderte sie seine Leidenschaft. Er zog sie in seinen Bus und schloss die Schiebetür. Später lagen sie auf dem sandigen Sarong. Ben streichelte ihr über den schönen Rücken. Sophie schmiegte sich an ihn, doch er konnte fühlen, dass irgendetwas nicht in Ordnung war.

»Was ist los?«

Sie schluckte heftig. »Ach Ben, du kannst dir nicht vorstellen, wie zerrissen ich gerade bin. Ich bin hierher gekommen, um einen Mann zu vergessen. Ehrlich gesagt, wollte ich nie wieder einen haben. Und jetzt liege ich schon wieder mit dir hier. Scheiße. Ich glaube, ich bin ziemlich durcheinander. Mir geht das alles zu schnell. Sei mir nicht böse, aber ich geh jetzt besser. Wir sehen uns morgen.«

»Bitte bleib! Wenn du jetzt gehst, dann …« Ein Blitz zuckte und kurz darauf war der Donner zu hören.

»Ben, versuch mich zu verstehen! Ich muss ein bisschen nachdenken und ich bin müde.«

»Da draußen tobt gleich ein Gewitter!«

Sophie küsste ihn zärtlich und stand auf. Dann suchte sie im Kerzenlicht ihre Klamotten zusammen und zog sich an. Ben wusste, dass er sie nicht aufhalten konnte. Er lächelte sie traurig an und öffnete die Schiebetür.

Bevor Sophie aus dem Transit stieg, zögerte sie kurz. »Hast du schon mal darüber nachgedacht, dass Olli der Ostseekiller sein könnte?«

Ben war zu überrascht. Er konnte nicht antworten. Er starrte sie nur verwundert an. Sophie nickte nur und verschwand in der Dunkelheit. Sein Herz schlug bis zum Hals. Nein, er konnte sie nicht so gehen lassen. Ben sprang aus dem Bett und schlüpfte schnell in Jeans und T-Shirt. Bevor er den Bus verließ, riss er noch seine Regenjacke vom Haken. Er musste sie einholen.

34

Sophie stolperte den Strand entlang und fluchte. Es goss plötzlich wie aus Eimern. Der Himmel war schwarz und es war so dunkel, dass sie die Hand vor Augen nicht sehen konnte. Nur die heftigen Blitze ließen für Bruchteile von Sekunden alles taghell werden. Schon nach wenigen Minuten war sie nass bis auf die Haut. Sie dachte an Ben. Er hatte wirklich keinen Verdacht, dass Olli was mit der Sache zu tun haben könnte. Er hatte sie richtig schockiert angesehen. War Olli zum Mörder geworden, weil seine Freundin mit ihm Schluss gemacht hatte? Sophie wischte sich das nasse Haar aus dem Gesicht. Hatte sie nicht auch Felix auf dem Gewissen? Wäre sie ein anderer Typ Mensch, hätte sie ihm vielleicht wirklich den Schädel eingeschlagen. Wütend und verletzt genug wäre sie gewesen. Doch wenn der Mord an Sarah aus verletzter Eitelkeit begangen wurde, wie passte der erste Mord dann dazu? Diese Sandra hatte doch gar nichts damit zu tun. Das alles machte überhaupt keinen Sinn. Und wenn Olli irre war? So richtig wahnsinnig, weil seine erste Freundin ertrunken war? Hatte er so eine Art Trauma? Konnte es das sein? Sophie stöhnte. Sie sollte jetzt wirklich mir der Schnüffelei aufhören. Ihre Theorien waren mehr als wackelig. Aus purer Neugier brachte sie Menschen unter Umständen in echte Schwierigkeiten. Gebracht hatten ihre Verdächtigungen rein gar nichts. Sie war nur allen damit auf die Nerven gegangen. Und der arme Lutz machte Überstunden, um die DNA von einer Zahnbürste zu vergleichen, die dem vermeintlichen Täter gar nicht gehörte. Sie hatte mit ihrer

Aktion nichts erreicht. Sophie stolperte und fiel in den nassen Sand. Fluchend rappelte sie sich hoch. »Was machst du auch allein hier draußen, du dumme Kuh!«, rief sie wütend in die Nacht. Zumindest war sie nicht ganz allein. Sie hatte ja Pelle, auch wenn er ein ziemlich schlechter Wachhund war. Falls jemand bei ihr einbrechen wollte, müsste er nur einen Tennisball mitbringen. Pelle würde dann begeistert zusehen, wie man im Tausch sämtliche Wertgegenstände aus ihrer Wohnung trug. Sophie musste bei dem Gedanken fast lachen. In diesem Moment schlug Pelle an.

»Pelle?«

Er hörte nicht auf zu bellen. Sophie stolperte zu ihm.

»Pelle! Was ist denn? Pst.«

Pelle lag winselnd am Boden. Er hatte irgendetwas gefunden. Etwas Großes. Ein erneuter Blitz zuckte. Sie erkannte das verzerrte bleiche Gesicht einer Frau.

»Oh, mein Gott!«

Plötzlich traf sie etwas am Kopf. Sophie fiel zu Boden. Benommen versuchte sie, die Augen zu öffnen. Sie sah einen Mann wegrennen. Sie war sicher, dass es ein Mann war, obwohl sie im dichten Regen nur eine Öljacke mit Kapuze erkennen konnte. Sie schmeckte Blut auf ihren Lippen. Dann wurde ihr schwarz vor Augen.

Ben hämmerte das Herz bis zum Hals. Er ließ sich neben sie in den nassen Sand fallen und nahm ihren Kopf in die Hände.

»Sophie, wach auf!« Verflucht, warum passierte das schon wieder? Pelle stand neben ihm und jaulte. Er leckte seinem Frauchen das Gesicht. »Sophie!«, schrie Ben wieder. Sie rührte sich noch immer nicht. Er merkte, wie ihm die Tränen in die Augen schossen. Er würde das nicht noch einmal durchstehen. Das Handy! Sie musste ihr Telefon dabei haben. Panisch suchte er ihre Handtasche durch.

Vergeblich. Er musste unbedingt Hilfe holen. Er zog sich die Jacke aus und deckte sie damit zu, um sie warm zu halten und vor dem immer stärker werdenden Regen zu schützen. Ihr Puls war schwach. Verzweifelt sah er sich um. Zwei Meter entfernt lag Clara. Ihr Gesicht war verzerrt und schrecklich weiß, wie eine Maske aus Gips. Ben stand auf und ging widerwillig zu ihr, um sie genauer sehen zu können. Sie musste tot sein. Trotzdem griff er nach ihrem Handgelenk, um den Puls zu fühlen. Ihr Arm war eiskalt. Entsetzt ließ er ihn schnell los und wischte sich angeekelt die Hand an der Hose ab. Er fühlte sich genauso hilflos wie damals.

»He, was ist denn da los?«, brüllte es über den Strand.

Ben sprang erleichtert auf, als er Hanjos Stimme erkannte.

»Hanjo! Mein Gott, dich schickt der Himmel. Schnell, ruf die Polizei und einen Krankenwagen. Sophie ist verletzt und hier liegt eine Tote. Ich glaube, es ist Clara.«

»Was?«

Hanjo kam auf ihn zu. Er trug nur einen Pyjama und war schon bis auf die Haut durchnässt. Ben wurde nervös. »Hanjo! Bitte! Ruf den Krankenwagen! Du kannst hier nichts tun!« Hanjo nickte und rannte endlich zurück zum Bistro. Jetzt konnte es nicht mehr lange dauern. Immer heftigere Blitze zuckten am Himmel. Ben hielt die ohnmächtige Sophie im Arm und versuchte, sie vor dem Regen zu schützen, der auf ihr schönes Gesicht prasselte. Das blonde Haar wurde vor lauter Blut immer roter. Sie musste eine schlimme Platzwunde haben. »Stirb du mir nicht auch noch weg!«, schluchzte Ben und schaukelte sie wie ein Baby. Es waren schon zu viele Leichen, die durch seine Träume geisterten. Das musste endlich aufhören. Voller Angst wartete er gemeinsam mit Pelle auf die Polizei und die Sanitäter. Als er endlich das Blaulicht hörte, nahm er auch den Hund in den Arm. »Jetzt wird alles gut!«, flüsterte er dem nassen Pelle ins Ohr. Die Polizei und die Rettungswagen parkten gleichzeitig am Strand. Die Sanitäter rannten mit einer Trage über den Strand. Ben war noch nie so erleichtert gewesen. Die Sanitäter kümmerten sich um Sophie. Die Polizei hatte den Tatort ebenfalls fast erreicht. Ben erkannte Broder und winkte ihm zu. »Hier! Die Leiche liegt hier!«

35

Mittwoch

Sophie schlug die Augen auf und schloss sie schnell wieder. Das Licht stach ihr wie ein Messer in die Augen. So viel hatte sie doch nun wirklich nicht getrunken, wunderte sie sich. Außerdem war ihr entsetzlich übel. Vorsichtig legte sie die Hände an ihre Schläfen, um sie zu massieren. Ihre Finger berührten einen Mullverband. Was zum Teufel hatte das zu bedeuten? Sie hatte doch gerade noch in Bens Armen gelegen. Sophie zwang sich, die Augen wieder zu öffnen. Sie brauchte eine Weile, um sich zurechtzufinden. Ihr war so schwindelig, als wäre sie auf hoher See. Doch sie war auf keinem Boot, sie war im Krankenhaus. Ihr Herz begann zu rasen. Eine Welle der Übelkeit kam in ihr hoch. So schnell sie konnte, griff sie nach einer Nierenschale, die auf ihrem Nachttisch stand, und übergab sich. Erschöpft ließ sie den Kopf wieder in die Kissen sinken. Kalter Schweiß rann ihr über das Gesicht. Sie hörte, wie die Tür geöffnet wurde.

»Guten Morgen! Wie fühlen wir uns denn? Oh, nicht so gut. Warten Sie, ich nehme das schnell weg.«

Sophie spürte, wie man ihr die Schale aus der Hand nahm.

»Frau Sturm?«

Eine pummelige Krankenschwester lächelte sie verschwommen an. Neben ihr stand ein Mann mit grauen Schläfen.

»Wo bin ich?«

»Sie sind in der Inselklinik auf Fehmarn«, antwortete

der Mann. »Ich bin Dr. Behrens. Keine Sorge, alles halb so schlimm! Sie haben eine Gehirnerschütterung und eine Platzwunde am Kopf. Nichts Ernstes. Schwester Monika gibt Ihnen gleich was gegen die Übelkeit. Die Wunde am Kopf mussten wir nähen. Aber keine Angst, es wird keine sichtbare Narbe zurückbleiben. In ein paar Tagen geht es Ihnen wieder gut. Dann werden Sie sich auch wieder erinnern können.«

»Ich will nach Hause!« Sophie richtete sich in ihrem Bett auf. Ihr wurde sofort wieder schlecht. Die Schwester hielt ihr eine neue Schale hin.

»Nur die Ruhe. Sie können weg, wann immer Sie wollen. Ich würde Ihnen aber vorschlagen, noch ein oder zwei Tage zur Beobachtung zu bleiben. Bis später, Frau Sturm.« Dr. Behrens war schon an der Tür, als er sich noch mal umdrehte. »Ach, fast hätte ich es vergessen. Die Polizei möchte noch mit Ihnen reden.«

»Die Polizei?«

»Da wartet ein Kommissar vor der Tür. Soll ich ihn reinholen?«

Sophie nickte nur. In ihrem Kopf wirbelte alles durcheinander. Was wollte die Polizei von ihr? Sie erinnerte sich plötzlich. Ein paar bruchstückhafte Sequenzen tanzten vor ihren Augen. Da war die tote Frau, die Pelle gefunden hatte, und Ben. Ben? Er war auch dort gewesen. Dann bekam sie diesen Schlag. Die Jacke? Sophie konnte nicht klar denken. Sie hatte rasende Kopfschmerzen und bekam die Reihenfolge der Ereignisse einfach nicht zusammen. Wieso war Ben da gewesen?

Stefan versprach Dr. Behrens, die Patientin nicht aufzuregen, und öffnete die Zimmertür. »Guten Morgen!«

Sophie sah ihn überrascht an. »Stefan?«

»Ja, ich bin es, der liebe Stefan.« Er zog sich einen Stuhl

ans Bett und setzte sich. Sophie war blass um die Nase. Der Kopfverband sah schlimm aus. Stefan stellte verwundert fest, dass sie ihm wirklich leidtat. »Du siehst ziemlich Scheiße aus, um bei der Wahrheit zu bleiben.«

»Vielen Dank!«, stöhnte Sophie genervt.

»Dr. Behrens hat kurz erwähnt, dass du raus willst aus dem Krankenhaus. Meinst du nicht, es wäre besser, wenn du dich noch einen Tag schonst?« Sophie schüttelte den Kopf und fluchte kurz. Dass sie Schmerzen hatte, war offensichtlich. Dieser Kerl hatte sie übel erwischt.

»Ach Stefan, ich halte es hier nicht aus. Diese Unterkunft hat keine fünf Sterne und das Nachthemd ist auch nicht von Armani.« Sie lächelte gequält. »Bitte! Bring mich zu euch nach Hause. Ich verspreche auch, ganz brav auf der Gartenliege zu bleiben.«

Stefan nickte verständnisvoll. »Hör mal, Sophie, das ist hier kein Abholservice! Ich bin dienstlich hier. Wir brauchen deine Zeugenaussage.«

»Wie bitte?«

»Wir müssen herausfinden, was passiert ist. Wie ist der Abend verlaufen? Soweit ich weiß, warst du zum Essen bei diesem Ben Lorenz. Dann bis du abgehauen und niedergeschlagen worden. Hanjo hat uns verständigt. Hast du irgendwen erkannt? Ben hat dich angeblich gefunden. Erinnerst du dich?«

»Ben!« Sophie nickte und schloss die Augen.

»Mach dir keine Sorgen. Wir beobachten ihn.«

Sophie rappelte sich hoch. In ihren Augen blitzte plötzlich wieder der gewohnte Kampfgeist. »Was? Wieso sollte er … Das ist doch Schwachsinn!«

»Schwer verliebt?« Stefan grinste sie böse an.

»Hör auf«, bat sie müde.

Stefan atmete tief durch und schaltete einen Gang runter. »Sophie, ich kann dir das hier nicht ersparen. Bitte versuch, dich zu konzentrieren und erzähl mir alles, woran du dich erinnerst. Dann bring ich dich zu Tina.«

Sophie schien kurz zu überlegen. Dann räusperte sie sich.

»Wir haben gegessen. Ben hat gekocht. Wir haben gequatscht und irgendwann bin ich los. Ich bin mit Pelle am Strand langgelaufen. Er hat gebellt. Da war etwas im Sand. Oh Gott, ich erinnere mich! Da lag eine Frau. Sie ist tot, oder?«

Stefan nickte. »Ja, Clara Burmeister. Was passierte, nachdem du die Frau gefunden hast?«

»Ab dann weiß ich gar nichts mehr.«

Stefan seufzte unzufrieden. »Ist Ben dir vielleicht zum Strand gefolgt?«

»Selbst wenn? Er, ähm, er hatte nichts an, als ich seinen Bus verließ. Ich bin stramm marschiert. Wie soll er so schnell in die Klamotten gekommen sein? Und wie soll er mich dann unbemerkt überholt haben, um mir am Strand aufzulauern?«

Darüber hatte Stefan bereits nachgedacht. »Er könnte hinter dem Deich langgerannt sein. Vom Strand aus hättest du ihn dann gar nicht sehen können. Er ist sportlich.«

»Wieso sollte Ben mir was antun? Und wann soll er Clara denn umgebracht und an den Strand gelegt haben?« Sophie sah ihn erschöpft an. »Stefan, bitte bring mich zu Tina! Ich muss mich erst mal ausruhen und erinnern. Wir reden später. Versprochen!«

Stefan nickte. So kam er wirklich nicht weiter. Doktor Behrens hatte ihm gesagt, dass Sophie im Laufe des Tages noch mehr Details einfallen könnten. Wenn sie in seinem Haus war, hatte er sie zumindest besser unter Kontrolle.

Ben saß in der offenen Schiebetür seines Busses und rauchte eine Zigarette nach der anderen. Er überlegte kurz, ob er in Ollis Wohnmobil gehen und sich einen Kaffee kochen sollte, doch er konnte sich nicht rühren. Das Ganze war ein Albtraum. Wenn er doch nur wüsste, wie es Sophie im Moment ging? Konnte sie sich erinnern? Hatte sie irgendwas gesehen? Ben hatte so gut wie gar nicht geschlafen. Erst in den Morgenstunden war er kurz weggedämmert, doch dieser leichte Schlaf war keine Erholung. Im Gegenteil. Diese Albträume hatten ihn total durcheinandergebracht. Mittlerweile wusste er selbst nicht mehr genau, was passiert war. Er sah nur immer wieder Sophies blutüberströmtes Gesicht vor sich. Als die Sanitäter sie in der Nacht mitgenommen hatten, wäre er natürlich am liebsten mitgefahren. Die Polizei war dagegen gewesen, weil er als Zeuge zur Verfügung stehen sollte. Zwei Beamte hatten ihn noch in der Nacht befragt. Sie hatten keinen Zweifel daran gelassen, dass sie ihn als Täter keinesfalls ausschlossen. Es hatte ihn gewundert, dass sie ihn nicht gleich mitgenommen hatten. Ben schmiss die Kippe ins Gras. Er musste sich jetzt einfach zusammenreißen. Entschlossen stand er auf und griff nach dem Wohnmobilschlüssel. Nach einer heißen Dusche und einem starken Kaffee würde er sich bestimmt besser fühlen. Vielleicht könnte er dann etwas essen. Sein Magen fühlte sich an wie ein kalter Stein. Ja, er musste jetzt aktiv werden. Er wusste doch aus der Vergangenheit, dass es keinen Sinn hatte, den Kopf in den Sand zu stecken. Ben schloss Ollis Wohnmobil auf und ging ins Bad. Erst jetzt, als er in den Spiegel sah, bemerkte er, dass sein T-Shirt blutverschmiert war. Ein kalter Schauer lief ihm über den Rücken. Schnell riss er sich die dreckigen Klamotten vom Körper. Er drehte das heiße Wasser auf und stieg in die Wanne. Unter seinen Nägeln war getrocknetes Blut. Ein paar Minuten stand er einfach nur da. Seine Tränen mischten sich mit dem heißen Wasser.

Endlich gelang es ihm, die Flasche Duschgel zu greifen und sich zu waschen. Erschöpft wickelte Ben sich in eines von Ollis Handtücher und setzte sich auf den Klodeckel. Er fühlte sich ein bisschen besser und er hatte Hunger. Er würde sich ein paar Eier in die Pfanne hauen. Er brauchte neue Kraft, wenn er es mit dem Superbullen Sperber aufnehmen wollte. Ben griff nach der Brause, um die Wanne auszuspülen. Sand und dunkle Spuren, von denen er annahm, es handelte sich um ihr Blut, klebten auf dem Boden. Zum Glück kannte er sich im Wohnmobil gut aus. Zielsicher öffnete er den kleinen Schrank, in dem Olli die Scheuermilch aufbewahrte.

Tina deckte mit zitternden Händen den Tisch auf der Terrasse. Pelle lag auf dem Boden und sah sie unglücklich an. Broder hatte ihr den Hund gestern Nacht vorbeigebracht und ihr von dem Überfall erzählt. Wie schwer verletzt Sophie tatsächlich war, hatte er nicht sagen können. Tina hoffte, dass Stefan endlich anrufen und ihr mitteilen würde, dass alles in Ordnung war.

»Mami, Tante Sophie ist schon wieder weg!« Antonia kam im Pyjama auf die Terrasse gelaufen. »Ich war in ihrem Zimmer.«

»Ich weiß, mein Schatz«, erklärte Tina mit gespielter Gelassenheit. Im selben Moment stand Pelle auf und lief müde auf ihre Tochter zu, um sie zu begrüßen.

»Pelle!«, kreischte Antonia sofort. »Was machst du denn hier? Mami? Wieso hat Tante Sophie ihn denn nicht mitgenommen?«

»Weißt du Toni, die Sophie hatte einen Unfall. Sie ist im Krankenhaus.«

Antonia sah sie neugierig an. »Hat sie sich ein Bein gebrochen?«

»Nein. Sie hat sich den Kopf gestoßen.«

»Ich darf nie ins Krankenhaus«, beschwerte sich Paul, der unbemerkt auf die Terrasse gekommen war.

Tina kniete sich auf den Boden und hielt beide ganz fest. Sie durfte ihre Angst nicht auf die Kinder übertragen. Sie räusperte sich und lächelte. »Na los! Wir frühstücken jetzt erst mal und dann finden wir heraus, wie es Tante Sophie geht.« Schon wieder piepte und klingelte Sophies Handy auf dem Wohnzimmertisch.

»Gehst du nicht ran?«, wunderte sich Antonia.

Tina fragte sich gerade, ob sie nicht tatsächlich an Sophies Telefon gehen sollte, als sie einen Wagen hörte. Hastig sprang sie auf und rannte ums Haus herum. Stefan half Sophie gerade aus dem Auto heraus. Sie sah schlimm aus. Es war nicht der Kopfverband, der Tina erschreckte, sondern die Blässe in ihrem Gesicht. »Ich habe mir solche Sorgen gemacht«, seufzte Tina. Stefan gab ihr einen Kuss auf die Wange. »Schatz, ich muss gleich wieder los. Ich ruf dich an.«

Tina nickte und führte Sophie behutsam zu einer Liege unter dem Sonnenschirm. Pelle begrüßte sein Frauchen stürmisch.

»Er hat die ganze Nacht auf der Terrasse verbracht und auf dich gewartet«, erklärte Tina.

»Dass er hier draußen schlafen darf, ist bestimmt sein schönstes Ferienerlebnis.«

Tina sah sie besorgt an. »Wie lautete denn die Diagnose?«

»Gehirnerschütterung und eine hässliche Platzwunde. Ich habe ordentlich eins übergezogen bekommen.«

Paul war ganz aufgeregt. »Ich krieg nie so ein weißes Dings, wenn ich mir Aua mach.«

Sophie lächelte ihn an. »Da kannst du aber froh sein. Ich finde das Dings nämlich gar nicht schick.«

Tina war den Tränen nah. Sie machte sich solche Vorwürfe. Es hätte vielleicht gar keinen Überfall gegeben, wenn sie Sophie rechtzeitig gewarnt hätte. Warum war ihr die Sache mit Bens Zwillingsschwester nicht früher eingefallen?

Olli saß am Strand von St. Peter-Ording im warmen Sand und beobachtete die Kiter, die am Morgen schon durch das Wasser schossen. Zum ersten Mal in seinem Leben verspürte er keine Lust, ebenfalls in den Anzug zu steigen und sein Equipment aufzubauen. Er hatte es sowieso nicht dabei. Es reichte ihm, einfach nur zuzusehen. Er hatte die ganze Nacht kaum geschlafen und er fröstelte bei dem Gedanken an das kalte Nordseewasser. Er würde lieber in der Sonne sitzen bleiben, bis ihm wieder warm war. Olli atmete tief durch und blinzelte. Vielleicht würde bald alles wieder in Ordnung sein. Er versuchte nicht daran zu denken, dass er Sarah hier vor ein paar Monaten getroffen hatte. Er hatte ihr Talent sofort erkannt. Sie hätte die Deutschen Meisterschaften gewonnen, da war er sich sicher. Und jetzt war alles so ganz anders gekommen. Hätte er sie nicht zu sich nach Fehmarn geholt, wäre sie mit Sicherheit noch am Leben. Das Schicksal hatte ihn eingeholt und er konnte nichts anderes tun, als abzuwarten oder sein Leben zu ändern. Die Vorstellung, für Tobias in Hamburg zu arbeiten, gefiel ihm immer besser. Er würde endlich sein eigenes Geld verdienen und müsste seinen Eltern nicht mehr auf der Tasche liegen. Der Job würde Spaß machen, da war er sich sicher. Tobias und er könnten öfter mal ein Bier zusammen zischen und einfach reden. Und bei gutem Wetter könnte er an den Wochenenden nach Fehmarn fahren und kiten. Wenn er wollte, könnte er dann den ganzen Tag auf dem Wasser bleiben. Keine Kiteschüler mehr und kein Surfunterricht, nichts, was ihn die besten Stunden des Tages vom Kiten abhalten würde. Sicher würde er seinen Job als Surflehrer auch mal vermissen, und auch den alten Hanjo. Aber die langen Wintermonate nicht mehr mit seinen Eltern und den Kühen verbringen zu müssen, war eine zu verlockende Vorstellung. Um die Surfschule konnte Ben sich genauso gut kümmern. Es würde auch nicht schwer werden, einen zweiten Mann für die Sommermonate zu finden. Es gab genug Kitefreaks, die den Job bei Hanjo gerne machen würden. Wenn er sich tatsächlich zu diesem neuen Leben entschließen sollte, würde er sich auf jeden Fall einen neuen Wagen zulegen müssen. Sein alter Golf war kurz davor, auseinanderzufallen. Der nächste TÜV würde sein Todesurteil sein. Er hatte wirklich Glück, dass die alte Kiste die ganze Fahrerei bis jetzt ohne Pannen geschafft hatte. Olli legte sich zurück in den Sand und starrte den kleinen Wölkchen nach. »Fenja«, flüsterte er leise. In Gold würde er doch immer an sie denken. Dabei hatte er gedacht, dass eine erwachsene Beziehung zu Sarah die Erinnerung verblassen lassen würde. Es war doch nur eine Jugendliebe. Wahrscheinlich nichts, was für immer gehalten hätte. Und trotzdem konnte er das 14-jährige Mädchen nicht vergessen. Olli erinnerte sich an die großen blauen Augen, das nasse Haar und den entschlossenen letzten Blick. So hatte sie ausgesehen, bevor sie in den Tod gesurft war.

Tina stellte die Tassen auf ein Tablett und ging auf die Terrasse. Sophie lag im Liegestuhl, die Augen geschlossen. Mit einer Hand hielt sie einen Eisbeutel gegen die Schläfe gedrückt. »Mama bringt Medizin.«

Sophie öffnete müde die Augen. »Keine Tabletten mehr! Die haben mir im Krankenhaus sogar noch eine Spritze verpasst. Ich glaube, von dem ganzen Zeug ist mir so schlecht.«

»Dir ist übel, weil du eine Gehirnerschütterung hast. Und ich habe hier keine Tabletten, sondern einen schönen Cappuccino!«

Sophie grinste schwach. »Gute Krankenschwester!«

Tina reichte ihr die Tasse und setzte sich auf einen Stuhl.

»Hoffentlich war deine Entscheidung, das Krankenhaus zu verlassen, nicht übereilt. Ich meine, du hast ganz schön was abbekommen. Willst du später was essen?« Sophie nickte abwesend. »Dann geht es dir doch schon etwas besser?«

»Nein, es geht mir beschissen!«

»Sind die Kopfschmerzen so schlimm?«

»Was?« Sophie sah sie verwirrt an. »Ach Quatsch, die sind zu ertragen. Es ist die Sache mit Ben. Ich kann einfach nicht glauben, dass er ein Serienkiller sein soll. Stefan ist da auf dem Holzweg!«

Tina schüttelte den Kopf und suchte nach den richtigen Worten. »Sophie, du bist in ihn verknallt! Dein Urteilsvermögen in der Sache geht gegen null. Bitte halt dich da raus! Ach, hier ist übrigens dein Handy. Es piept und bimmelt schon den ganzen Morgen.«

»Und wenn schon! Das blöde Telefon ist mir gerade egal! Ben hat doch überhaupt kein Motiv! Das ist doch völliger Unsinn! Warum sollte er Frauen töten?«

Tina stöhnte auf. Warum konnte Sophie nicht zumindest jetzt Ruhe geben? »Keine Ahnung! Vielleicht ist er ein Psychopath? Irgendeinen schrägen Grund haben die doch immer, nur, dass normal tickende Menschen den nicht nachvollziehen können.«

»Ben ein Psychopath? Tolle Theorie! Tina, hör auf! Das ist ja lächerlich! Ben ist etwas ungewöhnlich, aber er ist doch nicht irre!«

»Sophie, ich muss dir da noch was sagen. Es ist mir erst

eingefallen, nachdem du gestern weg warst und dein Telefon hattest du ja vergessen.«

»Was?«, fragte Sophie wütend.

Tina atmete tief durch. »Ben hatte eine Zwillingsschwester. Sie ist gestorben. Beide waren noch ganz klein. Etwa drei Jahre alt. Na ja, ich kenn mich nicht aus, aber was, wenn er über den Tod seiner kleinen Schwester nicht hinweggekommen ist?«

Sophie sah sie erstaunt an. »Was sagst du da?«

»Es war eine Tragödie. Ben und seine Zwillingsschwester waren zusammen in der Badewanne. Die Kleine ist dann irgendwie ertrunken. Ich meine, wahrscheinlich hat er ihren Todeskampf beobachtet.« Tina lief es plötzlich kalt den Rücken hinunter. »Ich meine, ein kleiner Junge würde seine Schwester doch nicht ...«

Sophie sprang auf. Alles drehte sich für einen Moment. Sie musste sich mit einer Hand am Tisch festhalten.

»Mein Gott, Sophie. Warum stehst du nicht langsam auf?«, schrie Tina besorgt und eilte ihr zur Hilfe.

»Dann erzähl mir nicht so einen Scheiß von kleinen toten Mädchen und Psychopathen!«, fauchte Sophie. »Was soll ich denn jetzt überhaupt noch glauben?« Ihr Handy piepte. Sophie warf einen kurzen Blick auf das Display. Lutz! Verdammt, den hatte sie ja ganz vergessen. Erst machte sie die Pferde scheu und dann meldete sie sich nicht mehr. Sie würde ihm lieber nicht sagen, dass er sich die ganze Mühe umsonst gemacht hatte. Sophie setzte sich auf einen Gartenstuhl.

»Ich muss mal telefonieren.«

»Du hast doch nicht vor, mit Ben über seine Familie zu sprechen?«, fragte Tina ängstlich.

»Nein! Wirklich nicht! Es geht um was anderes. Wirklich!« Tina stand auf und sah sie besorgt an. »Dann geh ich in die Küche. Bau keinen Mist!«

Sophie lächelte ihr zu und wählte die Nummer von Lutz. Nach dem ersten Klingeln nahm er ab.

»Na endlich! Ich versuch schon seit Stunden dich zu erreichen!«, beschwerte er sich sofort. »Ich hab dein Ergebnis!«

Sophie würgte ihr schlechtes Gewissen mit dem letzten Schluck Cappuccino runter. »Damit habe ich noch gar nicht gerechnet. So schnell?«

»Tja, das ist die Zukunft!«

»Ich weiß, das geheimnisvolle PCR-Gerät.«

»So sieht es aus«, entgegnete Lutz fast fröhlich. »Das Ergebnis ist jedenfalls positiv.«

»Positiv?«, fragte sie krächzend nach.

»Ja! Was ist denn heute mit dir los? Bist du irgendwo gegengelaufen? Positiv heißt, die DNA der Proben stimmt überein. Das Sperma ist vom Benutzer der geheimnisvollen Zahnbürste.«

Sophie kam ihr eigenes Gehirn vor wie eine wabbelige Portion Pudding. Sie wollte nicht begreifen, was Lutz da sagte. »Kein Zweifel? Könnten nicht auch mehrere Personen die Zahnbürste benutzt haben?«

»Wie bist du denn drauf? Sophie, das war eine DNA-Analyse. Das Ergebnis ist eindeutig. Ich dachte, du würdest dich freuen. Das bestätigt doch deinen Verdacht! Du solltest mit der Polizei reden. Sprich mit Stefan! So, und jetzt muss ich los. Du weißt ja wahrscheinlich sowieso schon wieder, was ich jetzt zu tun habe.«

Sophie versuchte, ruhig zu bleiben. Das Ganze konnte nur ein Albtraum sein. »Wassersportlerin. Ja, ich habe sie gefunden.«

»Das warst mal wieder du?« Lutz pfiff durch die Zähne. »Ich muss schon sagen, in der Sache bist du wirklich erfolgreich.«

Er hatte aufgelegt. Sophie legte sich zurück auf die Liege

und schloss die Augen. Das war unmöglich! Sie kämpfte gegen die Tränen an und wehrte sich fast, die Sache zu Ende zu denken. Aber eine Tatsache blieb eine Tatsache. Ben war der Mann, mit dem Sarah kurz vor ihrer Ermordung geschlafen hatte.

36

Stefan steuerte zusammen mit Kollege Feller auf den alten Transit-Bus zu. Ben saß davor auf einem Gartenstuhl und starrte ins Leere. Er schien sie gar nicht zu bemerken.

»Herr Lorenz?«, fragte Stefan streng.

»Ja?« Ben blickte auf. Seine Miene verdunkelte sich, als er Stefan erkannte.

»Ich weiß nicht, ob Sie meinen Kollegen schon kennengelernt haben?«

Ben zuckte mit den Schultern. Dann stand er auf und setze sich in die offene Schiebetür. »Bitte! Nehmen Sie Platz. Ich hab leider nur zwei Stühle.«

Stefan blieb stehen.

»Herr Lorenz, Sie haben Sophie Sturm gestern Nacht am Strand gefunden, bei einer Leiche«, begann Robert freundlich. »Der Leiche von Clara Burmeister. Was wollten Sie nachts am Strand? Frau Sturm hatte sich doch ein paar Minuten vorher von Ihnen verabschiedet, um nach Hause zu gehen?«

»Ich wollte mit ihr reden.«

»Ach so!« Stefan nickte übertrieben. Dann wurde er lauter. »Und Sophie? Wollte sie vielleicht nicht mit Ihnen reden und war das der Grund, warum Sie versucht haben ihr den Schädel einzuschlagen?« Ben sah ihn erschrocken an. »Oder wollten Sie nur verhindern, dass Sophie die Leiche sieht?«

»Jetzt reicht es aber! Ich habe nichts damit zu tun! Wenn Sie mich für den Mörder halten, dann verhaften Sie mich doch!«

Robert Feller hob beschwichtigend seine Hand. »Ruhig Blut, Herr Lorenz. Sie sind ein Zeuge bis jetzt. Erzählen Sie mal in aller Ruhe.«

Ben atmete tief durch. Stefan ließ ihn nicht aus den Augen.

»Sophie war zum Essen bei mir.«

»Ach, was gab es denn? Ravioli?«, fragte er bissig.

»Es gab Hummerkrabben in Kokos-Zitronensoße.«

»Wow! Kümmern Sie sich um alle Ihre Schülerinnen so?«, Stefan fummelte eine Zigarette aus der Packung. Er hatte nicht vor, Ben ebenfalls eine anzubieten.

»Nein, ich kümmere mich nicht um alle so, Herr Kommissar. Ich mag Sophie sehr und ich glaube, das beruht auf Gegenseitigkeit.«

Stefan klopfte sich mit der Hand auf den Oberschenkel und grinste ironisch. »Ach, wirklich! Davon hat sie uns gar nichts erzählt. Sagen Sie mal, Ben, haben Sie vielleicht zu viel Fantasie?« Er zündete sich die Zigarette an zog daran. Dann ging er einen Schritt auf Ben zu und flüsterte fast. »Sophie ist eine hoch bezahlte Journalistin, auch wenn mir das Genre nicht gefällt. Sie ist sehr schön, Exmodel, hat eine schicke Wohnung, einen tollen Wagen. Gar nicht Ihre Welt, oder? Ist eine Nummer zu groß für Sie.«

»Ich habe ihr keinen Heiratsantrag gemacht. Wir ...«

Stefan ließ ihn nicht ausreden. »Haben Sie mit ihr geschlafen?«

»Eifersüchtig?« Ben starrte ihn wütend an.

»Wie ist der Abend verlaufen?«, ging Robert schnell dazwischen.

»Wir haben gegessen. Dann sind wir hineingegangen.«

Stefan konnte nicht dagegen an. Er wurde immer wütender. Von diesem Ben würde er sich nicht verarschen lassen! »Hinein?«

»Ja, in mein kleines Reich, Herr Kommissar. Wir haben …«

»Ja?«

»Wir haben uns geliebt«, flüsterte Ben und sah zu Boden.

»Und was war nach dem Sex?«, fragte Stefan dreckig.

Ben schloss kurz die Augen. »Sie wollte zurück zu ihrer Freundin. Zu Ihrer Frau!«

»Und das hat Ihnen nicht gefallen?«

»Nein, hat es nicht! Ich hatte das Gefühl, dass sie irgendetwas beschäftigt.«

»Vielleicht hatte sie herausgefunden, dass Sie ein Mörder sind.«

»Das Ganze nervt. Sophie hat gerade eine unglückliche Beziehung hinter sich. Das wissen Sie doch sicher, Herr Sperber. Sie war durcheinander. Sie ist mit ihrem Hund los. Ich habe mich schnell angezogen und bin hinter ihr her. Am Strand bellte Pelle wie verrückt. Sophie lag im Sand. Sie hat am Kopf geblutet. Dann kam Hanjo. Er hat das Bellen wohl auch gehört. Ich habe ihm zugerufen, dass er die Polizei und einen Rettungswagen rufen soll. Dann habe ich bei Sophie gewartet, bis Ihre Kollegen da waren.«

»Na, wenn das so ist!«, erklärte Stefan zynisch und warf seine Kippe auf den Boden. »Wir danken Ihnen für die Zusammenarbeit. Ach Ben, kommen Sie nicht auf die Idee, sich aus dem Staub zu machen. Ich wette, die Spurensicherung findet Ihre Fingerabdrücke an der Leiche.«

Stefan ging schlecht gelaunt zu seinem Wagen. Auch wenn er Ben verdächtigte, noch hatte er gegen diesen Spinner nichts in der Hand. Aber er würde nicht aufgeben. Jeder hatte eine Leiche im Keller.

Lutz Franck öffnete die Tür des kleinen Warteraums und begrüßte Ingo Schölzel und Gerdt Hartwig. »Herzlich willkommen zum täglichen Wasserleichenmeeting! Hereinspaziert! Versteht mich nicht falsch, aber langsam sehne ich mich nach einem Axtmörder oder einer Giftmischerin.«

»Moin«, grüßte Ingo trocken. »Mann, du bist wirklich ein kranker Vogel. Macht dieser Job dich so irre?«

Lutz grinste. »Nein, ich war schon immer so. Deshalb mach ich ja diesen Job.« Er ging zum Sektionssaal. Die beiden Beamten schlurften hinter ihm her. Clara lag bereits auf dem Stahltisch. Lutz hatte sie sich schon genauer angesehen und er hatte keinen Zweifel, dass sie zu dem gleichen Ergebnis kommen würden, wie bei den anderen beiden Opfern aus Gold. »Dann wollen wir mal.« Lutz schaltete sein Diktiergerät ein. »Weibliche Leiche. Identifiziert als Clara Burmeister. 27 Jahre alt.« Lutz sprach alle Informationen auf das Band. »Wir kommen jetzt zur äußeren Leichenschau. Am Oberkörper finden wir leichte Hämatome.« Dann sah er sich ihre Fingernägel an. »Bingo!« Ingo und Gerdt sahen auf. »Unter ihren Nägeln haben wir dieselben weißen Partikel. Eingetrocknete Scheuermilch! Jede Wette!«

Lutz beendete den ersten Abschnitt der Obduktion und nahm die Abstriche. Dann griff er zum Skalpell und begann mit dem Y-Schnitt. Er entnahm die Organe und betrachtete die Lunge. Sie war trocken. Aber die Paltaufschen Flecken ließen keinen Zweifel zu. »Ertrunken!«

»Wieder in Süßwasser?«, fragte Ingo und kam näher.

Lutz nickte. »Ich muss da noch ein paar Sachen im Labor vergleichen, bevor ihr meinen Bericht bekommen könnt, aber inoffiziell bin ich mir sicher, dass alle drei Frauen auf dieselbe Art und Weise ermordet wurden.«

Ingo sah ihn an und nickte. »Und von ein- und derselben Person. Irgendein Irrer will uns da zum Narren halten.« Ingo haute gegen die Waage. Claras Organe schwankten hin und her. »Und ich wette, wir sind diesem Perversen schon einmal über den Weg gelaufen.«

Lutz zuckte mit den Schultern. Er war sich sicher, dass ein kranker Serientäter für die Morde verantwortlich war. Wenn er doch nur die Zeichen finden und verstehen würde! Serienmörder hinterließen doch immer eine Unterschrift. War es die Scheuermilch? Ging es im wahrsten Sinne des Wortes um einen sauberen Tod?

37

Sophie rappelte sich erschrocken hoch. Sie musste geschlafen haben. Die Kinder tobten hinten im Garten mit Pelle. Verdammt! Sie hatte wirklich Wichtigeres zu tun als zu dösen. Sie brauchte Gewissheit. Entweder war Ben verrückt oder unschuldig. Was hatte Tina gesagt? Bens Zwillingsschwester war in der Badewanne ertrunken und er war dabei gewesen. Und? Deshalb musste er doch nicht wahnsinnig geworden sein. Fröstelnd schlug sie die Arme um sich. Und wenn er doch ein Psychopath war? Warum hatte er mit Ollis Exfreundin geschlafen? Kurz vor ihrer Ermordung! Ob Olli von der Sache zwischen den beiden wusste? Vielleicht war es nicht das einzige Mal, dass Sarah und Ben miteinander ins Bett gegangen waren. Wenn Olli etwas gemerkt hatte, musste er verdammt wütend sein. Und zwar auf beide. Sophie stand vorsichtig auf und ging in die Küche. Tina war gerade dabei, den Boden zu wischen. Sie blickte auf, als sie Sophie kommen hörte.

»Du bist aufgestanden! Geht es dir besser?«

»Ich habe zwar immer noch Kopfschmerzen, aber mir ist nicht mehr so schwindelig. Ich werde mal nach oben schleichen und duschen. Ich muss diesen Krankenhausgeruch abwaschen.« Es kostete sie alle Kraft, doch sie schaffte es ins Bad. Als sie vor dem Spiegel stand, bekam sie einen Schreck. Sie sah furchtbar aus. Wann war sie das letzte Mal so blass gewesen? Ihre Augenränder waren so dunkel, als wäre sie seit Langem schwer krank. An ihrer Wange klebte noch eingetrocknetes Blut und ihr Haar war total verfilzt. Auf der Seite, auf der sie den Schlag abbekommen hatte, war das Weiße in ihren Augen dunkelrot. »Ich sehe aus wie ein Zombie«, stellte sie laut fest. Und daran würde sie auch mit ein bisschen Make-up nichts ändern können. An dem Job würde jeder noch so talentierte Starvisagist scheitern. Sophie duschte sich vorsichtig, damit der Verband nicht nass wurde. Anschließend zog sie eine weite Cargohose und ein T-Shirt an. Zum Glück hatte sie ihre Baseballkappe mitgenommen. Sie zog sie tief ins Gesicht. 10 Minuten später kam sie mit wackeligen Beinen auf die Terrasse. »Pelle?« Ihr Hund stürmte zu ihr. Sie ließ sich auf die Knie fallen und vergrub ihr Gesicht in dem braunen Fell. Sie war fix und fertig und ließ ihren Tränen freien Lauf. Pelle rührte sich nicht vom Fleck. Er ließ Frauchen einfach traurig sein. Nach ein paar Minuten ging es ihr besser. »Danke, das war wohl mal nötig. Bist du noch mein Mister Stringer?« Pelle bellte zustimmend. »Komm! Wir müssen hier mal raus. Ich will einfach nicht glauben, dass Ben ein Mörder ist, und genau das werden wir auch irgendwie beweisen!«

Stefan hatte sich in der Polizeiwache in Burg provisorisch eingerichtet. Robert Feller saß ihm gegenüber am Schreibtisch und rührte minutenlang schweigend in seinem Kaffee. »Mensch, Robert, wenn du so weiterrührst, ist gleich ein Loch in der Tasse.« Robert sah ihn genervt an. Schlecht gelaunt wählte Stefan Ingos Handynummer und stellte den Apparat auf Freisprechen. »Ingo, gibt es bei euch was Neues? Wie weit ist Franck?«

»Moin, Stefan«, meldete sich Ingo Schölzel. »Franck ist noch nicht fertig. Wir sind gerade bei ihm. Es ist noch nicht offiziell, aber es ist das gleiche Muster. Das war unser Ostseekiller.«

Stefan nickte. »Das haben wir uns ja schon gedacht. Fingerabdrücke, DNA, irgendwas?«

»Er ist noch nicht fertig.«

Stefan sprang er auf und trat gegen den Schreibtischstuhl. Robert sah ihn erschrocken an. »Verdammt! Was haben wir denn überhaupt? Sandra, Sarah und Clara. Drei junge Frauen, blond, hübsch. Sandra kam aus Süddeutschland, kannte niemanden hier. Die anderen sind Konkurrentinnen. Wer ist denn jetzt die Favoritin? Checkt das! Warum doch diese Unterschiede? Neoprenanzug, Sex, kein Sex. Zufall? Oder gehört das alles zu seinem kranken Plan? Und ich will alles über die Jungs wissen!«, brüllte er. »Dieser Olli hat doch mal in Hamburg studiert. Was ist mit dieser Sandra? War die mal in Hamburg?«

»Nein, sie hat in Köln studiert«, antwortete Robert.

Stefan trank einen Schluck Kaffee und spuckte ihn angeekelt zurück in die Tasse. »Was ist das denn für eine Brühe! Robert, die sollen frischen kochen. Gerdt soll sich an die Vita der Jungs machen. Ich will alles wissen. Jede noch so kleine Nebensache. Und auch alles über die Einheimischen, die in der Nähe von Gold leben. Robert, schnapp dir diesen Claas Meier und putz Klinken.« Stefan lehnte sich zurück und kaute an der Nagelhaut seines Daumens.

»Was jetzt, Chef?«, fragte Ingo am Telefon.

»Ich hab nicht die leiseste Ahnung. Ich rechne sekündlich mit einem Anruf vom Staatsanwalt. Ich habe ehrlich gesagt keine Ahnung, was ich ihm sagen soll. Wir stehen da wie Idioten. Ich fahr zum Mittagessen nach Hause und nehme mir Sophie vor. Wenn sie uns was verheimlicht, weil dieser Ben ihr Lover ist, dann gnade ihr Gott!«

»Nur eine Idee«, warf Robert ein und wischte sich einen Krümel vom Sakko. »Die ersten beiden Frauen wurden in einem Neoprenanzug gefunden, aber diese Clara hatte normale Klamotten an.«

»Und?«, fragte Stefan genervt.

»Na ja, nur so ein Gedanke, aber wenn wir es, wie ich

ja von Anfang an behauptet habe, tatsächlich mit einem Serienkiller zu tun haben? Ich meine, dann ist er nicht dumm.«

»Was zum Teufel meinst du?«

»Am Anfang hat er versucht, die Frauen wie Unfallopfer aussehen zu lassen. Neoprenanzug! Jetzt macht er sich doch gar nicht mehr die Mühe. Clara trug normale Straßenkleidung. Der Täter weiß, dass wir nicht mehr an Unfälle glauben. Er hat seine Taktik geändert. Warum soll er sich denn noch die Mühe machen und seine Opfer in einem Neoprenanzug ertränken?«

Stefan starrte Robert an. Sein Designerkollege hatte tatsächlich recht. Dass Clara normale Klamotten anhatte als sie starb, sonst aber anscheinend alles wie bei den anderen Opfern abgelaufen war, bestätigte seine Theorie. Die ganze Sache wurde immer abartiger.

Sophie ging im Garten auf und ab. Zwischendurch ließ sie die Arme kreisen und massierte sich den Nacken. Sie musste versuchen, schnell wieder fit zu werden. Ihr Handy klingelte wieder, und wieder war es Ben. Nein, sie wollte auf keinen Fall am Telefon mit ihm sprechen. Sie musste ihm dabei ins Gesicht sehen.

»Was machst du da?«, brüllte Tina von der Terrasse. »Du sollst doch liegen und dich ausruhen!«

Sophie ging ihr langsam entgegen. »Das weiß ich doch auch. Ich habe aber einfach nicht die Ruhe. Es geht mir wirklich schon besser. Außerdem muss ich den armen Pelle ein bisschen laufen lassen. Wir gehen zum Strand.«

Tina schüttelte energisch mit dem Kopf. »Bleib lieber hier! Das ist ein gut gemeinter Tipp! Stefan kommt jeden Moment! Er will dich sprechen. Wenn du jetzt abhaust, garantiere ich für nichts!«

Sophie rollte genervt mit den Augen. »Kannst wieder abzischen, Pelle.« Der braune Labrador galoppierte begeistert zu Antonia und Paul, die im Planschbecken saßen. Pelle zögerte nicht eine Sekunde. Er nahm Anlauf und sprang mitten rein. Dann schüttelte er sich glücklich.

»Jetzt haben wir sogar eine Dusche!«, kreischte Antonia begeistert.

»Papa! Papa! Guck doch mal!«, quakte Paul und klatschte in die Hände.

Sophie hatte Stefan gar nicht kommen hören.

»Dir geht es anscheinend wieder besser«, fragte Stefan ohne eine Spur von Mitgefühl. »Du hast doch nicht vor, zu Ben zu fahren, oder?«

»Und wenn?«

»Sophie, komm bitte her und setzt dich«, sagte Stefan plötzlich sehr ruhig.

Sie gehorchte missmutig. Stefan sah sie ernst an und zu ihrem Erstaunen lag da tatsächlich ein Funke Sorge in seinem Gesicht.

»Sophie, im Moment können wir nicht ausschließen, dass Ben ein mehrfacher Mörder ist.«

»Ich kann das ausschließen«, behauptete sie bestimmt. »Ich war den ganzen Abend mit ihm zusammen.« Sollte sie Stefan von der Sache mit der Zahnbürste erzählen?

»Lass uns mal der Reihe nach vorgehen«, schlug Stefan freundschaftlich vor. »Versuch dich an die Nacht zu erinnern. Es ist wirklich wichtig!«

»Alles ist wie ausgelöscht. Ab und zu erinnere ich mich, aber ich krieg das mit der Reihenfolge einfach nicht auf die Reihe. Wir haben gegessen und …«

»Erspar mir die Details. Du hast gerade selbst gesagt, dass du die Reihenfolge der Ereignisse nicht mehr sicher weißt.«

»Ich weiß noch alles ganz genau. Alles, bis ich die Leiche sah. Da erst wird die Sache zum Puzzle.« Sie holte Luft. »Ich wollte irgendwann nach Hause. Ich war durcheinander wegen Felix. Es hat schrecklich gedonnert und Ben meinte, dass ich bei ihm bleiben sollte.«

»Damit du die Leiche nicht findest?«

Sophie ignorierte die Frage und versuchte sich zu konzentrieren. »Ich sah Clara, also nicht wirklich Clara, aber eine Person. Es war wie in einem Horrorfilm. Ein Blitz zuckte und in der Sekunde sah ich das weiße Gesicht und diesen furchtbaren Ausdruck. Pelle hatte wie verrückt gebellt. Und dann hat mich was am Kopf getroffen und ich bin umgekippt. Da war ein Mann mit Regenjacke.«

»Die einzige Regenjacke, die wir gefunden haben, war die von Ben. Und dem hast du ja jetzt ein Alibi verschafft.«

»Olli hat gestern Abend noch bei Ben angerufen.«

Stefan sah sie streng an. »Was? Wo steckt der?«

»In St. Peter-Ording. Er kommt heute zurück.«

Stefan nickte grimmig. »Wenn dir noch irgendwas einfällt, dann ruf mich an.«

Tina ließ ein Tablett mit Kartoffelsalat und Würstchen auf den Tisch knallen. »Schluss jetzt! Auf meiner Terrasse werden keine Verhöre geführt!« Sie deckte schlecht gelaunt den Tisch. »Ich will kein Wort mehr über Mord und Totschlag hören. Ist das klar?«

Beim Essen redeten nur die Kinder. Sophie hatte keinen Appetit, und das lag nicht an der Gehirnerschütterung. Sie hatte gelogen! Ben war nicht die ganze Zeit bei ihr gewesen.

Tina räumte die Teller zusammen und stellte sie auf das Tablett. Die ganze Situation war unerträglich.

»Antonia! Paul! Kommt bitte her! Ich möchte, dass ihr

jetzt ganz leise nach oben geht und euch eine halbe Stunde hinlegt.« Die beiden sahen sie entsetzt an.

»Aber Mami! Wir wollen nicht schlafen!«, protestierte Antonia.

Paul fing an zu heulen und rieb sich die Augen. Wenn Finn jetzt auch noch anfängt zu schreien, trinke ich einen Schnaps, beschloss Tina. Stefan rauchte seelenruhig eine Zigarette und Sophie starrte auf ihr Telefon. »Jetzt hört mal gut zu, ihr beiden«, versuchte Tina es erneut. »Ihr schleicht jetzt sofort nach oben! Ich will keinen Mucks mehr hören. Wenn die Sache so klappt, wie ich sie mir vorstelle, dann gibt es heute Nachmittag ein großes Eis.« 10 Sekunden später war von beiden nichts mehr zu hören und zu sehen.

»Glaubst du, dass das eine gute Idee ist? Ich meine, dass du sie mit Eis bestichst?«, fragte ihr Mann skeptisch. »Erpressung hat meiner Ansicht nach rein gar nichts mit Erziehung zu tun.«

Tina war kurz davor auszuflippen. Stefan wusste doch überhaupt nicht, wie sie jeden Tag jonglierte, um allen gerecht zu werden. Was bildete er sich eigentlich ein? Da hörte sie ihn fragen:

»Sag mal, Schatz, willst du uns nicht noch einen Cappuccino anbieten?«

»Steck dir deinen Cappuccino sonst wohin.« Ohne seine Reaktion abzuwarten, nahm sie das Tablett und ging in die Küche, um zu heulen. Sie putzte sich gerade die Nase, als Stefan zu ihr kam.

»Schatz, tut mir leid. Ich weiß eigentlich gar nicht, was ich Schlimmes getan habe. Sophie ist der Meinung, ich wäre ein unsensibles Arschloch und hätte keine Vorstellung, was du hier für ein Pensum abreißt.«

Tina musste grinsen. »Schöner hätte ich es auch nicht ausdrücken können.« Stefan nahm sie in den Arm und küsste sie zart.

»Sorry, Schatz. Der Fall macht mich fertig. Wenn ich das Schwein habe, nehme ich mir Urlaub! Und dann fahren wir weg. Nein, lass uns irgendwo hinfliegen. So ein Hotel in der Sonne mit Vollverpflegung rund um die Uhr.«

Sie nahm ihn in den Arm und Stefan küsste sie zärtlich. Dann sah er sie entschuldigend an. »Ich muss los. Ich liebe dich.«

Als er weg war, machte Tina tatsächlich zwei Cappuccini und nahm sie mit nach draußen. Sophie griff dankbar zum Becher. »Darfst du eigentlich Kaffee trinken?«

Sophie sah sie verblüfft an. »Wieso denn nicht? Besser als noch mehr Schmerztabletten. Tina, mach dir jetzt bitte nicht noch wegen mir einen Kopf. Ich bin in Ordnung.«

»Hast du schon ein Ergebnis bekommen? Na, wegen deines illegalen Tests?«

Sophie schüttelte den Kopf. »Wird wohl noch ein paar Tage dauern. Ich geh jetzt mit Pelle an den Strand. Hier im Garten bekommt er nicht genug Bewegung. Und ich auch nicht. Wir sind in spätestens zwei Stunden zurück.«

Sophie rief ihren Hund und lief durch den alten Obstgarten zum Deich. Tinas Herz klopfte. Und wenn Sophie trotz aller Warnungen doch zu Ben ging?

38

Olli lenkte seinen alten Golf auf den Hof seiner Eltern. Er wollte noch schnell die Schmutzwäsche abgeben, bevor er zurück zur Surfschule fuhr. Neben dem Auto seines Vaters stand der Wagen von Doktor Pieper. Olli parkte und sprang aus dem Auto. Er rannte auf die Haustür zu und wäre fast mit dem Arzt zusammengestoßen.

»Oliver! Immer langsam.«

»Tut mir leid, Doktor Pieper. Was ist denn los? Ist es wieder Mama?« Das vertraute Gesicht des Arztes sah ihn ernst an und nickte. Olli kannte Fips Pieper schon, solange er denken konnte. Er war der Hausarzt der ganzen Familie.

»Sie hatte wieder einen Migräneanfall!«, erklärte Pieper. »Sie hat sich zu sehr aufgeregt. Die Polizei sucht dich. Sie haben sie ein paarmal angerufen und sie genötigt, sich an deine Freunde zu erinnern. Na, für den Fall, dass du da irgendwo untergekommen bist. Was hast du dir nur dabei gedacht, Junge.«

Olli sah ihn verwirrt an. »Die Polizei? Ich war doch nur zwei Tage weg.«

»Das kannst du natürlich noch nicht wissen.« Doktor Pieper atmete tief durch. »Clara Burmeister ist tot. Genauso wie die anderen.«

Olli starrte ihn an.

»Ja, mein Junge«, meinte Pieper ernst. »Es sieht fast so aus, als wäre einer unterwegs, der nicht ganz richtig ist.«

Fips klopfte ihm freundschaftlich auf die Schulter. »Ruf doch mal Broder an und melde dich zurück. Mensch, Broder versteht das doch, dass du mal kurz weg bist.«

Olli nickte. Er würde wirklich lieber mit Broder Larrson sprechen als mit einem dieser arroganten Festlandbullen.

»Was ist jetzt mit Mama?«

Pieper nickte. »Ich habe ihr was zur Beruhigung gegeben. Sie schläft bestimmt bald ein. Es ist doch immer dasselbe mit ihr. Morgen geht es ihr schon wieder gut. Bis dann.«

Olli sah ihm nach. Fips Pieper stieg in seinen alten Mercedes und fuhr vom Hof. Olli öffnete die Tür und schlich leise nach oben. Seine Mutter atmete ganz ruhig. »Mama? Ich bin wieder da. Alles ist in Ordnung. Bitte mach dir keine Sorgen mehr.« Olli spürte, dass sie seine Hand drückte. Er strich ihr das Haar aus dem Gesicht und nahm die Packung Tabletten in die Hand. Valium. Mal wieder. Piepers Lieblingsmedikament. Für Ollis Geschmack verschrieb er es viel zu oft und er ließ immer gleich eine ganze Packung da. Seine Mutter wäre bestimmt schon abhängig von dem Zeug, wenn er ihr den Mist nicht wegnehmen würde. Wie schon so oft ließ er die Packung in seiner Tasche verschwinden.

Hanjo polierte gerade ein paar Gläser, als er Sophie ins Bistro kommen sah. Sofort schmiss er das Tuch in die Spüle und stürzte auf sie zu. Sophie sah wirklich schlecht aus. Er bemerkte den Verband unter der Baseballkappe. »Mädchen! Wie geht es dir?«, grüßte er besorgt und führte sie zu einem Tisch.

»Ach Hanjo, es ging mir schon besser.«

Hanjo ergriff ihre Hand und tätschelte sie unbeholfen. Er war erleichtert, sie auf den Beinen zu sehen. »Es ging das Gerücht, du wärst in Lebensgefahr. Solltest du nicht im Krankenhaus sein?«

Sophie grinste ihn verwundert an. »Lebensgefahr?

Das ist wohl ein bisschen übertrieben. Allerdings habe ich heute Morgen, als ich da in dieser Inselklinik aufgewacht bin, tatsächlich gedacht, dass ich sterben möchte. Mir war noch nie so übel. Der Arzt hätte mich auch lieber noch ein bisschen dabehalten, aber ich musste da weg. Ich bin vollkommen durcheinander.«

»Vernünftig ist das aber nicht! Du solltest dich zumindest ins Bett legen und dich schonen. Jetzt ruhst du dich erst mal aus und ich hol dir einen schönen Kakao.« Sophie nickte und er schlurfte in die Küche. Das arme Kind. Natürlich war sie durcheinander. Sie liebte Ben und gleichzeitig hatte sie jetzt wahrscheinlich Angst vor ihm. Was für eine furchtbare Geschichte. Hanjo ließ Milch in der Mikrowelle heiß werden und rührte echten Kakao an. Nicht dieses Instantzeug. Er gab noch einen Schuss Sahne dazu und ging mit den zwei Bechern zurück an den Tisch. Sophie war wirklich blass. All ihre Energie schien erloschen. Hoffentlich würde die Wunde unter dem Verband schnell heilen. Und dieses rote Auge sah zum Fürchten aus. »Bitte. Der Kakao.«

Sophie zuckte zusammen. »Hanjo, die Polizei glaubt, dass Ben ein Mörder ist. Ein Serienkiller.«

Hanjo setzte sich. »Das ist doch Unsinn! Ben ist ein guter Junge und er mag dich.« Sie atmete tief durch und griff zitternd nach dem Becher.

»Da ist diese Geschichte mit seiner Schwester. Was weißt du darüber?«

Hanjo nickte. Sophie musste irgendwie von der Tragödie erfahren haben, wunderte er sich. »Das war grausam. Ach Gott, das ist so lange her. Und trotzdem wird man so was wohl nie vergessen können. Die Kleine war ein sehr niedliches Mädchen. Sie war so gerne im Wasser.« Hanjo schluckte. »Für den Jungen muss es damals schlimm gewesen sein. Ob seine Eltern ihm je verziehen haben, dass er noch am Leben ist? Ben wird sich ein Leben lang Vorwürfe machen, egal, ob ihn am Tod seiner Schwester eine Schuld trifft oder nicht.« Sophie sah ihn erschrocken an. »Aber ... aber das heißt doch nicht, dass Ben ...«

»Nein, Sophie! Das glaube ich nicht.« Eine Gruppe Surfer betrat lachend das Bistro. »Hallo!«, rief ein junger Typ. »Kriegen wir noch irgendwas zu essen? Wir sind hungriger als eine Meute Wölfe!«

Hanjo drücke Sophies Hand und drehte sich dann zu den Wassersportlern um. »Natürlich gibt es was zu essen. Nehmt Platz. Ich bring euch gleich die Karte.« Hanjo wandte sich wieder Sophie zu. »Ich muss mich um die Gäste kümmern.« Sie nickte unglücklich. Er wollte ihr so gerne helfen. »Warum kommst du nicht einfach später noch mal vorbei? Am besten, wenn der ganz große Betrieb vorbei ist und ich ein bisschen mehr Zeit habe. Dann kann ich dir in Ruhe alles erzählen, woran ich mich erinnere. Alles über diese schreckliche Sache damals und auch alles, was ich über Ben sonst noch weiß.«

Ben wählte wieder Sophies Nummer. Warum ging sie nicht an ihr Handy? Er machte sich schreckliche Sorgen. Vielleicht war sie tatsächlich schwer verletzt. Das Krankenhaus durfte ihm keine Auskunft geben, das hatte die Dame am Empfang ihm mitgeteilt. Vielleicht lag sie im Koma, überlegte Ben erschrocken, während er erneut auf die Wahlwiederholungstaste drückte. Ohne Erfolg. Und wenn Sophie ihn einfach nur nicht sprechen wollte? Nein, dafür gab es doch keinen Grund. Außerdem musste sie sich doch denken können, dass er sich Sorgen machte. Ob dieser Kommissar Sperber mit ihr geredet hatte? Hatte dieser Bulle ihr erzählt, dass er ihn für den möglichen Täter hielt? Bens Magen krampfte sich für einen Moment zusammen. Sophie konnte ihn doch nicht ernsthaft verdächtigen.

»Träumst du?«

Ben zuckte zusammen. »Verdammt, Olli! Warum schleichst du dich so an?«, fragte er gereizt.

»Anschleichen? Sag mal, wie bist du denn drauf? Ich steh hier schon ein paar Sekunden und du hast nicht reagiert!« Olli sah ihn versöhnlich an. »Ich wollte nur meine Schlüssel abholen. Scheiße! Was ist das alles für ein Horror!«

»Du weißt schon Bescheid?«

Olli nickte. »Ich hab daheim meine Wäsche abgegeben und bin Dr. Pieper in die Arme gelaufen. Mum hatte wieder so einen Migräneanfall. Jetzt auch noch Clara.«

Ben stand mühsam auf. »Ja, jetzt auch noch Clara. Und Sophie liegt verletzt im Krankenhaus.«

»Was?« Olli starrte Ben verwirrt an. »Sophie habe ich gerade aus dem Bistro kommen sehen.«

Ben rannte los, ohne Olli irgendetwas zu erklären. Er musste sie unbedingt noch erwischen und mit ihr reden. Er stürzte den Deich rauf. Da war sie. Sophie war bereits am Strand. Schnell holte er sie ein. Pelle rannte begeistert auf ihn zu. Er klopfte dem Hund den Rücken und atmete durch. Sophie sah ihn verstört an. Er bekam Panik, dass sie wegrennen würde. »Sophie!«, rief er außer Atem. Sie blieb stehen. Langsam ging er auf sie zu. »Ich habe dich mehrmals angerufen. Ich habe mir solche Sorgen gemacht.« Er hätte sie so gerne in den Arm genommen, aber etwas in ihrem Blick warnte ihn, es nicht zu tun. »Sag doch was!«

»Tut mir leid«, erklärte Sophie sachlich. »Mir geht es nicht besonders gut. Ich habe Kopfschmerzen und mir ist nicht nach Telefonieren zumute. Ich habe das blöde Handy nicht mal dabei. Warum hast du nicht bei Tina angerufen und sie gefragt, wie es mir geht?«

Er hatte sogar darüber nachgedacht. »Ich hatte Angst, dass der Superbulle rangeht«, gab er kleinlaut zu.

»Das ist ja lächerlich!«

»Ach ja? Dein Freund Sperber ist doch der Erste, der den Thailandspinner für den Mörder hält.«

»Lass mich in Ruhe! Ich weiß auch nicht mehr, was ich glauben soll.«

»Das ist doch nicht dein Ernst!«, rief Ben erschrocken. Er wollte ihren Arm fassen, doch sie sprang zurück und sah ihn wütend an.

»Das reicht jetzt, Ben! Wir reden morgen. Ich bin jetzt viel zu durcheinander und ich brauche dringend eine Kopfschmerztablette. Ich musste schon im Krankenhaus die erste Aussage machen.« Sophie nahm Pelle am Halsband und ging davon. Plötzlich drehte sie sich noch einmal um. »Ach, Ben? Warst du wirklich in Ollis Wohnmobil? Gestern Nacht, als du nur schnell die Gasflasche tauschen wolltest?«

Ein kalter Schauer lief über seinen Rücken. Hatte sie der Polizei davon erzählt?

Sophie konnte die Tränen nicht länger zurückhalten. Sie wusste einfach nicht mehr, was und wem sie glauben sollte. Ihre Kopfschmerzen waren wieder unerträglich. Warum hatte sie nicht noch eine Tablette genommen? Sophie lief auf dem Deich zurück zum Haus. Jedes Mal, wenn sie den Fuß aufsetzte, pochte die Naht schmerzhaft. Tina sprang aus der Liege, als Sophie auf die Terrasse trat.

»Was ist denn passiert?« Tina nahm sie in den Arm, so wie sie es bei ihren Kindern machte, wenn sie sich wehgetan hatten. »Pst. Ist ja alles gut.«

»Nichts ist gut«, schluchzte Sophie. »Ich bin Ben über den Weg gelaufen. Er war so enttäuscht, dass ich ihm nicht vertraue. Ich möchte ihm so gern glauben, aber … Ach Scheiße, ich brauch eine Schmerztablette.«

»Wie geht es denn deiner Birne?«, fragte Antonia neugierig.

»Meiner was?« Sophie musste trotz Schmerzen grinsen. »Nicht so toll, Süße.«

»Musst du noch ein Pflaster drauf machen«, schlug Paul ernst vor.

Sophie lachte leise und strich ihm liebevoll über den Kopf. Ungefähr so alt musste Ben gewesen sein, als seine Schwester ertrunken war. Plötzlich war sie sich sicher. Ein kleiner Junge konnte so etwas nie vergessen. Es war normal, dass Ben noch immer daran denken musste. Und dann war da noch der Tsunami. Bens große Liebe war auch durch Wasser ums Leben gekommen. Reichten zwei solche Schicksalsschläge? Konnte man deshalb durchdrehen? War Ben tatsächlich ein Psychopath? Sophie begann zu zittern. »Es geht auch ohne Pflaster«, brachte sie schlotternd hervor.

Tina sah sie besorgt an. »Sophie? Kann ich irgendwas für dich tun? Eine heiße Tasse Tee vielleicht?«

»Nein, danke. Ich nehme jetzt eine Tablette und leg mich hin.«

Tina brachte sie nach oben ins Gästezimmer. Sophie fühlte sich wie ein kleines Mädchen, als Tina sie zudeckte und ihr einen sanften Kuss auf die Stirn drückte. Sie kuschelte sich ins Bett und schlang die Arme um ihren Körper. Sie wollte nur noch schlafen und vergessen. Sie hatte sich auf der Insel doch nur ein paar Tage erholen wollen, nach der schlimmen Zeit, die hinter ihr lag. Und nun? Der Albtraum hatte gerade erst begonnen. Vielleicht hatte sie sich in einen Serienmörder verknallt.

Tina öffnete den Backofen und sah nach der Lasagne. Noch 10 Minuten und sie würde perfekt sein. Ihr Blick fiel wieder auf den Karton, der vor einer Stunde von Fleurop für Sophie abgegeben worden war. Sie war wirklich neugierig, wer Sophie Blumen geschickt hatte, aber es war kein Absender dabei. Wahrscheinlich war die Karte im Karton. Tina sah auf die Uhr. Sie beschloss, Sophie zu wecken. Sie musste etwas essen. Leise klopfte sie an die Tür des Gästezimmers. »Sophie?« Sie öffnete die Tür und trat ein. »Wie geht es dir?«

Sophie rieb sich die Augen und lächelte. »Ich glaube, es geht mir etwas besser. Ich habe sogar ein leichtes Hungergefühl.«

»Das will ich dir auch geraten haben. Es gibt eine wunderbare Lasagne und Salat aus dem eigenen Garten. Ich muss wieder runter. Soll ich einen Wein aufmachen?« Sophie grinste sie an. Es schien ihr tatsächlich wieder besser zu gehen. Tina war erleichtert. Ihre starke Freundin so verletzbar zu sehen, irritierte sie. Außerdem hatte Sophie wirklich genug hinter sich. Sie ging in die Küche und schrie erschrocken auf. »Was machst du hier?« Stefan sah sie mit großen Augen an.

»Ich wohne hier!«

»Aber doch nicht mitten in der Woche!« Stefan lachte und nahm sie in den Arm. Tina freute sich: »Das ist wirklich das einzig Positive an diesem schrecklichen Fall. Du bist mitten in der Woche zum Essen hier, ohne Urlaub zu haben.« Stefan schüttelte mit gespielter Empörung den Kopf. Dann wurde er wieder ernst. »Geht es Sophie besser?«

»Zum Glück. Du sollst einen Wein aufmachen!«

20 Minuten später saßen alle am Tisch. Tina beobachtete ihre Runde. Stefan stopfte das köstliche Essen gedankenverloren in sich rein. Paul und Antonia plapperten und plapperten, und Sophie aß tapfer. Finn schlief nach dem langen Tag im Garten bereits oben in seiner Wiege. Als die Großen mit dem Essen fertig waren, fingen sie an herumzuquengeln und sich müde die Augen zu reiben.

»Wie wäre es denn, wenn Papa euch heute mal ins Bett bringt«, schlug Tina vor.

»Ja!« Die Kinder wurden wieder munter und klatschten begeistert in die Hände. »Liest du uns noch was vor?«

Stefan sah sie flehend an, doch Tina nickte unerbittlich. Heute war es ihr egal, ob er 20 Stunden am Tag auf Verbrecherjagd war. Ihr Job war mindestens genauso anstrengend, auch wenn sie es nur mit drei kleinen Serientätern zu tun hatte. Nachdem Stefan mit den Kindern nach oben gegangen war, schenkte sie sich und Sophie Wein nach. »Jetzt trinken wir noch ein Schlückchen zusammen und dann stecke ich dich wieder ins Bett. Tu dir selbst den Gefallen und mach eine Pause. Du bist krank. Eine Gehirnerschütterung ist doch keine Lappalie.«

Sophie sah sie verzweifelt an. »Was soll ich denn machen? Dein Mann hat sich total auf Ben und Olli eingeschossen. Ich zweifle selbst, aber Ben hat mir vielleicht sogar das Leben gerettet. Denk mal darüber nach. Ich muss versuchen, ihm zu helfen.«

Tina nickte unzufrieden. »Aber heute kannst du nichts mehr machen. Geh früh schlafen. Dann bist du morgen vielleicht wieder fit genug, um die Sache zu klären. Aber pass auf! Ich finde, du solltest dich nicht mehr allein mit ihm treffen, und schon gar nicht nachts.«

»Was ist nur los mit mir?« Sophies Augen glänzten feucht. »Ist das mein Karma? Pech mit Männern? Warum gönnt mir das Schicksal denn nicht mal ein bisschen unbeschwertes Glück?«

Tina schlug sich an die Stirn. »Mensch, das hab ich ganz vergessen. Da ist was für dich abgegeben worden.« Sie ging schnell in die Küche und brachte Sophie den geheimnisvollen Karton. »Blumen!«

»Blumen im Karton?«

»Steht Fleurop drauf.«

Sophie riss fragend die Augenbrauen hoch, bevor sie sich dran machte, ihn zu öffnen. Tina sah gespannt zu.

Vielleicht waren es Orchideen. Aber würde Ben teure exotische Pflanzen verschicken? Er hatte doch kaum Kohle. Oder wollte Felix sich entschuldigen? Wahrscheinlich waren es Genesungswünsche. Sophie schrie plötzlich. Sie war weiß wie ein Laken. Tina sprang erschrocken auf. »Was ist los?« Ihr Blick wanderte von Sophie zum Karton. Eine Blumenbukett aus schwarzen Rosen mit einem weißen Trauerband lag da. Tina bekam vor Entsetzen eine Gänsehaut. Sophie jaulte wie ein Tier und kauerte sich auf dem Stuhl zusammen. Tina geriet in Panik. »Stefan! Oh mein Gott! Stefan! Komm sofort her!«

Stefan hörte die Angst in den Rufen seiner Frau. Antonia und Paul sahen ihn erschrocken an. »Hört ihr das? Mama will wohl was von mir.« Stefan versuchte gelassen zu klingen und übergab das Buch seiner Tochter. »Toni, lies deinem Bruder weiter vor.«

»Aber Papa, ich kann doch noch gar nicht lesen«, erklärte Antonia verblüfft.

»Dann denk dir was aus!« Stefan sprang auf und ließ die verdutzten Kinder allein. Er eilte die Treppe hinunter und rannte auf die Terrasse. Sein erster Blick fiel auf Sophie. Sie war blass und atmete viel zu schnell. Er griff ihre Schultern und schüttelte sie. »Hör auf damit!« Sophie reagierte nicht. »Tina! Bring mir eine Tüte!«

»Was denn für eine Tüte?«, kreischte seine Frau. Sie war selbst vollkommen hysterisch.

»Schatz, alles wird wieder gut. Aber bitte geh jetzt in die Küche und hol mir eine Plastiktüte.«

Tina schien wieder zu funktionieren. 20 Sekunden später hielt er Sophie die Plastiktüte vor Mund und Nase. Sophie atmete endlich ruhiger und sah ihn verstört an. Dann brach sie in Tränen aus. »Ruf einen Arzt! Sie hat einen Nervenzusammenbruch. Was war denn?« Tina zeigte auf den Boden und rannte zum Telefon. Jetzt sah er das Trauergesteck. Was immer das zu bedeuten hatte, er würde sich später darum kümmern müssen. Stefan beugte sich über Sophie. »Hey! Keine Sorge! Ich trag dich jetzt nach oben. Versuch dich festzuhalten.« Stefan packte sie wie sonst seine schlafenden Kinder und trug sie ins Gästezimmer. Er hatte sie gerade aufs Bett gelegt, als auch Tina kam.

»Der Arzt ist in zwei Minuten da!«

»Gut. Bleib bei ihr. Ich kümmere mich um die Scheiße da unten!« Stefan ging zu seinem Wagen und holte die sterilen Handschuhe aus dem Verbandskasten. Er zog sie über, während er wieder auf die Terrasse ging. Bevor er das Gesteck vorsichtig zurück in den Karton legte, sah er es sich genau an. Ein Bukett aus schwarzen Rosen. Auf der weißen Trauerschleife stand nur ein Name. Sophie.

»Herr Sperber. Ihre Frau hat mich angerufen.«

Stefan erkannte den Mann sofort. Fips Pieper, der Stümper vom ersten Tatort, kam samt altmodischer Arzttasche durch den Garten marschiert. Der Arzt, bei dem Sophie Sorge hatte, auf Fehmarn krank zu werden.

»Gut, dass Sie so schnell kommen konnten. Unser Besuch hat einen Nervenzusammenbruch. Bitte kommen Sie mit.« Stefan brachte den Arzt nach oben zu Sophie und Tina. Dann ging er in die Küche und schenkte sich einen kleinen Schnaps ein. Er musste nachdenken! Was in aller Welt hatte das zu bedeuten? Warum stand Sophies Name auf der Schleife?

39

Tina hielt voller Sorge Sophies Hand. Sophie weinte noch immer. Sie verkrampfte sich regelrecht. Fips Pieper wühlte in seiner Arzttasche herum. »Sie hat eine Gehirnerschütterung«, informierte sie den Arzt.

Pieper sah auf. »Auch das noch? Und jetzt einen Nervenzusammenbruch. Kein schöner Tag für die Gute. Aber das haben wir gleich.« Er fingerte eine Packung Tabletten aus der Tasche. »Wissen Sie, was der Auslöser gewesen sein könnte?«

»Sie hat Blumen bekommen!«, erklärte Tina. Der Doktor sah sie verständnislos an. »Es war eine nicht so nette Karte dabei.« Sie entschied, dass er nicht alles wissen musste.

Pieper nickte. »Ob sie wohl eine Tablette runterkriegt?«

Langsam wurde Tina ungeduldig. »Ich habe keine Ahnung! Aber jetzt machen Sie doch mal was!«

Pieper nickte und nahm eine Tablette aus der Packung. »Ist vielleicht besser, wenn Sie es versuchen. Sie müsste dann in ein paar Minuten ruhig werden und einschlafen. Ich find allein raus. Ach, ich lass lieber noch zwei von den Dingern da, falls sie noch mehr brauchen sollte.« Fips Pieper gab ihr die Tabletten und packte zusammen.

Tina sah auf die Folie. »Diazepam?«

»Ja, Valium. Ist das Beste bei so was.«

Der Arzt verließ das Zimmer. Tina starrte auf die Tablette in ihrer Hand. War Valium nicht ein bisschen übertrieben? Hatte man heute nicht sanftere Mittel? Sie beschloss, dass eine halbe Tablette reichen musste. Sie brach die Tablette in der Mitte durch und legte sie Sophie auf die Zunge. Dann griff sie nach der Wasserflasche. Sophie schluckte brav und beruhigte sich nach kurzer Zeit. Tina wartete, bis Sophie eingeschlafen war. Dann schlich sie sich leise raus. Stefan saß auf der Terrasse und trank ein Bier.

»Sie schläft jetzt.« Tina sah auf den Karton. »Soll das in den Müll?«

Stefan schüttelte den Kopf. »Nein! Robert holt das Zeug gleich ab und bringt es ins Labor. Vielleicht hat unser Killer ja mal einen Fehler gemacht. Fleurop muss doch Kopien der Aufträge haben.«

Tina sah ihn erschrocken an. »Du glaubst, dieser Irre hat das geschickt? Aber dann ist Sophie ... Oh mein Gott. Das ist doch eine klare Morddrohung. Haben die anderen auch Blumen bekommen?«

»Das versuchen die Kollegen gerade rauszufinden. Reg dich nicht auf. Wahrscheinlich ist es nur ein Spinner, dem Sophie mit ihrem Klatschblatt auf die Füße getreten ist.«

Tina ließ sich auf einen Stuhl fallen. »Stand was auf der Trauerschleife?«

Stefan sah sie ernst an und nickte. »Ja!«

»Ihr Name? Was soll das denn? Normalerweise stehen doch die Namen der Angehörigen drauf.« Sie schüttelte langsam den Kopf. Plötzlich hatte sie einen Verdacht. »Die Scheißblumen sind von Felix!«

»Von ihrem Ex? Diesem Fernsehkasper?« Er schüttelte ungläubig den Kopf.

»Ja! Der muss sie doch hassen! Vielleicht will er ihr Angst machen, damit sie nicht auf die Idee kommt, ihrer Geschichte noch eine Folgestory hinzuzufügen.«

»Du bist ja ein richtiger Profiler.«

»Allerdings. Pass auf, es kommt noch besser«, fuhr sie

nachdenklich fort. »Sie hat sein Kind verloren. Er muss es erfahren haben. Und jetzt schickt er ein Trauergesteck als Nachricht, dass er mittlerweile Bescheid weiß. Er wollte ihr noch mal richtig wehtun, indem er sie an ihren Verlust erinnert und ihr zu verstehen gibt, dass sie für ihn gestorben ist.«

Stefan riss die Augen auf. »Sophie war von ihm schwanger? Sie hatte eine Fehlgeburt? Und du meinst, sie hat ihm das gar nicht gesagt?«

»Er wollte, dass sie abtreibt. Da wird sie ihm ja wohl kaum unter die Nase reiben, dass er am Ende doch noch Glück gehabt hat.«

Stefan nickte nachdenklich. »Wir werden Mister Showstar mal auf den Zahn fühlen. Wenn er was damit zu tun hat, sorge ich persönlich für den nächsten Artikel!« Er ging zu ihr und umarmte sie zärtlich. »Mach dir keine Sorgen. Ich glaube nicht, dass der Killer Blumen schickt. Leider. Es wäre die erste wirkliche Spur.«

Pelle lag auf der Terrasse und schaute in den Garten. Er streckte die Nase in die Luft und schnupperte. Es war toll, die Nacht im Freien zu verbringen. Hier gab es so viele Geräusche. Manchmal hoppelten sogar Kaninchen über den Rasen und er konnte mitten in der Nacht noch eine Verfolgungsjagd starten. Er konnte sich die ganze Nacht dreckig machen und niemand sagte: ›Pfui.‹ Sicher war es auch schön bei Frauchen im Bett zu schlafen, aber aufregender war es hier draußen. Plötzlich hörte er Schritte. Seine Nackenhaare sträubten sich. Die Schritte näherten sich. Pelle knurrte leise. Er setzte sich auf und schnupperte. Er kannte den Geruch. Ein Freund! Der Hund begann begeistert mit dem Schwanz zu wedeln. Dass ihn im Dunkeln noch ein Freund besuchte, war wunderbar.

»Na, Pelle«, flüsterte man ihm zu. Der Freund klopfte ihm auf den Rücken und Pelle leckte freudig die Hand. »Pst, ganz ruhig, Pelle. Komm mal mit.«

Zusammen gingen sie in den alten Obstgarten. Aufgeregt sprang er neben dem Freund her. Sie liefen immer tiefer in den Garten hinein. Sie waren schon fast am Deich. Ob sie sogar einen Strandspaziergang machen würden? Der Freund hob etwas vom Boden auf. Oh ja, lass uns spielen, freute sich Pelle, als er den Stock sah. Er begann vor Freude zu winseln und mit dem Po zu wackeln. Der Freund zögerte noch. Pelle sprang aufgeregt hin und her. Der Kamerad riss den Stock endlich hoch. Pelle wartete aufgeregt, dass er endlich geworfen wurde. Er liebte es, hinterherzujagen. Zischend sauste der Stock durch die Luft. Es krachte laut, als der Baseballschläger seinen Kopf traf. Pelle fiel auf die Seite. Was war denn nur los? Der Freund nahm den Stock wieder hoch. Der Hund wollte aufstehen, doch er konnte nicht. Der Stock sauste wieder auf ihn zu. Das Letzte, was das Tier hörte, war das Zersplittern seines eigenen Schädels.

40

Donnerstag

Tina goss sich gerade eine Tasse Tee auf, als Antonia heulend in die Küche gerannt kam. Was war denn nun schon wieder passiert, fragte sich Tina genervt. Sie warf schnell den Teebeutel in den Ausguss. Die Kleine zitterte am ganzen Körper. Erschrocken kniete Tina sich auf die Fliesen und nahm ihre weinende Tochter in den Arm. »Mäuschen, was ist denn los?«

»Pelle ist tot!«

Tina atmete erleichtert auf. »Ach, Quatsch! Der schläft bestimmt nur ganz fest. Komm, wir wecken ihn mit einer schönen Scheibe Schinken.« Antonia hörte nicht auf zu zittern. Das erste Mal seit Monaten nuckelte sie wieder an ihrem Daumen. Tina bekam langsam Angst. »Wo hast du Pelle denn gesehen?« Das Mädchen antwortete nicht. Tina nahm sie an beiden Schultern und zwang sie, sie anzusehen. »Antonia! Wo!«

»Apfelbaum!«, schluchzte die Kleine.

»Schläft Paul noch?« Antonia nickte. »Dann gehst du jetzt nach oben zu Papa und weckst ihn. Und dann weckt ihr gemeinsam den Paul. Sei doch bitte so lieb und such deinem Bruder was zum Anziehen raus. Mama guckt in der Zwischenzeit nach Pelle.«

Antonia beruhigte sich und nickte. »Muss er anziehen, was ich will?«

Armer Paul, dachte Tina und bekam ein schlechtes

316

Gewissen, aber zumindest war ihre Tochter nicht mehr hysterisch. »Was du willst!«

Antonia stürmte die Treppe hoch. Tina sah zur Terrassentür. Sie stand weit offen. Normalerweise kam Pelle jeden Morgen sofort angerannt. Tina schluckte. Jetzt spinn du nicht auch noch, schimpfte sie sich und ging in den Garten. Von dem Hund war weit und breit nichts zu sehen. Sie traute sich nicht, laut zu rufen. Sophie war vielleicht schon wach und würde sich wundern. Mit klopfendem Herzen lief Tina auf die alten Obstbäume zu. Da war der Apfelbaum und da lag doch auch Pelle. Dass ein Hund so fest schlafen konnte, wunderte sie sich eine Sekunde. Nach ein paar weiteren Schritten hielt sie sich entsetzt die Hände vor den Mund. Pelle lag in seinem Blut. Von seinem Kopf war nichts mehr übrig. Nur ein trübes Auge starrte sie an.

Stefan nahm seiner Tochter das rosa Rüschenkleid aus der Hand und schüttelte den Kopf. »Auch wenn Mama gesagt hat, dass du heute was für Paul raussuchen darfst, hat sie bestimmt nicht gemeint, dass er deine Kleider tragen muss.«

Antonia stampfte bockig mit dem Fuß auf. Paul sah verwundert von Papa zu Antonia und befummelte neugierig die Rüschen. Die Tür flog auf und Tina kam ins Zimmer. »Darf Toni wirklich bestimmen was er anziehen soll?«, fragte Stefan skeptisch. »Sie wollte ihn in diesen Traum in Rosa hüllen.«

»Gute Wahl!«, entschied Tina. »Antonia, du ziehst Paul an und dann machst du deinem Bruder in der Küche einen Nutellatoast.«

Stefan sah seine Frau an, als hätte sie den Verstand verloren. »Schatz? Geht es dir gut?«

»Es ist wegen Pelle, nicht?«, fragte Antonia, während

sie sich abmühte, Paul das Kleid über den Kopf zu ziehen. »Ich hatte recht!«

»Was ist los?« Er bekam keine Antwort. Tina nahm seinen Arm und zog ihn hinter sich her die Treppe hinunter bis in den Obstgarten. Er brauchte ein paar Sekunden, bis er verstand, was er sah. »Ach du Scheiße!« Stefan atmete tief durch. Das grausame Bild traf ihn bis ins Mark. Langsam ging er um den toten Pelle herum. Tina stand etwas abseits und hatte die Arme eng um ihren Körper geschlungen. »Der arme Kerl. Ich hol eine Decke. Lass uns frühstücken, damit für die Kinder alles normal weitergeht. Was ist mit Sophie?«

»Ich glaub, die schläft noch. Stefan, das kann doch kein Zufall sein! Gestern diese schrecklichen Blumen und jetzt hat jemand den armen Pelle brutal erschlagen. Ich hab Angst!«

Stefan nahm sie in den Arm und drückte sie fest. Nein, das konnte alles kein Zufall sein. Aber es passte auch nicht wirklich zusammen. Die Frauenmorde waren anonym und diese Geschichte schien verdammt persönlich zu sein. Gestern war er fest davon überzeugt gewesen, dass Tina recht hatte und das Trauergesteck ein übler Scherz von diesem Felix war. Dass dieser Fernsehkasper aber einen Hund erschlagen ließ, ging selbst über seine Vorstellungskraft hinaus. Da steckte mehr dahinter. »Die Jungs von der Spurensicherung sollen sich das mal angucken.«

Sophie kam auf etwas wackeligen Beinen die Treppe runter. Sie hatte tief und traumlos geschlafen. Die Familie saß noch am Frühstückstisch, obwohl es bereits fast 10 Uhr war. »Guten Morgen! Da bin ich wieder«, grüßte sie. »Ich fühl mich ein bisschen besser. Keine Ahnung, was gestern mit mir los war. Das war wohl alles zu viel für mich. Danke, dass ihr euch so lieb um mich gekümmert habt.«

Tina sprang auf und schenkte ihr einen Kaffee ein. »Jetzt setzt du dich erst mal und trinkst einen Schluck.«

Sophie wandte sich an Stefan. »Ich hab mir das mit den Blumen noch mal durch den Kopf gehen lassen. Jede Wette, dass Felix sie hat schicken lassen.« Stefan nickte bloß träge und die Kinder starrten sie mit großen Augen an. Stimmte etwas mit ihr nicht? Den Kopfverband und das rote Auge hatten sie doch gestern schon gesehen. »Was ist euch denn über die Leber gelaufen?« Sophie sah sie der Reihe nach an. Paul trug ein rosa Rüschenkleid, stellte sie verwirrt fest. »Paul? Du siehst ja heute ganz besonders aus. Warum die festliche Kleidung?« Antonia brach in Tränen aus. »Toni? Was ist denn bloß los?«

Tina schnappte nach Luft und Stefan wollte gerade etwas sagen.

»Es ist heute kein schöner Tag«, kam die Kleine ihnen zuvor. »Weil Pelle zermatscht ist!«

Sophie lachte. »Hat er sich eingesaut? Mit Matsch? Wo steckt er denn eigentlich?« Sie sah fragend in die Gesichter von Tina und Stefan. Stefan stand auf und machte einen Schritt auf sie zu.

»Sophie … ähm … komm mal bitte mit.«

Pelle! Von einer entsetzlichen Ahnung getroffen, rannte Sophie an ihm vorbei.

»Bitte warte!«

Stefan folgte ihr. Sie rannte in den Garten. Pelle war nirgends zu sehen. Unter dem Apfelbaum glitzerte es. Eine Metallfolie. Kurz bevor sie die Folie erreichte, bekam Stefan ihren Arm zu fassen. Er sah sie mit schmerzverzerrtem Gesicht an und schüttelte langsam den Kopf.

»Es tut mir so leid«, flüsterte er und nahm sie in den Arm.

Ihr Herz schlug bis zum Hals. Sie begann zu zittern. Es war klar, was unter der Folie lag und trotzdem wartete sie darauf, dass Pelle auf sie zustürmen und ihr übers Gesicht lecken würde. Sie schluckte heftig. »Ich will ihn sehen!«

»Sophie, nein! Bitte tu dir das nicht an.«

Sie holte tief Luft und löste sich von ihm. »Ich muss!«

Stefan nickte. »Aber versprich mir, ihn nicht anzufassen. Die Spurensicherung ist gleich hier.« Er hockte sich ins Gras und nahm die Folie langsam zur Seite.

Sophie biss auf ihre Faust. Dann sank sie auf die Knie und übergab sich. »Welche miese Sau tut so was?«, fragte sie, nachdem sie sich ein bisschen gefasst hatte.

»Anscheinend bist du jemandem etwas zu nahe gekommen mit deiner Schnüffelei.«

»Ich bin schuld?«

»Verdammt noch mal, Sophie! Ob ich deine Hobbydetektivarbeit nun toll finde oder nicht, dein Hund ist brutal erschlagen worden! Du solltest dich jetzt wirklich aus dem Fall raushalten. Vielleicht ist das hier eine Warnung! Wer weiß, was als Nächstes passiert?«

41

Tina machte sich große Sorgen um Sophie. Sie hatte neben ihrem toten Hund gewartet, bis die Männer von der Spurensicherung gekommen waren. Seitdem lag sie apathisch im Garten auf einer Liege und starrte ins Leere. Tränen liefen ihr über das Gesicht, doch es war kein Laut zu hören. Tina hatte zweimal nach ihr gesehen, aber sie schien sie gar nicht bemerkt zu haben. Sophie hatte den braunen Labrador so geliebt. Pelle war mehr für sie gewesen als nur ein Hund. Er war ihr bester Freund, ihr Baby, ihre Kummertante und sogar ihr Mr. Stringer. Wer konnte so etwas Grausames tun? Zumindest waren die Kinder jetzt ruhig. Sie hatte sie vor den Fernseher gesetzt und ihnen ›Ariel, die kleine Meerjungfrau‹ in den Videorecorder geschoben. Tina schüttelte nachdenklich den Kopf. Die Kinder waren wirklich erstaunlich. Nach dem ersten Schock hatten sie bereits die Beerdigung geplant. Paul war durch den Garten geschlichen, um einen schönen Platz für Pelles Grab zu suchen und Antonia hatte zwei Latten gefunden, die sie mit einem Band zu einem Kreuz zusammenbinden wollte. Tina machte ein Sandwich zurecht und schenkte Prosecco ein. Sophie musste endlich eine Kleinigkeit essen. Sie warf noch schnell einen Blick auf die Kinder im Wohnzimmer und ging in den Garten zu Sophie. »Ich habe hier ein kleines Kreislaufmittel«, meinte sie leise und reichte ihr das Glas.

Sophie sah sie müde an. »Mir ist nicht nach Feiern zumute. Lass mich einfach allein.«

Tina setzte sich ans Fußende und sah sie besorgt an.

»Bitte! Du musst was essen und bei Kräften bleiben. Irgendjemand will dich fertigmachen. Und so wie es aussieht, schafft er das auch. Du musst …«

»Ich muss gar nichts!«, zischte Sophie. »Lass mich allein!«

Tina rührte sich nicht von Fleck.

»Verdammt noch mal! Ich meine es ernst. Verschwinde!«

Zitternd stand Tina auf und lief zurück ins Haus. Sie hatte Sophie noch nie so erlebt. Sie nahm es der Freundin nicht übel, aber ihre Sorge wuchs. Im Haus war nur das Gebrabbel der Trickfilmfiguren zu hören. Wie die Ruhe vor dem Sturm, dachte Tina fröstelnd. Sie musste doch irgendetwas tun können. Ob sie Ben anrufen sollte? Sophie mochte ihn sehr und sie hielt ihn nicht für gefährlich. Tina glaubte auch nicht mehr, dass Ben irgendetwas mit den Morden zu tun hatte. Er war als Kind doch so tierlieb gewesen. Ben würde nie und nimmer einen Hund erschlagen. Vielleicht hatte er Sophie tatsächlich das Leben gerettet. Außerdem war helllichter Tag. Ob Ben es schaffen könnte, Sophie ein bisschen abzulenken? Stefan würde es nicht erfahren müssen. Tina war sich sicher, dass die Idee allemal besser war, als ihrer Freundin noch ein Valium zu verpassen. Aber wie sollte sie Ben erreichen? Sie hatte seine Handynummer nicht. Natürlich! Sie würde einfach Hanjo in Gold anrufen. Tina fasste einen Entschluss. Sie würde noch eine Stunde abwarten. Wenn Sophie dann noch immer in der gleichen schlechten Verfassung sein würde, würde sie Ben herbestellen.

Olli wollte sich gerade eine Tasse Kaffee einschenken, als es an die Wohnmobiltür klopfte. Na endlich! Er hatte sich schon gefragt, wo Ben denn blieb. Sie mussten dringend über die Surfschule reden. Die Ermordung von Clara würde auch den letzten Touristen vertreiben, wenn sie sich nichts einfallen ließen. »Komm rein! Kaffee ist fertig!« Die Tür flog auf. Olli schenkte einen weiteren Kaffeebecher voll und drehte sich um.

»Morgen! Oliver Konrad? Kriminalhauptkommissar Sperber und mein Kollege Hauptkommissar Feller.«

Olli starrte sie überrascht an.

»Was ist denn nun mit dem Kaffee? Ich würde eine Tasse mittrinken. Du doch auch Robert, oder?«

Die Beamten sahen nicht so aus, als ob sie zum Plaudern vorbeigekommen waren. Olli merkte, wie ihm der Schweiß ausbrach. Warum war er nicht selbst zur Polizei gegangen?

»Na, da haben Sie aber Glück, dass ich so viel gekocht habe«, lachte er nervös und goss ein. Die Beamten hatten es sich bereits bequem gemacht. Olli stellte die Becher auf den Tisch.

»Setzen Sie sich, Oliver.«

Mit klopfendem Herzen nahm er Platz.

»Wo waren Sie die letzten Tage?«, fragte Hauptkommissar Feller.

»Ich war in Hamburg. Hatte zwei Tage frei. Äh, und noch eine Nacht in St. Peter-Ording.« Feller machte sich Notizen. »Schön, dass Sie Urlaub hatten.« Kriminalhauptkommissar Sperber lächelte ihn an. »Dann sind Sie sicher erholt.«

»Ja, es hat mir gut getan nach dem ganzen … Kuddelmuddel.«

»Kuddelmuddel?« Sperber ließ die Faust auf den Tisch krachen und die Kaffeebecher schwappten über. »Hier sind drei Frauen ermordet worden! Kuddelmuddel ist wohl kaum die richtige Bezeichnung für ein solches Verbrechen!«

»Herr Konrad«, machte Feller weiter. »Wir würden gerne ganz genau wissen, wo Sie in den letzten Tagen waren und wer Sie gesehen hat. Je lückenloser Sie sich erinnern, desto besser. Außerdem haben wir eine Aussage von Ihnen. Sind Sie sicher, dass Sie der nichts mehr hinzuzufügen haben?«

Olli zuckte mit den Schultern. Was sollte er sagen? Dass er mit Sarah eine Beziehung hatte? Dann würden sie ihn sicher wegen Falschaussage oder so was drankriegen. Außerdem konnte er doch immer noch behaupten, dass zwischen ihm und Sarah gar nichts war. Mal ein Küsschen, wenn das Training gut lief, hatte doch keine Bedeutung. Olli trank einen Schluck Kaffee, um Zeit zu gewinnen. Er ärgerte sich, dass seine Hände zitterten.

»Nervös?«

Olli schüttelte den Kopf.

»Solltest du aber sein!« Sperber sprang auf. »Robert, nimm ihn mit! Speichelprobe, Fingerabdrücke, das ganze Programm. Ich hau ab! Kann den verlogenen kleinen Scheißer nicht mehr ertragen.«

Hanjo genehmigte sich einen kleinen Schnaps und sah durch das Fenster auf die Ostsee. Die Sonne ließ die kleinen weißen Schaumkronen glitzern. Nur wenige Kites waren am Himmel, trotz des perfekten Wetters. Kein Wunder, dass sich in Gold niemand mehr wohlfühlte. Er seufzte und schenkte sich noch mal nach.

»Hanjo?«

Anja! Er sollte ihr den Rest des Tages freigeben. Dass noch viele Gäste kommen würden, war nicht zu erwarten. »Ich glaube, du gehst besser nach Hause«, schlug er vor. Sie nickte und trat unschlüssig von einem Bein auf das andere. Hanjo schenkte ihr auch ein Gläschen Rum ein. »Auf bessere Zeiten. Und ich bezahl dir die Stunden natürlich. Ist doch nicht deine Schuld.«

Anja schien erleichtert zu sein. »Wann soll ich morgen kommen?«

»Ich ruf dich an«, versicherte Hanjo. Endlich war sie weg und er war allein. Er wollte gerade abschließen, als Stefan Sperber eintrat. Er sah nicht so aus, als wären die Ermittlungen besonders erfolgreich verlaufen, stellte Hanjo fest. »Ich wollte gerade Schluss machen. Kommt eh niemand mehr. Gibt es was Neues?«

»Kann ich vielleicht einen kleinen Schnaps bekommen? Den könnt ich gerade gut gebrauchen.«

Hanjo nickte in Richtung Tresen und schenkte ein.

»Ah, das tut gut«, brummte der Kommissar, nachdem er den Rum runtergekippt hatte. »Aber auf einem Bein kann man bekanntlich nicht stehen.«

Hanjo füllte noch mal voll. »Klingt nicht so, als wären Sie in dem Fall schon weiter.«

»Ach, Herr Peters, ich darf Ihnen dazu wirklich nichts sagen. Das verstehen Sie doch sicher. Ist auch nicht schwer zu erraten. Schließlich habe ich keinen Champagner bestellt. Verfluchte Scheiße!«

Hanjo nickte besorgt. »Was ist mit den Jungs? Ihr habt sie doch auf dem Kieker? Ich glaub nicht, dass einer von beiden ... ne! Das sind gute Jungs. Sie können sich gar nicht vorstellen, wie sehr sie mir geholfen haben, nachdem ...«

»Das will ich Ihnen gerne glauben, Herr Peters. Tut mir leid, dass Sie so viel Ärger am Hals haben, jetzt wo Sie allein sind nach dem Tod Ihrer Frau.«

Hanjo lächelte matt. »Ach, wissen Sie, sie war krank. Ihre Zeit war abgelaufen, viel zu früh. Gott weiß, wie sehr sie mir fehlt, aber ich konnte mich darauf vorbereiten, Abschied nehmen. Als meine Tochter damals verschwand, da bin ich wirklich fast verrückt geworden. Und ohne Freya wäre ich das wohl auch.«

Ben lag in seinem Bus auf seiner Matratze und starrte an die rostige Decke. Es war lange her, dass er sich so mies gefühlt hatte. Die Bullen verdächtigten ihn tatsächlich, drei junge Frauen umgebracht zu haben. Dass sie ihn noch nicht verhaftet hatten, konnte Ben sich allerdings nicht erklären. Dieser ätzende Polizeihauptkommissar Sperber hatte es doch auf ihn abgesehen. Die Polizei machte es sich wirklich einfach, den Täter zu finden. Natürlich war es der merkwürdige Hippie aus dem Transit. Doch ihm war eigentlich ganz egal, was die Bullen über ihn dachten. Dass Sophie ihm misstraute, das war schlimm. Sie hatte gestern richtig ängstlich gewirkt, als er hinter ihr hergerannt war. Er hatte sie falsch eingeschätzt. Er hätte gewettet, dass sie sich ihr eigenes Bild machen würde, aber jetzt hörte sie wohl auf den Rat der Polizei, sich von ihm fernzuhalten und jeden Kontakt abzubrechen. Bestimmt hatte dieser Sperber es so ähnlich formuliert. Ob sie der Polizei auch gesagt hatte, dass er für ungefähr 20 Minuten weg gewesen war? Warum sollte sie nicht? Sophie war eine kluge Frau. Sie würde nie im Leben eine falsche Aussage machen, um einen Mörder zu decken. Umso erstaunlicher, dass sie ihm noch nicht die Bustür eingetreten hatten, um ihn in Handschellen rauszuzerren. Als es plötzlich klopfte, zuckte Ben erschrocken zusammen. Da waren sie. »Ich komme gleich raus!«

»Ich bin es, Hanjo! Mach auf!«

Hanjo? Ben rollte sich verwirrt von der Matratze und öffnete die Tür. »Ich dachte, es wären die Bullen. Was ist denn los?«

Hanjo war ganz aufgewühlt. »Die Polizei hat Olli mitgenommen. Was wollen die nur von dem armen Jungen?«

Ben schnappte nach Luft. »Was? Warum?«

Hanjo zuckte mit den Schultern. »Ich weiß es nicht. Ich bin hier, weil Tina Sperber angerufen hat.«

Ben war jetzt komplett verwirrt. »Tina? Die Frau von dem Superbullen?«

»Jetzt lass das mal«, brummte Hanjo. »Sie ist Sophies Freundin. Es ist was passiert und Sophie geht es wohl schlecht. Tina weiß nicht mehr weiter. Du sollst kommen.«

Ben war hellwach und ihm war fast schlecht vor Angst. Schnell griff er seine Schlüssel und sprang aus dem Bus. Hektisch band er sich die Turnschuhe zu. »Hat Tina gesagt, was mit Sophie los ist?«

Hanjo sah ihn verzweifelt an und schluckte schwer. »Irgendwas mit Pelle. Er ... er ist wohl tot.«

Sophie lag im Gartenstuhl, unfähig, auch nur den Arm auszustrecken und das Glas Wasser zu greifen. Sie war wie gelähmt. Warum konnte sie nicht Rotz und Wasser heulen? Es waren fast 30 Grad und der Himmel war wolkenlos. Sophie fand das unerträglich. Pelle hätte heute baden können. Sie hätten einen langen Strandspaziergang machen und er im Sand buddeln können. Warum regnete es nicht? Warum hatte sie ihn auch draußen schlafen lassen? Warum war sie überhaupt nach Fehmarn gekommen und hatte ihre Nase in fremde Angelegenheiten gesteckt? Sie hatte Pelle selbst auf dem Gewissen. Sie hatte trotz aller Warnungen immer weiter herumgeschnüffelt. Natürlich hatte ein Mensch, der mindestens drei Frauen ermordet hatte, keine Skrupel, einen Hund zu erschlagen. Sophie massierte sich die Schläfen und zuckte zusammen. Die Platzwunde an ihrem Kopf. Sie hatte sie schon fast vergessen. Irgendjemand hatte sie niedergeschlagen. Der Arzt nahm an, mit einem stumpfen Gegenstand. Sophie war sich sicher, dass Pelle vom gleichen Täter erschlagen worden war. Stefan verdächtigte Ben. Sie hatte selbst darüber nachgedacht. Aber dass Ben Pelle erschlagen haben könnte, kam ihr fast absurder vor, als ihn der Frauenmorde zu verdächtigen. Und dann noch diese schrecklichen

Blumen. Sie hätte schwören können, dass Felix ihr einen Schock versetzen wollte. Er hatte irgendwie erfahren, dass sie eine Fehlgeburt gehabt hatte. Und er wollte sie mit der Erinnerung quälen. Aber Felix würde ihren Hund nicht umbringen. Das Trauergesteck musste mit den Morden zusammenhängen. Es war eine Warnung an sie. Stefan hatte wahrscheinlich recht. Sie war dem Mörder zu nahe gekommen. Aber warum stand dann Sophie auf der Schleife? Eigentlich standen doch die Namen der Trauernden drauf und nicht der des Toten. Hatte Pelles Mörder mit dem Kranz ankündigen wollen, dass der Hund sterben musste? Pelle tat doch keiner Fliege was zuleide. Er hatte noch niemanden gebissen. Er bellte nur, wenn er es mit der Angst zu tun bekam. Warum der gute liebe Pelle? Plötzlich lief ihr ein eiskalter Schauer über den Rücken. Natürlich! Weil er störte. Weil er bellte. Weil er immer bei ihr war. Sie schlug die Arme fest um ihren Körper. Ihr war plötzlich schrecklich kalt. Hatte der Mörder sie als nächstes Opfer ausgewählt?

Ben rannte den Strand entlang. Sein Herz schlug ihm bis zum Hals. Mit seinen Gedanken war er längst bei Sophie. Er konnte so gut nachfühlen, wie es ihr ging und ihm war fast übel. Jetzt hatte sie das Liebste verloren. Wollte Sophie ihn sehen? Er hatte Angst, als er durch den alten Obstgarten auf das Haus zuging. Da lag sie und rührte sich nicht. Sie starrte in die Ferne und sah aus, als sei sie mit Pelle gestorben. Leise ging Ben auf ihren Liegestuhl zu. Als er neben ihr stand, hatte sie ihn noch immer nicht bemerkt. »Sophie?«, flüsterte Ben zärtlich. »Es tut mir so leid.«

Sophie sah erschrocken auf. Dann sah sie ihn mit schmerzverzerrtem Gesicht an. »Was genau?«, fragte sie bitter.

Ben hockte sich neben sie. »Das mit Pelle.«

»Woher weißt du das?«

»Tina hat Hanjo angerufen.« Sie schwieg und starrte stur geradeaus. »Was ist denn passiert?«, fragte er.

Sie sah ihn noch immer nicht an. »Jemand hat ihn erschlagen. Er ist Brei. Stefan musste ihn in Stücken in einen Müllbeutel stecken, damit wir ihn beerdigen können.«

Sophie sagte das kalt und bellend. So wie sie gerade war, war sie ihm fremd und Ben traute sich nicht, sie in den Arm zu nehmen und zu trösten. Plötzlich sah sie ihn an.

»Was hast du denn gestern Nacht gemacht?«

Ben stand erschrocken auf. »Du glaubst doch nicht im Ernst ...«

»Ich weiß überhaupt nicht mehr, was ich glauben soll. Ich weiß aber, dass du jede Menge verheimlichst.«

»Du meinst die Sache mit Jo?«

»Wer ist Jo?«

»Sie war meine Zwillingsschwester.«

»Ja, das wäre schon mal eine Geschichte, die ich gerne hören würde.« Sophie funkelte ihn böse an. »Ist ertrunken die Kleine, nicht? Und du warst dabei, oder? Hast du sie unter Wasser gedrückt?«

Ben konnte kaum glauben, dass sie so mit ihm sprach. Er starrte sie entsetzt an.

»Und? Ist deine Thai wirklich durch den Tsunami ums Leben gekommen oder bist du auf den Geschmack gekommen?«

Bens Herz setzte für ein paar Sekunden aus. Er hätte sie auf der Stelle erschlagen können, nur damit sie ihr grausames Maul hielt. Er versuchte, ruhig zu bleiben. Sie schien gar nicht zu merken, wie sehr sie ihn verletzte.

»Das ist jetzt genug. Ich bin hier, weil ich dich trösten wollte. Ich weiß, dass der Hund dein Ein und Alles war.«

»Pelle! Er heißt Pelle!« Endlich fing Sophie an zu weinen und der verzerrte grausame Gesichtsausdruck verschwand. »Warum nennst du ihn nicht bei seinem Namen?«

Ben nahm sie endlich in den Arm. Er hatte Angst, das Falsche zu tun, doch er wusste nicht weiter. Sie erstarrte. »Sophie, Liebes. Ich erzähl dir alles, aber bitte hör damit auf.« Sophie schniefte und löste sich aus der einseitigen Umarmung. Endlich sah sie ihn an. Er begann zu erzählen: »Wir waren drei Jahre alt. Jo und ich. Wir waren ein wildes kleines Zwillingspärchen und wir machten alles zusammen. Am liebsten machten wir uns dreckig. Darum wurden wir fast jeden Abend gemeinsam in die Wanne gesteckt.« Sophie hatte aufgehört zu weinen und hörte aufmerksam zu. »So war es auch an jenem Abend. Wir saßen uns gegenüber. Ich saß immer auf der Seite mit dem Stöpsel, weil sie Angst hatte, sie könnte durch den Abfluss fallen. Aber dann … Verdammt, ich musste mal. Ich hatte Durchfall und Magenkrämpfe. Das kam so plötzlich, dass ich Mama nicht Bescheid sagen konnte. Ich rannte schnell raus und über den Flur zur Toilette.« Ben machte eine kurze Pause und atmete tief durch. »Sie muss ausgerutscht sein. Als ich zurück ins Badezimmer kam, lag sie unter Wasser. Die Augen waren auf und ich dachte, sie will mich nur ärgern. Als ich sie rüttelte, bewegte sie sich nicht. Da bekam ich Angst und dann habe ich Mami gerufen.« Jetzt konnte er die Tränen nicht mehr zurückhalten. Unaufhörlich liefen sie ihm über das Gesicht.

»Mein Gott!«, hörte er Sophie leise sagen.

»Ich bin 10 Minuten älter und der Junge. Ich habe immer auf sie aufgepasst. Ich fühlte mich immer für sie verantwortlich.« Ben hatte die Augen geschlossen, doch er konnte hören, dass sie sich aufsetzte. In der nächsten Sekunde spürte er ihre Arme, die seinen Oberkörper umschlossen.

»Sie war tot?«

Ben holte tief Luft. »Ja«, flüsterte er gepresst. »Ich werde ihr Gesicht nie vergessen.«

Sophie hielt Ben ganz fest. Wie grausam musste es für einen kleinen Jungen sein, so etwas mitzuerleben. Kinder fühlten sich doch immer schuldig. Und Bens Eltern? Sie mussten vor Trauer fast wahnsinnig gewesen sein. Hatten sie noch genug Kraft gehabt, sich um den kleinen Jungen zu kümmern? »Ben, es ist vorbei! Du warst ein Kind. Die Verantwortung lag doch nicht bei dir. Was haben sich deine Eltern nur dabei gedacht? Sie hätten euch nie unbeobachtet lassen dürfen. Sorry, dass ich so ekelhaft zu dir war. Ich stehe wirklich total neben mir. Auch wenn Pelle nur ein Hund war, ich habe ihn so lieb gehabt. Er war alles für mich. Er war mein bester Freund. Ich konnte mich bei ihm ausheulen ... er war mein Baby.«

Ben schluckte und wischte sich über das Gesicht. »Ich weiß. Und der Kerl war lustig. Er sah so stark aus und trotzdem, na ja, er war ein Trampel.«

»Ein Trampel?«

Ben sah sie erschrocken an. Sophie musste tatsächlich grinsen. »Du hast Pelle nur ein paar Tage gekannt, aber perfekt beschrieben. Er war ein Trampel, aber genau das machte ihn so liebenswert.« Sie schwieg ein paar Sekunden. »Ich glaube, du solltest jetzt besser gehen. Ich weiß nicht, wann Stefan zurückkommt. Tina kriegt bestimmt Schwierigkeiten, wenn er dich hier findet.«

Ben nickte zustimmend. »Sehe ich dich?«

»Ich komm zu dir.«

Ben streichelte ihre Wange und verschwand. Sophie lehnte sich zurück und weinte. Sie weinte um Jo und um Pelle. Und sie weinte um Sandra, Sarah und Clara. Dann weinte sie um ihr verlorenes Kind.

»Sophie?«

Sie öffnete die Augen und schniefte. Stefan stand vor ihr. In der Hand hatte er zwei volle Cognacschwenker. Sie musste über eine Stunde geheult haben. Sophie schluckte und bemühte sich, ein bisschen freundlich auszusehen. »Bist du eigentlich sehr sauer?«

»Sauer?« Stefan sah sie erstaunt an.

»Na, durch mich haben die Kinder ein echtes Scheißerlebnis. Sie haben Pelle so gern gehabt. Es war wohl ein Fehler hierherzukommen.«

Stefan sah sie an. In seinem Gesicht war keine Wut. »Weißt du, Sophie, ich kann dich in diesem Punkt beruhigen. Antonia und Paul streiten sich in genau diesem Moment darüber, welchen Hund du dir als Nächstes zulegen solltest und wie er dann heißen soll. Paul ist für einen Bernhardiner namens Paul und Antonia möchte dir eine Zwergpudeldame vorschlagen. Ihr Name müsste dann Barbie sein.«

Sophie sah ihn ungläubig an. »Du machst Witze.«

»Hier, nimm und trink! Gesünder als Valium.«

Stefan reiche ihr den Cognac und setzte sich an das Fußende, dorthin, wo Ben gesessen hatte. Sophie trank einen Schluck und der Drink fühlte sich warm und gut an.

»Ich muss trotzdem was Unangenehmes mit dir besprechen«, fuhr Stefan fort. »Pelle. Wir können ihn bei den Temperaturen nicht länger in der Garage lassen.«

»Nein. Natürlich nicht. Ich …«

»Bist du damit einverstanden, wenn ich ihn da hinten unter der Kastanie begrabe, wenn die Kinder im Bett sind? Du kannst sicher sein, dass Antonia und Paul ihm immer Blumen und Knochen bringen werden.«

Sophie konnte nicht anders, sie musste lächeln. »Sie werden den toten Pelle noch überfüttern. Ach, ich wäre dir sehr dankbar. Ich wüsste dann immer, wo er liegt und er hat euren Garten so geliebt. Ich könnte sein Grab besuchen.«

Stefan nickte ernst. »Dann versuch, dich zu erholen. Soweit ich mittlerweile weiß, gab es in letzter Zeit einiges, was du zu verarbeiten hast. Du musst wieder zu Kräften kommen. Und lass das Schnüffeln! Ich habe nämlich keine Lust, sonst dein Grab zu besuchen.

Tina hatte den Tisch auf der Terrasse gedeckt und zwischendurch Sophie und Stefan beobachtet. Sie war sich noch immer nicht sicher, ob es richtig gewesen war Hanjo anzurufen, doch Ben hatte Sophie anscheinend tatsächlich geholfen. »Kommt ihr? Das Essen ist fertig!«, rief sie den beiden zu. Sie stiegen von der Liege und kamen auf die Terrasse. »Geht es dir etwas besser?«

Sophie seufzte. »Ich weiß es nicht. Aber zumindest kann ich dir sagen, dass du einen tollen Mann hast. Er kümmert sich um Pelle. Sind die Kinder schon im Bett?«

»Nein. Sie dürfen heute ›Findet Nemo‹ gucken und vor der Glotze essen. Mit ausdrücklicher Genehmigung des Herrn Papa. So, und jetzt lass es dir schmecken.«

»Ich glaube nicht ...«

»Sophie! Du darfst nicht vom Tisch aufstehen, bevor du nicht zumindest ein Beinchen geknabbert hast. Sieh mal, dein Lieblingsessen – Butterhähnchen!« Sophie brummte und nahm sich dann eine Keule. »Iss!«

»Ja, Mum!«

Sie aß tatsächlich und trank ein Glas Wein. Tina fiel ein Stein vom Herzen. Sie hatte immer gedacht, dass die Freundin das große Los gezogen hatte. Sie war das bessere Model gewesen, sie hatte eine grandiose Karriere und einen berühmten Liebhaber. Sophie hatte die ganze Welt bereist, während sie auf Fehmarn Kinder stillte. Doch jetzt war Tina klar, dass sie einer der einsamsten Menschen unter der Sonne war. Und nun war auch noch ihr Pelle tot. Stefans Handy klingelte. Er nahm das Telefon und ging in den Garten. Nach fünf Minuten kam er zurück an den Tisch. »Ich muss leider nach Lübeck. Der Staatsanwalt will uns heute noch sprechen. Ingmar wird uns schön die Hölle heiß machen. Aber vorher begrabe ich Pelle. Sophie, willst du dabei sein?«

»Nein. Ich will diese Plastiktüte nicht sehen. Ich kann das nicht. Ich …«

»Wir gehen in die Küche«, schlug Tina vor. »Nimm dein Glas mit!«

Sophie stand mechanisch auf und folgte ihr. In der Küche schenkte Tina ihr Glas nach und genehmigte sich selbst einen kleinen Schluck. »Auf Pelle! Er war wirklich der netteste Hund, den ich kannte. Er passte zu seinem Frauchen!«

Sophie lächelte matt. »Ihr seid so nett und ich komm und mach nur Schwierigkeiten.«

»Jetzt spinn doch nicht. Wir hatten doch wohl ein paar prima Tage hier, oder?«

»Ja, die hatten wir. Sei mir nicht böse, aber ich muss noch mal weg.«

»Zu Ben?«

»Keine Ahnung. Wahrscheinlich. Danke, dass du Hanjo angerufen hast. Ben war auch ganz fertig.«

»Fertig?«

»Dass Pelle tot ist. Er ist die ganze Strecke gerannt, um mich zu trösten. Und ich war erst so gemein zu ihm. Ich erzähl dir das später. Bis dann.«

Tina hörte die Tür ins Schloss fallen. Ihr Herz pochte. Da war irgendein Fehler. Sie kam nicht drauf, aber irgendwas stimmte nicht.

Stefan ging in die Garage. Es stank bereits furchtbar und der Verwesungsgeruch hatte jede Menge Fliegen angelockt. Es wurde wirklich höchste Zeit, dass der Gute unter die Erde kam. Stefan schnappte sich schnell den Spaten und eine Schaufel und ging zu der alten Kastanie. Er zog sein

Hemd aus und begann zu graben. Er fluchte leise. Das würde ein schönes Stück Arbeit werden. Die Grube musste mindestens einen Meter tief sein. Er hätte sich ein kaltes Bier mitnehmen sollen! Stefan buddelte und buddelte. Zum Glück war die Erde locker. Sein Handy klingelte wieder. Wütend warf er die Schaufel auf die Erde und nahm ab.

»Verdammt, Ingo. Was ist denn? Ich komm ja gleich.«

»Chef, wir dachten, du solltest auf dem Laufenden sein«, entschuldigte sich Ingo. »Gerdt ist die Personen alle noch mal durch und hat sie durch den Computer gejagt. Er hat da vielleicht etwas Interessantes gefunden.«

»Und zwar?«, schnaubte Stefan.

»Warte, ich reich dich weiter.«

»Hallo, Chef«, meldete sich Gerdt mit seiner viel zu hohen Stimme. Stefan wunderte sich jedes Mal, dass dieser Riesenkerl klang wie ein kleines Mädchen.

»Was gibt es denn?«

»Dieser Ben … ähm … seine Schwester ist ertrunken, ungefähr vor 28 Jahren.«

»Aha! Vor 28 Jahren!«

»Genau. Und die Tochter von Hanjo Peters ist auch ertrunken … vor etwa 16 Jahren. Oliver Konrad kannte sie, diese Fenja. Er war so was wie ihr fester Teenagerfreund. Wir haben ihn verhört und alles. Der Typ ist komisch, aber wir mussten ihn, ähm wieder laufen lassen.«

Stefans Backenzähne mahlten. »Wenn du noch einmal ›ähm‹ sagst, häng ich dir ein Disziplinarverfahren an den Hals. Sonst noch was?«

»Nö!«

»Danke. Sucht weiter. Wir haben bis 10 Uhr Zeit, dann kommt Ingmar, damit wir alles für die Pressekonferenz morgen durchgehen können. Je mehr wir finden, desto besser.«

Todesfälle vor Jahrzehnten. Stefan sah keinen Zusammenhang. Das Einzige, was ihm bei der Sache auffiel, war, dass schon damals eine Freundin von Olli ums Leben gekommen war. Ingo sagte, sie wäre ertrunken. Ein junges Mädchen. Hatte er tatsächlich den richtigen Riecher gehabt? Er hatte von Anfang an auf Oliver Konrad getippt. Angestrengt grub er bei der noch immer schwülen Hitze weiter. Nach einer Stunde hatte er das Grab ausgeschaufelt. Er ging wieder in die Garage, lud den toten Hund auf die Schubkarre und brachte ihn zum Erdloch. Vor der eigentlichen Beerdigung hatte er sich wirklich ein Bier verdient, entschied er. Stefan wollte gerade ins Haus gehen, als Tina mit einer Flasche über den Rasen kam. »Hey! Du kannst ja Gedanken lesen!« Er gab ihr einen Kuss und nahm ihr das Bier aus der Hand.

»Ich wünschte, ich könnte! Bevor du wegfährst, muss ich dir noch was sagen. Sophie war so deprimiert heute. Ich hab mir wirklich Sorgen gemacht und da habe ich Ben verständigt, über Hanjo.«

Stefan trank gierig ein paar Schlucke und sah sie dann fragend an.

»Ben war hier?«

Tina nickte. »Die beiden mögen sich wirklich. Er kam sofort rüber und hat sie getröstet.«

Stefan stellte das Bier ab und ließ den Sack mit dem toten Hund in die Grube fallen. »Tina, geh lieber weg. Ich muss jetzt den Plastiksack aufschneiden und gleich wird es hier ziemlich übel riechen.«

Sie griff nach seinem Arm. »Ich hab so ein komisches Gefühl.«

»Ermittelst du jetzt auch noch? Bitte, Tina! Jetzt lass mich das hier hinter mich bringen. Ich muss wirklich dringend los!«

Sie ließ ihn nicht los. »Stefan! Ich meine das verdammt ernst! Ich glaube, ich habe irgendwas Wichtiges übersehen.«

Sophie spazierte langsam auf dem Deich entlang. Warum hatte sie nicht den Wagen genommen? Es war trostlos und einsam ohne Pelle. Zwischendurch sah sie sich aus reiner Gewohnheit nach ihm um. Wie lange sie wohl brauchen würde, sich an ihre neue Einsamkeit zu gewöhnen? Schließlich war der Hund fünf Jahre lang ihr ständiger Begleiter gewesen. Ob er schon in seinem Grab lag? Sophie zwang sich, nicht an ihn zu denken und konzentrierte sich auf Ben. Sie war wirklich widerlich zu ihm gewesen, schämte sie sich. Er hatte ihr die Wahrheit über den Tod seiner Schwester erzählt, da war sie sich sicher. Aber was bedeutete der Unfall noch immer für ihn? Und wenn Ben doch einen Knacks abbekommen hatte, weil er seine kleine Zwillingsschwester nicht hatte retten können? Was hatte er noch gesagt? Er würde nie ihr Gesicht vergessen. »Kein Mensch würde das je vergessen können«, murmelte Sophie vor sich hin. Nein, dieser Schicksalsschlag vor 28 Jahren war entsetzlich, aber kein Mordmotiv. Aber warum hatte er ihr nichts von Sarah erzählt? Sophie wusste, dass er mit ihr geschlafen hatte. Er hatte die Zahnbürste selbst identifiziert. Wenn er ihr wirklich vertraute, dann hätte er doch die ganze Wahrheit sagen können. Er war doch auch ganz offen gewesen, als er ihr von seiner großen Liebe in Thailand erzählt hatte. Was würde Miss Marple jetzt tun? Ohne Mister Stringer? Sophie merkte, dass ihr die Tränen in die Augen schossen. Sie fühlte sich so kraftlos. Jeder Schritt war mühsam. Sie hätte wohl wirklich besser bei Tina bleiben sollen. Sie hätte Pelles Beerdigung mit einer Flasche Rotwein begossen und wäre dann betrunken zu Bett gegangen. Dann hätte sie wenigstens nicht mehr grübeln können. Sie hätte sich einfach in den Schlaf geweint. Warum hatte sie den blöden Hund auch nur dazu erzogen, zu allen freundlich zu sein? Sophie blieb ruckartig stehen. Pelle war zwar immer freundlich, aber den nächtlichen Besuch eines Fremden hätte er sicher mit Gebell kommentiert. Er war nicht im Schlaf überrascht worden. Seine geliebte Decke lag auf der Terrasse. Er war im Obstgarten erschlagen worden. Sophie hörte das Blut in ihren Ohren rauschen. Wenn er nicht gebellt hatte, dann konnte das nur eins bedeuten. Er hatte seinen Mörder gekannt! Plötzlich waren die Kopfschmerzen wieder da. Was sollte sie jetzt nur machen? Sollte sie besser zurücklaufen und Stefan von ihrer Vermutung berichten? Aber wenn sie umkehrte, würden sie doch nur viele unbeantwortete Fragen quälen. Sie musste noch mal mit Ben reden und am besten erledigte sie das sofort. Sie war ja sowieso schon fast da. Der kleine Strand von Gold lag vor ihr. Aber was flackerte da? Machte da jemand tatsächlich ein Lagerfeuer? Wenn Pelle nur bei ihr wäre, wünschte sich Sophie. Ohne ihn fühlte sie sich schutzlos. Pelle! Entsetzt hielt sie die Luft an. Wenn Pelle seinen Mörder gekannt hatte, dann bedeutete das: sie kannte ihn auch!

42

Olli saß am Strand und warf neues Holz auf das Feuer. Er nahm noch einen tiefen Schluck aus der Flasche. Langsam beruhigten sich seine Nerven wieder. Der Tag war ein echter Albtraum gewesen. Stundenlang hatten sie ihn verhört. Zwischendurch hatte er das Gefühl gehabt, in einem amerikanischen Gangsterfilm die Hauptrolle zu spielen. Doch das alles war Wirklichkeit. Die Bullen hatten mit ihm Katz und Maus gespielt. Ihm waren mehr Fragen gestellt worden als jemals zuvor in seinem Leben. Sie hatten ihn gezwungen, sich an jede Kleinigkeit zu erinnern. Das Schlimmste war, dass sie auch alles über Fenja wissen wollten. Nach all den Jahren interessierte die Polizei plötzlich, wie ihr Verhältnis zueinander gewesen war. Zumindest hatten sie ihn erst mal laufen lassen müssen, aber die Kripo hatte jetzt seine Fingerabdrücke und sogar seine DNA. Sie wollten beweisen, dass er gelogen hatte. Dass er kurz vor Sarahs Tod noch mit ihr geschlafen hatte. Aber das hatte er nicht. Da war er sich sicher, auch wenn er ziemlich besoffen gewesen war an diesem Abend. Aber zu wem war Sarah dann in die Kiste gestiegen? Olli schloss die Augen. Warum stellte er sich so eine Frage? Er wusste es doch sowieso. Am Ende gewann immer Ben. Olli setzte die Jack-Daniels-Flasche noch mal an. Er sollte nach Hamburg gehen. Das Leben musste weitergehen. Niemand hätte ihm das glaubwürdiger vermitteln können als Tobias. Er war schließlich der Meister im Weitermachen. Ja, er würde seine Zelte hier abbrechen. Fenja war tot. Sie würde nie zurückkommen. Sie war schon lange Fischfutter. Sie würde nicht plötzlich vor seiner Tür stehen. Es war endlich vorbei. Olli warf gerade noch ein paar Äste auf das Feuer, als Sophie plötzlich vor ihm stand.

»Olli?«, fragte sie überrascht.

»Ja, Olli!«, antwortete er gereizt. »Hast du jemand anders erwartet?«

»Ich dachte, Ben würde hier Feuer machen.« Sophie lächelte ihn an und schlug die Arme um ihren Körper. »Na egal, ich freu mich dich zu sehen. Wie war Hamburg?«

»Bewölkt.«

Sophie starrte ihn verwirrt an. »Was ist denn mit dir los?«

»Mit mir? Gar nichts! Was soll denn schon groß los sein? Die Bullen haben mich ein bisschen fertiggemacht. Das ist alles!« Er funkelte sie böse an. »Aber das weißt du sicher längst. Du lebst doch mit diesem Supercop unter einem Dach. Du hast hier doch nur einen auf Kiterbraut gemacht, um uns zu beobachten und uns auszuhorchen.«

Sophie starrte ihn fassungslos an. Vielleicht hatte sie tatsächlich keine Ahnung, überlegte Olli. Sie sah schlimm aus mit diesem blutunterlaufenen Auge, und der weiße Verband leuchtete dramatisch im Flammenlicht. Sie musste ganz schön was abgekriegt haben. Aber was schlich sie auch nachts durch die Gegend? »Weiß Ben eigentlich, dass er einen Polizeispitzel vögelt?«, fragte er übertrieben höflich. »Na, ist ihm wahrscheinlich sowieso egal. Er vögelt doch alles.«

Sophies Miene verdunkelte sich. »Das reicht jetzt! Bist du nur besoffen oder dabei, den Verstand zu verlieren?«

Olli lachte dreckig. »Nicht böse werden. So ist das nun mal. Ben hat doch nicht mal Skrupel, meine Freundin zu bumsen. Oder Exfreundin. Ist ja auch egal. Sarah war nach Fenja die Erste, die ich geliebt habe. Und er wusste das.«

»Fenja?«

»Ja! Und er hat sie mir weggenommen!« Olli atmete tief durch. Er musste sich zusammenreißen. Seine Stimme klang wie die eines weinerlichen kleinen Jungen. »Dich wird er auch kaputt machen!«

»Und darüber warst du so sauer, dass du sie getötet hast?« Sophies Stimme zitterte. »Nach dem Motto, wenn ich sie nicht kriege, soll sie keiner haben?«

Olli sprang blitzschnell auf und packte ihren Arm. »Jetzt hör mal zu! An deiner Stelle würde ich mit der Schnüffelei aufhören! Nicht, dass dir auch noch was passiert.«

Sophie riss sich los. »Willst du mir etwa drohen?«

Olli legte den Kopf schief und lächelte. »Nein, nur ein bisschen Angst machen. Ach, wo ist denn eigentlich Pelle?«

Sophie starrte Olli an. Ihr kroch eine Grabeskälte durch den Körper. Olli stand da und lachte leise. Er musste wahnsinnig geworden sein. Ihr wurde übel. Sie musste weg. Sophie stolperte rückwärts. Reiß dich zusammen, befahl sie sich, und lauf! Olli machte einen Schritt auf sie zu. Adrenalin schoss durch jede Zelle ihres Körpers. Endlich gehorchten ihre Beine wieder und sie rannte. Sie konnte sein höhnisches Lachen noch immer hören. Sophie lief schneller. Ob Olli ihr folgte? Sie traute sich nicht, sich umzusehen. Die Naht der Platzwunde pochte. Sophie war sich sicher, dass sie reißen würde. Aber was konnte sie tun? Sie musste einfach weiterrennen, bis sie bei Ben war. Er würde sie beschützen. Sie wurde innerlich etwas ruhiger, doch sie lief weiter, so schnell es in ihrem angeschlagenen Zustand eben ging. Fenja! Alles drehte sich um das Mädchen, das vor 16 Jahren gestorben war. Olli hatte Fenja geliebt und sie war ertrunken. Anscheinend war er nie darüber hinweggekommen. Was hatte Olli damit gemeint, dass Ben sie ihm weggenommen hatte? Fenja … Fenja … Fenja? Hatte Ben sich auch damals an Ollis Freundin herangemacht? Nur noch ein paar Meter, dann war sie fast auf dem Parkplatz. Panik kroch in ihr hoch. Olli wusste von Sarah und Ben. Musste Sarah deshalb sterben? Weil Olli sich nach all den Jahren rächen wollte? Und sollte sie jetzt die Nächste sein, weil Ben in sie verliebt war? Das Ganze war ein persönlicher Rachefeldzug. Und Olli war noch nicht am Ende. Aber was war mit den anderen beiden Mädchen? Ben war ein sehr attraktiver Mann. Und Sophie wusste, dass er kein Kind von Traurigkeit war. Hatte Ben doch was mit Clara und dieser Sandra gehabt? Oder waren das nur Fantasien? Sophie versuchte, sich zu beruhigen. Sie musste Stefan anrufen und ihm die Situation erklären. Nein! Sie schluchzte laut auf. Ihr Handy lag bei Tina. Heiße Tränen liefen ihr über das Gesicht und ihre Lungen brannten. Sie musste sich konzentrieren, aber diese Kopfschmerzen machten sie verrückt. Olli war in St. Peter-Ording gewesen. Ein gutes Alibi. Aber schließlich war es von dort keine Weltreise nach Fehmarn. Was, wenn die ganze Geschichte mit dem Freund erfunden war. Sie musste unbedingt die Polizei verständigen. Sophie hatte noch nie so entsetzliche Angst gehabt. Das Bistro! Es brannte noch Licht. Sie konnte von dort telefonieren. Und dann würde sie Stefan alles sagen, schwor sie sich. Auch das von Ben und Sarah und dem DNA-Test. Mit letzter Kraft erreichte sie die Eingangstür.

43

Hanjo wollte gerade das Licht löschen und zusperren, als er Sophie die Stufen hochstolpern sah. Schnell öffnete er die Tür. »Sophie!« Sie schluchzte und fiel in seine Arme. »Mein Gott, Mädchen. Was ist denn passiert? Wo ist Pelle?« Sophie klammerte sich panisch an ihn. Auf ihrer Stirn glänzte kalter Schweiß. Sie war kurz davor ohnmächtig zu werden. Hanjo stützte sie mit einem Arm und schloss schnell die Tür ab. »Ganz ruhig. Alles ist gut.«

»Telefon«, murmelte Sophie langsam. Ihre Augen waren fast geschlossen und sie zitterte. Sie schien schreckliche Angst zu haben.

»Jetzt komm erst mal wieder zu dir.« Er musste Sophie halb tragen, aber er schaffte es, sie in die Küche zu bringen und auf einen Stuhl zu setzen.

Sophie stöhnte leise. »Gehirnerschütterung ... hätte nicht rennen sollen.«

Hanjo reichte ihr schnell ein Glas Wasser. Das arme Mädchen. Sophie sah furchtbar aus und sie war vollkommen außer Puste.

»Muss telefonieren«, flüsterte sie wieder.

Hanjo lächelte sie besorgt an und tätschelte ihr unbeholfen die Hand. »Erst musst du mal wieder zu Atem kommen, sonst kippst du uns gleich um. Du hättest besser noch im Krankenhaus bleiben sollen. Warte mal eben.« Hanjo ging zum Herd. Er würde einen Kakao heißmachen. Der würde ihr sicher helfen. Er brachte ihr den Becher. »Was Süßes. Bringt den Kreislauf wieder in Schwung.« Endlich öffnete Sophie die Augen wieder. Sie lächelte sogar ein bisschen. Dann roch sie daran. »Ist Rum drin«, kicherte Hanjo. »Dachtest du, ich trink ihn unverdünnt?«

Sie trank mit kleinen Schlucken und beruhigte sich langsam. Nach ein paar Minuten schien es ihr etwas besser zu gehen. Ihre Wangen bekamen wieder Farbe.

»Mama hat mir auch immer Kakao gemacht, wenn was nicht in Ordnung war. Die beste Medizin.«

Hanjo nickte und versank in Erinnerungen. Wie oft hatte er seiner kleinen Fee abends noch einen heißen Kakao ans Bett gebracht?

Ben saß vor seinem Bus auf dem klapprigen Campingstuhl und rauchte nervös eine Zigarette nach der anderen. Wo blieb Sophie nur? Sie hatte doch gesagt, dass sie noch kommen würde. Er trank einen Schluck aus der Dose und verzog angewidert das Gesicht. Das Bier war warm und anscheinend hatte er in Gedanken auch noch eine Kippe reingeworfen. Ben feuerte die Dose unter den Transit und sprang auf. Ob sie es sich anders überlegt hatte? Vielleicht hatte man ihr ein Beruhigungsmittel gegeben und sie war eingeschlafen. Dass der Hund sterben musste, war furchtbar. Es war fast unmöglich für ihn, sie sich ohne den braunen Labrador an ihrer Seite vorzustellen. Ben öffnete die Schiebetür, um sich ein frisches Bier aus dem kleinen Kühlschrank zu holen. Er sollte sich einfach beruhigen. Sicher war alles in Ordnung. Es war bereits halb 10. Und wenn Sophie doch nichts mehr von ihm wissen wollte? Sein Mund wurde trocken. Er musste sie sehen. Er hatte ihr noch einiges zu erzählen. Sie sollte die ganze Wahrheit wissen. Ben hatte noch mit niemandem darüber gesprochen. Dieser verfluchte zweite Weihnachtstag! Er war in die Tigerbucht gerannt, um nach Lamai zu suchen. Alles war zerstört. Überall lagen Leichen. Und dann sah er sie. Wahrscheinlich hätte ihre eigene Mutter sie nicht erkannt.

Ihr Kopf war so gut wie weg. Irgendein schweres Teil hatte ihr das schöne Gesicht genommen. Eigentlich fehlte fast der ganze Kopf. Er wusste sofort, dass diese entstellte Leiche seine Lamai war. An dem aufgequollenen Finger saß der Ring. Wie ein viel zu enger Gürtel teilte er den Finger in zwei dicke Hälften. Ben schluchzte leise. Die Erinnerung tat noch immer so entsetzlich weh, aber er würde ihr davon erzählen. Sophie sollte wissen, dass er es ernst meinte. Dann würde sie auch verstehen, warum es zu diesem dummen Zwischenfall mit Sarah gekommen war. Die ganze Geschichte war ein grausamer Fehler gewesen. Und auch die anderen Affären. Er hätte auf eine Frau wie Sophie warten sollen. Dann hätte er sich vieles ersparen können. Und er hätte nicht so ein schlechtes Gewissen.

Hanjo sah besorgt zu Sophie. Sie hielt den Becher in beiden Händen und starrte ihn mit halb geschlossenen Augen an. Plötzlich zuckte sie zusammen, als wäre sie aus einem Traum erwacht.

»Wo ist dein Telefon?«

Hanjo schüttelte lächelnd den Kopf. »Fee mochte meinen Kakao auch am liebsten. Ist doch komisch.« Nicht mal Freya bekam ihn so lecker hin wie er.

»Fee?«

Sie musste wirklich angeschlagen sein. Sie kapierte so langsam. Dabei war sie doch zweifellos ein sehr cleveres Mädchen. »Ja, Fee. Meine Tochter!«, erklärte Hanjo verwundert.

»Ich wusste gar nicht, dass du eine Tochter hast.«

Hanjo stand auf und ging zu dem kleinen Küchenregal. In einem hübschen Silberrahmen war das Foto. Er nahm das Bild herunter und gab es ihr.

»Das ist sie. Da war Fenja 14«, erklärte er leise. »Ein komisches Alter, oder? Nicht Fisch, nicht Fleisch.«

Hanjo hasste und liebte dieses Bild. Es war das letzte Foto, das von ihr gemacht wurde. Sie stand am Strand neben ihrem Geburtstagsgeschenk, einem Surfbrett. Und sie sah so glücklich und stolz aus. Sophie glitt der leere Becher aus den Händen. Er rollte über die Fliesen.

»Fenja?«

Hanjo nickte lächelnd. »Ja! Freya und ich haben sie immer nur Fee genannt. Unsere kleine Fee. Sie war unser Wunder.«

»Die Fenja?«, fragte Sophie langsam. Sie schluckte und rieb sich die müden Augen. »Ollis Freundin?«

»Ja.« Er lachte leise, als er sich erinnerte. »Sie waren sehr verliebt. Olli hatte auch das Brett ausgesucht. Das Brett, das sie für immer von uns weggebracht hat. Ich habe ihn zwischendurch dafür gehasst. Aber der Junge hat sich selbst genug Vorwürfe gemacht. Er war nur noch ein Schatten seiner selbst. Es war nicht seine Schuld, dass das passiert ist, aber ich glaube, er denkt das bis heute. Freya hat alles versucht, ihm das Herz leichter zu machen. Er war immer willkommen. Ich glaube, er hatte das Gefühl, alles irgendwie wieder gutmachen zu müssen. Er half immer ungefragt, wo er nur konnte.«

»Ich muss Stefan anrufen. Danke, für deine Hilfe. Tut mir leid, dass ich so fertig bin. Ich glaube, die Tabletten von gestern hauen mich noch immer um.«

Hanjo nickte. Sophie versuchte aufzustehen, doch ihre Beine gaben nach. Sie stöhnte, als sie auf die Fliesen rutschte. Hanjo stellte den Silberrahmen vorsichtig zurück auf die Borte. Alles war so schrecklich, aber er hatte keine Zeit in Trauer zu versinken. Er musste sich jetzt um Sophie kümmern.

44

Ben zündete sich noch eine Zigarette an und lauschte. Es war nichts zu hören. Er hoffte, dass Sophie, wenn sie überhaupt noch kommen würde, vernünftig genug war mit dem Auto zu fahren. Sie würde doch nicht nachts am Strand langspazieren? Ben versuchte, sich zu beruhigen. Sophie war eine intelligente Frau und sie wusste, dass ein Mörder frei herumlief. Aber sie war so durcheinander gewesen. Er würde noch verrückt werden, wenn er nur tatenlos dasaß. Hoffentlich lag sie im Bett und schlief. Und wenn sie sich unvernünftigerweise doch zu einem Spaziergang entschlossen hatte? Ben beschloss, ihr entgegenzugehen. Für den Fall, dass sie hoffentlich doch mit dem Wagen kommen würde, während er weg war, schrieb er einen Zettel. Er lief eilig zum Strand. Langsam stieg in ihm Panik auf. Jemand hatte ihren Hund umgebracht und sie war auch schon niedergeschlagen worden. Die Idee, sich heute noch zu treffen, war vollkommen wahnsinnig, gestand er sich ein. Sie brauchte Ruhe und sollte nicht durch die Gegend fahren oder schlimmer, gehen. Was war nur mit ihm los gewesen? Er hätte drauf bestehen sollen, dass sie sich schonte. Morgen hätten sie alle Zeit der Welt gehabt, ausgeruht über alles zu reden. Ganz hinten in der Bucht brannte ein Feuer. Verwirrt und neugierig begann Ben zu laufen. Tatsächlich, da machte jemand ein Lagerfeuer. Wer? Es waren kaum noch Gäste da und die Stimmung war im Moment auch nicht besonders gut. Wer zum Teufel veranstaltete da einen Beachabend? Ben konnte nur eine Person ausmachen. Aber das war doch Olli!

Jetzt rannte er. Olli sah furchtbar aus. Sein Blick war wirr und sein T-Shirt war verschwitzt. Neben ihm stand eine halb volle Flasche Whisky. Der Kumpel schien ihn nicht einmal zu bemerken.

»Was machst du hier?«, fragte Ben atemlos.

»Feuer!«, antworte Olli ohne ihn anzusehen. Mechanisch warf er kleine Papierstückchen in die Flammen.

Ben sah genauer hin. Es waren Fotos, die Olli zerriss. Auf einem erkannte er Fenja. Ben bekam Angst. Olli sah vollkommen wahnsinnig aus. »Olli, was soll das?« Seine Stimme überschlug sich fast.

»Ben!« Endlich sah Olli ihn an. Sein Blick war verschleiert. »Ich mache Schluss! Ich kann so nicht mehr weitermachen.«

Olli konzentrierte sich wieder auf das Auseinanderreißen der Fotos.

»Was meinst du eigentlich?«

»Das hier!« Olli breitete die Arme aus. »Alles! Es ist zu Ende! Für mich wird bald alles ganz anders werden. Endlich!« Er warf wieder eine Handvoll Fetzen in die Flammen. »Ich muss sie beerdigen. Die ganze beschissene Vergangenheit.«

Wenn er doch nur wüsste, was in Olli vorging. Was meinte er damit, dass für ihn alles anders werden würde? Er musste ihn irgendwie aus dieser Trance kriegen. »Und?« Ben klopfte Olli kumpelhaft auf die Schulter und deutete auf den Whisky. »Krieg ich auch einen Schluck?« Olli nickte, machte aber keine Anstalten, ihm die Flasche zu reichen. Ben lehnte sich vor und nahm sie. »Prost! Auf wen eigentlich?«

»Keine Ahnung! Such dir eine aus.«

Ben hatte nicht gewusst, dass es eine Steigerung von Angst gab, aber genau das fühlte er jetzt.

348

Tina schreckte aus dem Schlaf hoch. Sie war in Schweiß gebadet. War was mit den Kindern? Mit klopfendem Herzen lauschte sie. Nein, alles war ruhig. Sie hatte wohl einfach nur schlecht geträumt. Tina griff zur Wasserflasche und trank ein paar Schlucke. Es war unerträglich heiß. Sie versuchte, sich zu beruhigen. Es war ein Traum, nur ein Traum. Sie hatte von Pelle geträumt. Na, kein Wunder! So etwas Furchtbares verdaute man nicht so leicht. Tina schüttelte den Kopf und atmete tief durch. Pelle hatte nun unter der schönen alten Kastanie eine wunderbare letzte Ruhestätte. Furchtbar, dass die meisten geliebten Haustiere als Seife endeten. Ob Sophie schon wieder zu Hause war? Tina lächelte. Wahrscheinlich nicht. Sie kuschelte bestimmt mit diesem verrückten Ben auf der verlausten Matratze in diesem Bus. Dass Sophie, die Stilikone schlechthin, sich in einen Hippie verknallte, war wirklich zu komisch. Aber Ben schien wirklich kein schlechter Kerl zu sein. Er hatte sofort alles stehen und liegen gelassen, um Sophie in diesen schweren Stunden zur Seite zu stehen. Plötzlich begann ihr Herz wieder zu rasen. Da stimmte was nicht! Tina setzte sich auf und überlegte panisch. Oh Gott! Ja! Das war der Fehler! Sie griff zum Telefon und wählte zitternd Stefans Handynummer. Ein Freizeichen.

»Tina?«

»Stefan! Gott sei Dank!« Ihre Stimme klang viel zu schrill.

»Ist was mit den Kindern?«

»Was? Nein! Hör zu, du musst sofort zurückkommen! Und verständige deine Kollegen.«

»Was soll ich? Tina, leg dich wieder hin …«

»Stefan! Ich meine es verdammt ernst! Ich weiß jetzt, was nicht stimmt! Bitte! Du musst deine Leute herschicken!«

Stefan atmete tief durch. »Sorry, Maus, aber ich komm da gerade nicht mit.«

Tina öffnete leise die Tür zum Gästezimmer, während sie weitersprach. »Ich habe doch Hanjo angerufen, damit er Ben zu Sophie schickt.« Sophies Bett war unbenutzt. »Sophie ist nicht in ihrem Bett! Sie ist sicher bei Ben.«

»Ja und? Hör mal, ich habe hier jede Menge Arbeit.«

»Jetzt hörst du mir gefälligst zu! Ben war doch hier und Sophie war sehr froh darüber. Sie hat sich bei mir bedankt und sie hat erwähnt, dass Ben total fertig war wegen Pelle und deshalb so schnell wie möglich zu ihr gekommen ist. Verstehst du nicht?«

Es dauerte ein paar Sekunden, bevor Stefan antwortete. »Nein, ehrlich gesagt, verstehe ich kein Wort!«

Tina ließ sich zitternd auf die Küchenfliesen sinken. »Ich habe Hanjo gar nichts von Pelles Tod erzählt! Ben konnte das nur wissen, wenn er selbst ...«

Sophie versuchte aufzustehen. Alles drehte sich und ihr war wieder entsetzlich übel. »Sophie!« Hanjos Stimme kam von weit weg. Sie sah ihn nur verschwommen. Er half ihr, sich aufzusetzen und reichte ihr ein Glas Wasser. Sophie schloss erschöpft die Augen und atmete tief durch. Alles passte! Olli war durchgedreht. Er hatte sich all die Jahre schuldig gefühlt. Schuldig am Tod seiner ersten großen Liebe. Er hatte das Surfbrett, mit dem Fenja für immer verschwunden war, selbst ausgesucht. »Hanjo! Ich glaube, es ist Olli.« Ihre Stimme war nicht mehr als ein Flüstern. Sie durfte jetzt nicht ohnmächtig werden. Sophie schluckte und griff nach dem Glas. Das Wasser tat ihr gut.

»Olli?« Hanjo sah sie verständnislos an. »Was ist mit Olli?«

Sophie trank noch einen Schluck, doch ihr Mund blieb trocken. Sie konnte nur mit Mühe einigermaßen deutlich sprechen. »Olli hat sie alle umgebracht!«

Hanjo lächelte sie besorgt an. »Der Junge kann keiner Fliege was zuleide tun.«

»Aber er hat mir vorhin gedroht und er ...« Sophie verlor den Faden. Die Küche begann sich zu drehen. Sie schüttelte sich, um wieder klar zu werden. Ihre Kopfschmerzen hatten tatsächlich nachgelassen, aber sie war so unkonzentriert. Sie musste sich zusammenreißen. »Hanjo, er liebte auch Sarah. Seine erste Liebe nach Fenja. Das hat er mir eben selbst gesagt. Er, ähm, er ... Nein! Sie! Sie hat ihn betrogen. Er wusste davon!«

»Sophie, beruhige dich! Du bist ziemlich verwirrt.«

»Ich muss telefonieren. Wo ist dein Telefon?«

»Jetzt warte mal! Das ist ein schwerer Vorwurf. Wen willst du denn anrufen? Die Polizei?«

»Stefan! Ich muss Stefan anrufen. Ich hoffe, er ist noch auf der Insel. Er musste weg. Aber er wollte vorher noch Pelle ...« Sophie schüttelte langsam den Kopf. Pelle? Was war denn jetzt mit Pelle? Irgendetwas stimmte da nicht. Warum hatte Hanjo sie denn vorhin nach Pelle gefragt? Er selbst hatte Ben doch ausgerichtet, dass ihr Hund tot war.

Ben konnte das nicht länger mit ansehen. Die Situation war vollkommen irre. Olli benahm sich wie ein Psychopath.

»Verdammt, Olli!«, brüllte er. »Hör auf mit den Spielchen!«

Olli sah ihn wütend an. Ben war fast erleichtert. Ein wütender Olli war ihm viel lieber als dieser weggetretene Wahnsinnige.

»Spielchen? Ich spiele keine Spielchen. Das ist doch wohl eher dein Metier.«

»Wovon zum Teufel redest du eigentlich?«

Olli griff nach der Flasche und trank. »Du bist eine miese Drecksau! Du hast mit Sarah geschlafen! Hältst du

mich für einen Idioten?« Olli fing an zu lachen. »Drecksau! Und ich dachte, du seist mein bester Freund! Ich habe
eine schlechte Menschenkenntnis, oder? Sarah hat mich
auch nur verscheißert. Ich habe sie aber geliebt! Kannst du
dir überhaupt vorstellen, wie sich Liebe anfühlt?«

»Olli, ich …«

»Ob du dir das vorstellen kannst, du Wichser!«

Ben versuchte, ruhig zu bleiben. Es war Ollis gutes
Recht, auf ihn sauer zu sein und außerdem war er schrecklich betrunken. »Ja! Ja, ich kann mir das gut vorstellen
und das weißt du auch! Du weißt, dass ich Lamai geliebt
habe.«

»Lamai?« Olli lachte dreckig. »Die hast du doch längst
vergessen. Du hast sie schon so oft ausgewechselt. War
Sarah auch nur dafür da? Hast du sie nur benutzt, um dich
abzulenken? Lamai wäre bestimmt stolz auf dich.«

Ben hatte Mühe, sich zu beherrschen. Am liebsten hätte
er Olli einfach eins auf sein böses Maul gegeben. »Das mit
Sarah war falsch«, gab er zu. »Ich hätte das nie tun dürfen. Aber sie sagte, dass es aus wäre zwischen euch und
ich war breit. Scheiße, das klingt so billig. Ich … ich habe
mich so beschissen gefühlt. Ich hätte es dir gesagt, wirklich, aber dann war sie plötzlich tot.«

Olli sah ihn böse an und nickte, als sei er plötzlich um
eine Erkenntnis schlauer. »Wie praktisch! Komisch, dein
Timing!«

»Sag mal, spinnst du?« Ben sprang auf. »Willst du mir
jetzt auch noch einen Mord anhängen?«

Olli schwieg ein paar Sekunden. »Liebst du Sophie?«,
fragte er dann.

»Ich mag sie sehr. Ich habe keine Ahnung, wie die
Geschichte weitergeht.«

Olli nahm wieder einen großen Schluck aus der Flasche.
»Sophie! Verdammt hübsch! Hat mich vorhin besucht. Sie

352

hält mich übrigens für den Mörder.« Olli lachte. »Und sie hat ja recht!«

»Wo ist Sophie? Bitte! Das ist wichtig!«

»Keine Ahnung. Wollte sie nicht zu dir? Vielleicht sollte ich besser dir diese Frage stellen.«

»Wann war sie hier? Wohin ist sie gegangen«

»Ich hab keine Ahnung. Sie ist weggerannt.«

»Weggerannt?«

»Ja, wir hatten eine kleine Meinungsverschiedenheit.«

»In welche Richtung?«

»Jetzt reg dich ab! Ich hab ihr nichts getan. Nur ein bisschen Angst gemacht. Sie ist in Richtung Bistro gelaufen.«

Sophie schreckte hoch. Sie hatte tatsächlich geschlafen. Wo war sie? Sie blickte sich um. Sie erkannte die Bistroküche. »Hanjo?« Ihre Zunge war schwer und trocken. Ihr Ruf war kaum zu hören. Sie wollte aufstehen, doch ihre Beine waren wie Pudding.

»Sophie!« Hanjo war sofort bei ihr. »Du bist einfach eingenickt. Da hab ich dich etwas schlafen lassen. Du musst dich schonen. Geht es dir jetzt ein bisschen besser?«

Nein, es ging ihr gar nicht besser. Die Schmerzen waren zwar weg, aber die Welt um sie herum war wie Nebel. Sie hatte von Pelle geträumt. Sie waren zusammen über eine Wiese gerannt. Und dann war da ein Baby. Sophie versuchte, wacher zu werden. Warum war sie bei Hanjo? Polizei, sagte eine innere Stimme. Ja genau, sie musste Stefan anrufen. Aber eigentlich wollte sie lieber schlafen. »Wo ist das Telefon?« Ihre Stimme lallte.

»Hinten im Schlafzimmer. Ich kann es dir leider nicht bringen. Ist noch so ein altes Teil mit Kabel«, entschuldigte sich Hanjo.

Sophie nickte und versuchte aufzustehen. Ihr Körper war schwer wie Blei. In ihren Ohren rauschte es.

»Mein Gott, Mädchen, du bist ja ganz blass. Komm, ich helfe dir.«

Mit Hanjo Hilfe kam sie auf die Beine. Sie gingen langsam in die hinteren Privaträume. Das Rauschen wurde schlimmer. In Hanjos Schlafzimmer flackerte Kerzenlicht. Hanjo half ihr, sich auf einen Sessel zu setzen. Auf einem kleinen Tisch stand ein altes Telefon. Dahinter standen die Kerzen und schöne Bilderrahmen mit Fotografien.

»Ich bin gleich wieder da. Kommst du zurecht?«

Sophie nickte. Alles waberte vor ihren Augen. Sie musste doch nur den Arm ausstrecken und den Hörer greifen. Die Bilder. Da war ein Foto von einer älteren Frau. Das musste Freya sein. Und da war ein Portrait von Fee. Sie streckte mit letzter Kraft den Arm aus und nahm den Hörer ab. Ihr Blick fiel auf das Bild im nächsten Rahmen. Sarah! Sophie begann zu zittern. Und das war Clara. Die entsetzliche Gewissheit trieb sie an. Wie war Tinas Nummer noch? Sophie konnte sich nicht erinnern. Sie würde einfach 110 wählen. Es kostete sie unendlich viel Kraft, den Hörer abzunehmen. Das musst du jetzt hinkriegen, feuerte sie sich an. Und dann kannst du endlich ein bisschen schlafen. Der altmodische Hörer war so schwer, dass sie ihn nur mit Mühe an ihr Ohr legen konnte. Ihr Zeigefinger stecke bereits in der Wählscheibe. Verzweifelt wartete sie auf ein Freizeichen. Das Telefon war tot.

45

Hanjo drehte das Wasser ab. Die Wanne war voll genug. Er streckte die Hand aus und fischte das Thermometer heraus. 40 Grad. Bis sie in der Wanne lag, war das Wasser sicher auf Körpertemperatur abgekühlt. Sophie würde sich wunderbar entspannen können. Hanjo lächelte und rieb sich die Hände. Diesmal würde alles gutgehen. Sophie würde bestimmt lächeln. Er würde ihr erzählen, warum er es tun musste, und sie würde es verstehen. Sie war nicht nur schön, sie war auch schlau. Fee wäre genauso gewesen. Eine schöne junge Frau mit Grips. Außerdem hatte Sophie genug Valium intus. Sie würde ganz ruhig sein und keine Angst haben. Hanjo kicherte leise. Das mit dem Valium war eine wunderbare Idee gewesen. Sie war ihm erst nach der Sache mit dieser Sandra eingefallen. Es machte alles so viel leichter. Er hatte ja noch so viel übrig. Fips hatte ihm viel mehr dagelassen, als Freya wollte. In klaren Momenten hatte sie ihm immer wieder gesagt, dass sie nicht einfach so dahindämmern und auf den Tod warten wollte. Sie wollte nur eine geringe Dosis. Nur so viel, dass sie die Angst vor dem Tod aushalten konnte. Freya war so tapfer gewesen und deshalb hatte er noch all diese Pillen im Schrank. Er sah sich noch einmal im Bad um. Sah doch alles gemütlich aus. Über die Leergutkisten hatte er ein Bettlaken gehängt. Schließlich sollte sie sich entspannen und nicht das Gefühl haben, in einem Getränkegroßmarkt sterben zu müssen. Die große Tasche, in der normalerweise Surfbretter transportiert wurden, lag im Schlafzimmer. Er würde sie nachher holen. Nun musste er sich um die Hauptperson kümmern. Es wurde Zeit. Hanjo lief ins Schlafzimmer. »Hast du Stefan erreicht?«, fragte er leichthin. »Sophie?« Sie saß da und starrte auf die Fotos. Hanjo lachte kurz. »Sentimental, ich weiß. Ich nenn es meinen kleinen privaten Friedhof. Es ist so schön, sie alle bei sich zu haben. Kennst du das Gedicht über Ophelia? Die Übersetzung von Karl Klammer?« Sophie schüttelte den Kopf. Tränen liefen ihr über das Gesicht. Hanjo stellte sich gerade hin, um den Ausschnitt vernünftig zu zitieren. »Ophelia, bleiche Jungfrau, wie der Schnee so schön, die du, ein Kind noch, starbst in Wassers tiefem Grunde. Kapierst du? Ophelia, Fee. Meine Tochter ist im tiefen Wasser gestorben. Ihr Grab ist die Ostsee.« Sophie sah ihn fragend an. Verstand sie denn immer noch nicht? »Siehst du den hübschen Silberrahmen da hinten? Den Antiken? Der ist für dich!«

Sophie hatte Mühe, sich zu konzentrieren. Sie saß in der Falle und es gab nichts mehr, was sie dagegen tun konnte. Sie war körperlich am Ende und Hanjo war verrückt. Er war ein Mörder. Er hatte sie alle umgebracht. In den Bilderrahmen waren ihre Fotos. Die Bilder von Fenja und Freya waren ganz normale Portraitaufnahmen. Freya war eine schöne Frau gewesen. Auf dem Foto musste sie etwa Mitte 50 gewesen sein. Fenja lachte sie mit diesem typischen unsicheren Teenagergrinsen an. Ihr Gesicht war schmal und ihr Haar lang und blond. Fenja sah fast so aus wie sie selbst in dem Alter. Die Fotos von Sandra, Sarah und Clara waren grauenhaft. Hanjo hatte sie nach ihrem Tod fotografiert. Die Frauen lagen in einer Badewanne. Sophie lief es eiskalt den Rücken runter. Der leere Rahmen war ihr zugedacht. Warum war sie nicht in Panik? In ein paar Minuten würde Hanjo sie umbringen, daran hatte sie keinen Zweifel. Eigentlich war sie ganz froh, dass dann alles vorbei war und sie endlich schlafen konnte. Wollte sie das wirklich? Sophie griff nach einer Kerze und goss sich das heiße Wachs über den Arm. Es tat weh. Sie spürte noch was. Nein, sie wollte nicht sterben! Nackte Angst packte sie. Die Galerie der Toten. Sie musste sich übergeben. Sie drehte sich vom Tisch weg, um nicht auf die Bilder zu kotzen.

»Meine Güte, Sophie.«

Hanjo war wieder da und er sprach mit dieser besorgten Stimme zu ihr. Sie fühlte sich so schwach. Nein, sie würde es nicht schaffen. Sie hatte keine Kraft mehr. Wie sollte sie sich denn gegen das Unvermeidliche wehren?

»Meine Kleine, du hättest wirklich noch im Krankenhaus bleiben sollen.« Hanjo sah sie bestürzt an und streichelte ihre Wange. »Eine Gehirnerschütterung soll man nun mal nicht einfach auf die leichte Schulter nehmen. Na, mach dir keine Sorgen. Die Wanne ist schon eingelassen. Du bist ganz schnell wieder sauber.«

»Warum?«

»Warum?« Hanjo schüttelte verständnislos den Kopf. »Du hast dich von oben bis unten vollgekotzt!«

Sophie zeigte mit zitternden Fingern auf die Bilder. Er folgte ihrem Blick.

»Ach das! Na, um sie glücklich zu sehen.«

»Wen?«

»Fee natürlich!« Hanjo klang ungeduldig. »Ich dachte, du würdest mich verstehen! Fee bekam dieses Surfbrett als Geburtstagsgeschenk. Sie wollte es natürlich gleich ausprobieren. Sie fuhr davon wie der Blitz. Und sie kam nie zurück. Ich habe zwei Tage am Strand gewartet. Sie kam nicht. Nie wieder. Man hat weder sie noch das Brett gefunden. Sie ist verschwunden. Die Ostsee ist ihr Grab.«

Sie hatte recht gehabt. Alles drehte sich um Fenja. Aber was erwartete Hanjo von ihr? Was meinte er damit, dass er

Fee glücklich sehen wollte? Wenn sie doch nur die Zusammenhänge begreifen würde. Sie musste versuchen, ihn zum Reden zu bringen. »Aber wenn sie Geburtstag hatte ... und das neue Brett ... dann war sie doch bestimmt glücklich an diesem Tag.«

Hanjo klatschte aufgeregt in die Hände. »Du bist auf dem richtigen Weg! Aber eine Frage bleibt doch offen, findest du nicht auch? War sie auch noch glücklich, als sie starb?«

46

Ben erreichte das Bistro. Das Licht war bereits aus und die Tür verschlossen. Der alte Hanjo schlief sicher längst. Aber wo war Sophie? Vielleicht wartete sie doch in seinem Bus auf ihn. Ben rannte zur Wiese.

»Sophie?«, rief er schon von Weitem. Er bekam keine Antwort. Schnaufend erreichte er seinen Transit. Sie schien nicht da gewesen zu sein. Zettel und Stift lagen unberührt auf dem Tisch. Sie hätte sonst doch bestimmt eine Nachricht hinterlassen. Wahrscheinlich war sie längst zu Hause und schlief. Sicher war sie die Straße zurückgegangen, um nicht noch mal an Olli vorbei zu müssen. Dieser Vollidiot hatte sie zu Tode erschreckt. Wo bist du, fragte Ben stumm und sah in den wolkenlosen Himmel. Der große Wagen stand direkt über ihm. Es war schon spät und der Tag war wirklich turbulent gewesen. Er sollte sich ins Bett legen und ein bisschen schlafen. Ben setzte sich auf seinen Campingstuhl und versuchte, sich zu beruhigen. Es gelang ihm nicht. Das mulmige Gefühl blieb. Er würde nie und nimmer einschlafen können, bevor er sich nicht davon überzeugt hatte, dass sie unbehelligt bei Tina angekommen war. Entschlossen sprang er auf und suchte in seinem Bus nach seinem Handy. Das Telefon war tot. Der Akku war alle. Kein Wunder! Er hatte so oft versucht, sie zu erreichen. Ohne Erfolg. Und er hatte sich Sophies Nummer nicht notiert. Ben feuerte das Telefon mit aller Gewalt zurück in den Bus. Mit klopfendem Herzen überlegte er, was er jetzt noch tun konnte. Natürlich! Er würde zu Hanjo gehen. Er hatte doch den Schlüssel für die Hintertür. Und Hanjo hatte ein

Telefon. Er musste Tinas Nummer rausfinden und sie anrufen. Es war ihm mittlerweile auch egal, wenn der Superbulle ans Telefon ging. Tinas Mann, so ätzend er auch war, würde sicher verstehen können, dass er in Sorge war.

Sophie wischte sich das Erbrochene vom T-Shirt. Wenn es ihr körperlich nicht so schlecht gehen würde, hätte sie vielleicht eine Chance gehabt. Hanjo musste sie mit irgendeiner Droge vollgepumpt haben.

»Ach Sophie, nun versteh mich doch bitte!«, forderte Hanjo verzweifelt. »Ich habe mir jahrelang vorgestellt, wie es sein muss zu ertrinken. Ich meine, mein Baby ist doch … Ich habe Bücher gelesen, mit Ärzten gesprochen … Irgendwann habe ich akzeptiert, dass sie tot ist. Freya war so stark. Sie trauerte um ihr einziges Kind und kümmerte sich trotzdem um mich. Freya hatte genug Kraft für uns beide. Unser Leben ging tatsächlich weiter. Natürlich ohne Kinder, aber dafür mit Gästen und jungen Wassersportlern. Sie nahm sie immer alle unter ihre Fittiche. Und dann wurde sie krank: Brustkrebs.«

Sophie versuchte, ihn zum Weitererzählen zu motivieren. Solange er erzählte, konnte er sie nicht töten. »Würde Freya verstehen, was du getan hast und tust?«

Hanjo schüttelte nachdenklich den Kopf. »Nein«, gab er gedankenverloren zu. »Wahrscheinlich nicht. Aber sie wäre bestimmt einverstanden, wenn sie wüsste, dass es mir hilft. Komm jetzt! Du musst jetzt baden.«

Sophie überlegte panisch, wie sie es hinauszögern könnte. Sie fühlte sich wie eine Unschuldige auf dem Weg zur Hinrichtung. Wenn sie schon sterben musste, dann wollte sie auch die ganze Geschichte hören. »Was war mit ihr?«

»Freya? Die Ärzte konnten nichts mehr für sie tun. Im Krankenhaus wollte sie nicht bleiben. Ihr fehlte die Ostsee und unser Haus. Da hab ich sie mitgenommen und mich um sie gekümmert. Doktor Pieper kam jeden Tag vorbei und sah nach ihr. Von ihm bekam ich das Valium. Es dauerte nur ein paar Wochen. Freya ist in meinen Armen gestorben. Sie sah so friedlich aus, fast glücklich. Ich war plötzlich allein und da kam mir die Idee. Wenn ich wüsste, dass meine Tochter damals genauso glücklich ausgesehen hat, dann wäre ich ein zufriedener Mann und könnte irgendwann beruhigt sterben. Es wäre dann so wie damals, als sie noch klein war. Ich würde sie einfach ins Bett bringen und ihr beim Einschlafen zusehen. Na komm! Wir bringen es zu Ende.«

Sophie konnte nicht allein aufstehen. Hanjo nahm sie hoch und stützte sie. Er zog sie nicht aus. Er ließ sie einfach in die Wanne gleiten.

Ben rannte zur Hintertür und nahm seinen Schlüssel. Das Schloss ließ sich öffnen, aber die Tür gab nicht nach. Hatte Hanjo mal wieder zu tief ins Glas geschaut und von innen den Riegel vorgeschoben? Nach Freyas Tod war das schon ein paarmal passiert. Hanjo hatte sich immer entschuldigt, obwohl er ihm natürlich keinen Vorwurf gemacht hatte. Schließlich war es sein Haus und es war überaus freundlich von Hanjo, dass er ihn das Bad benutzen ließ. Aber was nun? Ben überlegte einen Moment. Sollte er zu Tina laufen? Nein, er würde nur die gesamte Familie aus dem Bett klingeln. Er sollte schlafen gehen und morgen mit einem Blumenstrauß bei Sophie auf der Matte stehen. Hörte er ein Planschen? Ben grinste. Da nahm der alte Kerl doch tatsächlich zu später Stunde noch ein Bad. Selbst wenn das Fenster nicht so hoch gewesen wäre, hätte Ben nicht hineingesehen. Er wollte gar nicht wissen, was Hanjo so spät in der Wanne trieb. Ben ging auf der anderen Seite des Hauses zurück. Aber da flackerten doch Kerzen. Das schwache Licht schien aus dem kleinen Wohnzimmer hinter der Küche. Ben trat ans Fenster und sah hinein. Tatsächlich, auf einem Tisch brannten Kerzen. Plötzlich packte ihn eine Hand an der Schulter und riss ihn zurück.

»Hey, du Spanner!«

Ben drehte sich erschrocken um. »Olli! Bist du verrückt? Ich krieg noch einen Herzinfarkt wegen dir.«

»Ist sie da?«

»Wer? Sophie?«

»Nein, Pamela Anderson. Natürlich Sophie.«

Ben schüttelte den Kopf. »Nein, du hast sie ja erfolgreich verjagt. Vielen Dank dafür! Hanjo ist im Bad. Wir müssen mit ihm reden. Er hat schon wieder Kerzen brennen. Er wird sich noch die Hütte abfackeln. Was machst du eigentlich hier? Ich bin davon ausgegangen, dass du mit mir fertig bist!«

Olli sah ihn ernst an. »Ich mach mir Sorgen. Ich bin zwar ziemlich besoffen, aber zum Nachdenken hat es gerade noch gereicht. Sophie verdächtigte mich. Sie dachte, ich hätte vielleicht ein Trauma oder so, wegen Fenja. Und dass ich sauer war auf Sarah, wegen dir, und sie dann, na du weißt schon.«

»Ja, mich hatte sie auch auf dem Kieker wegen Jo. Hobbypsychologie.«

Olli blieb ernst. »Was ist mit Hanjo?«

»Hanjo? Was soll mit ihm sein?«

»Was, wenn er die Macke hat?«

Ben starrte ihn fragend an.

»Ben! Bist du schwer von Begriff! Irgendwer nimmt gerade ein Bad.«

Ohne noch eine Sekunde nachzudenken, schlug Ben mit dem Ellenbogen die Fensterscheibe ein.

Sophie klammerte sich verzweifelt an der Wanne fest. Sie fühlte sich so schwach und allein. Ohne Hilfe würde sie ihn nicht aufhalten können. Hanjo legte seine Hände auf ihre Schultern und lächelte.

»Du hast es gleich geschafft. Ertrinken ist kein schlimmer Tod, wenn man nicht dagegen ankämpft. Alles wird gut. Ich bin doch bei dir.«

Dann drückte er sie unter Wasser. Sophie strampelte mit den Beinen. Mit ihren Händen suchte sie verzweifelt einen Halt, doch die Wanne war glatt und sie konnte sich nicht festhalten. Plötzlich riss Hanjo sie hoch. Sein Gesicht war zu einer wutverzerrten Maske geworden. Sie hatte den alten Mann noch nie so gesehen.

»Jetzt mach es uns doch nicht so schwer, verdammt! Du sollst doch lächeln! Du bist doch eine ehrgeizige Kiterin. Du liebst das Wasser! Ich dachte, du würdest es verstehen! Wir wiederholen doch nur, was vor langer Zeit geschah.« Hanjo atmete tief durch und plötzlich klang seine Stimme wieder warm und liebevoll. »Diesmal bist du nicht allein. Jetzt schlaf, meine Kleine. Schlaf ein.«

Sophie sah Hanjo entsetzt an. Hielt er sie für Fee? Waren alle Frauen nur deshalb ertränkt worden, weil ein verzweifelter Vater nicht darüber hinwegkam, dass seine kleine Tochter allein gestorben war? Mit einem kräftigen Stoß wurde sie unter Wasser gedrückt. Immer wieder versuchte sie, sich aufzusetzen oder seine Arme zu packen, doch Hanjo war stärker. Sie hatte keine Luft mehr. Sophie versuchte, den Mund geschlossen zu halten, doch gegen diesen Hustenreiz kam sie nicht an. Sie schluckte Wasser. Der Reflex, atmen zu wollen, war stärker als jede Logik. Es war vorbei. Sie würde hier sterben. Sie würde auf Fehmarn sterben, wie Pelle. Vielleicht würde sie dann wieder mit ihm zusammen sein. Das war ein Trost. Sophie schloss die Augen und verlor das Bewusstsein.

»Sophie!«

Jemand rief ihren Namen und schlug ihr ins Gesicht.

Jetzt lass mich endlich in Ruhe! Lass mich doch sterben! Ich hab doch gelächelt, als ich an Pelle gedacht habe. Deine kranke Mission ist doch erfüllt. Sophie hatte keine Lust mehr die Augen wieder zu öffnen. Sie wollte zurück in ihre Träume. Warum hob er sie jetzt aus der Wanne?

»Sophie! Ich bins! Ben. Bitte mach die Augen auf!« Wieder schlug man ihr ins Gesicht. Ben? Jemand küsste sie. Aber sehr merkwürdig. Ben konnte doch besser küssen. Jetzt pumpte er Luft in ihre Lungen. Ben! Sophie bäumte sich auf und hustete das Wasser aus der Lunge.

»Olli! Sie ist bei Bewusstsein!«, schrie Ben. Dann nahm er sie in die Arme hielt sie ganz fest. Sophie starrte ihn an. Sein Arm blutete wie verrückt. Sie versuchte zu verstehen, was passiert war, aber sie dämmerte wieder weg.

»Sophie! Du musst wach bleiben! Olli, reiß den Duschvorhang runter! Wir müssen sie warmhalten.« Ben riss sie hoch und wickelte sie in das weiße Plastik. Dann lehnte er sie sitzend an die Wand. »Sophie! Wenn du dich jetzt nicht zusammenreißt, rede ich nie wieder ein Wort mit dir!«

Zusammenreißen … nie wieder ein Wort … Plötzlich meldete sich ihr Kampfgeist zurück. Sie zwang sich, die Augen zu öffnen. »Ich bin wieder da«, sagte sie schwach. »Stell mich hin, aber halt mich bitte fest.« Ben nickte erleichtert und lächelte sie an.

»Ich habe keine Ahnung, warum, aber ich höre Blaulicht.« Olli riss die Außentür auf. »Ja, die Bullen kommen und ein Krankenwagen. Können die jetzt schon Gedanken lesen? Oh, Hanjo kommt auch wieder zu sich.«

Hanjo! Dass dieser nette ältere Herr ein mehrfacher Mörder war, ging über ihre Vorstellungskraft hinaus und doch gab es keinen Zweifel. Er hatte versucht sie umzubringen, wie zuvor all die anderen. Hanjo zitterte. Tränen liefen über sein Gesicht.

»Warum?«, fragte Ben leise.

»Warum?« Hanjo schluchzte laut. »Versteht ihr das denn wirklich nicht? Fee ist da draußen ... Ophelia, bleiche Jungfrau, wie der Schnee so schön, die du, ein Kind noch, starbst in Wassers tiefem Grunde ... Die Ostsee ist ihr Grab. Ich konnte mich nie von ihr verabschieden, von meiner kleinen Fee. Sie war ganz allein. Sie muss solche Angst gehabt haben. Niemand sollte allein sterben müssen. Aber den anderen Mädchen habe ich ja beigestanden, bis zum Ende.«

Ben und Olli sahen sich entsetzt an. Hanjo war vollkommen wahnsinnig.

»Polizei!«

»Wir sind hier!«, rief Olli.

Broder Larrson rannte herein. Claas Meier folgte ihm.

»Hanjo?« Broder sah sie verwirrt an. Sophie nickte. Olli half Hanjo auf die Beine.

»Hanjo ... Herr Peters, wir müssen Sie jetzt über Ihre Rechte ...« Broder schluckte und schüttelte den Kopf. »Mein Gott, Hanjo ... Warum?«

Claas nahm die Handschellen. Broder nickte resigniert.

»Notarzt! Können wir rein?«, rief es von draußen.

»Ja! Alles unter Kontrolle!«, brüllte Claas. Sophie musste fast grinsen. Für den schnöseligen Polizisten musste das hier die Erfüllung seiner Träume sein. Sich einmal fühlen wie ein Cop in New York! Der Arzt kam auf sie zu. »Wie geht es Ihnen?«, fragte er besorgt.

»Den Umständen entsprechend. Mir ist ein bisschen übel«, erklärte Sophie.

»Wir bringen Sie ins Krankenhaus.«

Sophie schüttelte den Kopf. »Bitte nicht! Ich war gestern schon da und es hat mir nicht besonders gefallen. Wenn Sie unbedingt jemanden in die Klinik bringen wollen, dann nehmen Sie ihn.« Sie zeigte auf Ben. »Ich glaube, sein Arm müsste genäht werden. Mir ist nur ein bisschen übel.«

Epilog

Er sah auf sie hinab. Die Konturen ihres Gesichtes waren unter Wasser verschwommen. Das lange blonde Haar schwebte um ihr schönes Gesicht. Sie sah aus wie eine Meerjungfrau. Wie Ophelia. Kleine Blasen kamen aus Mund und Nase. Er mochte sie wirklich. Er wurde fast krank, wenn er daran dachte, dass jemand anderes sie ihm fast genommen hätte. »Jetzt komm wieder hoch! Das Shampoo ist raus!«

Sophie tauchte prustend auf. Ben zog sie zu sich. Sie lachte und strich sich das nasse Haar zurück. Dann nahm sie sein Gesicht in die Hände und küsste ihn. »Ganz schön eng zu zweit in dieser kleinen Wanne.«

»Genau aus diesem Grund habe ich Olli das Wohnmobil abgekauft«, gestand Ben grinsend. »Um dir möglichst dicht auf der Pelle zu hocken.«

»Pelle!«

»Sorry, ich hab nicht nachgedacht.«

»Ist schon gut«, seufzte Sophie. »Ich vermisse Pelle sehr, aber vergessen wir nicht, dass er ein Held war. Ohne ihn wäre Tina nie dahinter gekommen, dass da was nicht stimmen konnte und sie hätte Stefan nicht angerufen.«

»Natürlich war Pelle ein Held!«, gab Ben zu. »Aber Olli und ich waren doch auch nicht schlecht.«

»Wo ist denn mein Glas?« Ben reichte ihr das Wasserglas mit dem viel zu teuren Champagner. »Trinken wir auf die Helden Pelle, Olli und Ben.«

»Und auf Miss Marple! Letztendlich hast du den Fall aufgeklärt.«

»Und auf dein neues Luxusmobil!«

»Ich war schon immer scharf auf Ollis Wohnmobil«, erklärte Ben. »Als er mich fragte, ob ich es kaufen will, habe ich nicht eine Sekunde überlegt.«

»Und was ist mit Olli? Geht er weg?«

Ben schüttelte den Kopf. »Im Gegenteil. Stell dir vor, Hanjo wollte uns den ganzen Besitz mal vererben! Er hat uns jetzt alles überschrieben. Olli wird den Laden schmeißen und ich bin mir sicher, dass er alles wieder richtig in Schuss bringen wird. Wir werden Hanjo eine anständige Rente zahlen. So kann der arme Irre es sich die letzten Jahre in der Psychiatrie ein bisschen gut gehen lassen. Hanjo wird da nie mehr rauskommen.«

»Du magst ihn immer noch?«

Ben schüttelte den Kopf. »Das ist nicht so einfach. Ich hasse ihn für das, was er den Frauen und auch beinahe dir angetan hat. Freyas Tod hat ihn komplett wahnsinnig werden lassen. Davor war er der netteste Kerl, den du dir vorstellen kannst. Dass er sogar Pelle …«

»Ich werde ihm nie verzeihen!«

»Niemand verlangt das von dir. Er ist ein grausamer Mörder. Wie konnte er nachts die Frauen töten und morgens gut gelaunt Rühreier brutzeln?«

»Wie Dr. Jekyll und Mr. Hyde.«

Ben drückte ihre Hand. »Und kriegt Stefan deinen Ex wegen der Sache mit dem Beerdigungsgesteck dran?«

Sophie nickte. »Er hat sich das ganz oben auf die Liste gesetzt. Ich bin mir sicher, dass Stefan alles tun wird, um Felix van Hagen böse in die Schlagzeilen und vielleicht sogar vor Gericht zu bekommen. Aber was hast du denn vor? Willst du den Laden mit Olli zusammen schmeißen?«

Ben schüttelte den Kopf und sah sie ernst an. »Sesshaft werden? Machst du mit? Kochen, putzen, waschen und im Winter Kälte und Langeweile?«

Sophie riss fragend die Augenbrauen hoch. »Du meinst, wir heiraten und ich koche dann im Bistro und vergraule alle Gäste?«

Ben brach in schallendes Gelächter aus. Sophie stimmte mit ein. »Olli hat mir angeboten, mich auszuzahlen. Er will diese Herausforderung allein meistern. Ich habe einen Freund auf Ibiza«, erklärte Ben wieder ernst. »Er hat ein kleines Hotel und er will eine Surf- und Kiteschule eröffnen. Ich werde mit meinem neuen Wohnmobil mal runter fahren. Ibiza entspricht eher meinen Klimavorstellungen und meiner Lebensart. Kommst du mal vorbei?«

Sophie lachte. »Na sicher! Ibiza ist nur zweieinhalb Flugstunden von Hamburg entfernt. Ich möchte gerne mit dir in Kontakt bleiben. Hilfe, das klingt ja so förmlich!« Sophie sah Ben in die Augen. »In den letzten Wochen ist so viel passiert. Ich meine, mein Leben hat sich komplett verändert. Ich bin allein und ich werde viel Zeit zum Nachdenken haben und einiges ändern. Ein bisschen mehr Freizeit und Spontanität stehen ganz oben auf meiner Liste. Ich würde mir von dir gerne dein Ibiza zeigen lassen! Bis jetzt kenne ich nur schicke Shops und luxuriöse Hotels. Bring mich in einsame Buchten. Wir werden bestimmt jede Menge Spaß haben.«

ENDE

Personenglossar:

Sophie Sturm, 32 Jahre alt, blond und sehr zielstrebig. Das modebewusste Exmodel lebt in Hamburg und arbeitet als Klatschredakteurin für ein Hochglanzmagazin.

Felix van Hagen, 58 Jahre alt, egoistisch und selbstverliebt. Der bekannte Showmaster ist skrupellos und nur an seiner Karriere wirklich interessiert.

Tina Sperber, 32 Jahre alt, attraktive Frau mit kastanienrotem Haar. Die Mutter von drei Kindern ist seit vielen Jahren eine enge Freundin von Sophie.

Stefan Sperber, 38 Jahre alt, groß, dunkelhaarig und chronisch ungepflegt, arbeitet als Kriminalhauptkommissar in Lübeck. Er ist schnell aufbrausend. Nur bei seiner Familie kann er sich entspannen.

Ben Lorenz, 32 Jahre alt, blond, gut aussehend und freiheitsliebend. Der Surflehrer lebt seit seiner Rückkehr aus Thailand in einem klapprigen Bus.

Oliver Konrad, 32 Jahre alt, blond, attraktiv und unentschlossen. Der Surflehrer und Trainer muss in den Wintermonaten auf dem Hof seiner Eltern arbeiten.

Hanjo Peters, 60 Jahre alt, väterlich, seit kurzem Witwer. Der Besitzer der Surf- und Kiteschule und des dazugehörenden Bistros, bemüht sich, sein Leben weiterzuführen.

Lutz Franck, 43 Jahre alt, äußerlich unauffällig, gerne belehrend. Der Rechtsmediziner hat selbst eine Leiche im Keller. Sophie weiß davon.

Weitere Krimis finden Sie auf den folgenden Seiten und im Internet: www.gmeiner-verlag.de

ANKE CLAUSEN
Dinnerparty
....

325 Seiten, Paperback.
ISBN 978-3-8392-1008-6.

UNTER VOLLDAMPF Panik auf Fehmarn. Während der Aufzeichnung der Promi-Kochshow »Dinnerparty« fällt Gastgeberin Laura Crown tot vom Stuhl. Im Körper der Schauspielerin findet sich ein tödlicher Cocktail aus Medikamenten und Drogen.

Die Polizei schließt ein Verbrechen aus. Doch als die Hamburger Klatschreporterin Sophie Sturm erfährt, dass Laura bedroht wurde, nimmt sie die anderen Dinnergäste genauer unter die Lupe. Schnell wird klar: Die scheinbar zufällig zusammengewürfelte Promi-Runde kennt sich schon lange, und jeder hatte einen Grund, Laura zu hassen ...

KURT GEISLER
Friesenschnee
....

366 Seiten, Paperback.
ISBN 978-3-8392-1180-9.

TODESSTURZ Panik im alten Kieler Wasserturm. Während einer Theateraufführung wird eine junge Frau brutal angegriffen. Der mutmaßliche Täter, ein Schauspieler des Hamburger Ensembles, flüchtet sich auf das Dach des Gebäudes. Im Scheinwerferlicht der angerückten Spezialeinheit gibt er eine letzte Probe seines Könnens, um kurz darauf in den Tod zu stürzen.

Kommissar Hansen von der Kripo Kiel nimmt die Ermittlungen auf, doch in Hamburg sind ihm die Hände gebunden und so bittet er einmal mehr seinen alten Freund Stuhr um Hilfe. Dem agilen Frühpensionär ist bald klar, dass die Lösung des Falls mitten im nordfriesischen Wattenmeer liegt.

Wir machen's spannend

V. JOSWIG / H. V. MELLE
Stahlhart
....

269 Seiten, Paperback.
ISBN 978-3-8392-1194-6.

ALLES AUS LIEBE Der Bremer Gerichtsreporter Rainer West wird durch seine Scheidung in eine emotionale und finanzielle Krise gestürzt. Alles ändert sich, als er Britta Kern kennenlernt. Die neue Beziehung gibt ihm Kraft und auch beruflich geht es wieder aufwärts. Doch plötzlich wird er verdächtigt, an einer Serie brutaler Banküberfälle beteiligt zu sein und auch Brittas Bruder gerät in das Visier der Ermittler. Rainer West macht sich auf die Suche nach der Wahrheit – und bringt damit nicht nur sich selbst in größte Gefahr ...

ALIDA LEIMBACH
Wintergruft
....

416 Seiten, Paperback.
ISBN 978-3-8392-1201-1.

SCHAUPLATZ KIRCHENTAG Die umstrittene Osnabrücker Pfarrerin Heike Meierbrink ist spurlos verschwunden. Sie hinterließ einen Abschiedsbrief, aus dem hervorgeht, dass sie sich von ihrem Mann trennen will. Ihr Ehemann Udo Meierbrink, ebenfalls evangelischer Pfarrer, zweifelt an der Echtheit des Briefs und informiert die Polizei, wird jedoch nicht ernst genommen. Das ändert sich, als das Auto von Heike Meierbrink gefunden wird, in dem sich ein blutverschmierter Drehmomentschlüssel befindet. Birthe Schöndorf und Daniel Brunner, Kommissare der Osnabrücker Polizei, beginnen zu ermitteln ...

Wir machen's spannend

BERNWARD SCHNEIDER
Flammenteufel

274 Seiten, Paperback.
ISBN 978-3-8392-1179-3.

SPIEL MIT DEM FEUER Berlin im Oktober 1933. Anwalt Eugen Goltz erhält einen Telefonanruf. Eilig sucht er seine Mandantin, die Tänzerin Alice Resow, in einem Hotel in der Lietzenburger Straße auf. Er findet sie tot vor. Im nächsten Moment stürmt die Gestapo in das Hotel, hat aber zu Goltz' Überraschung nur Interesse daran, Alice' Tod wie einen Selbstmord aussehen zu lassen.

Eugen Goltz beschließt, die Hintergründe des mysteriösen Falls aufzuklären. Eine heiße Spur führt ihn zurück in die Nacht des Reichstagsbrands vom 27. Februar 1933.

UWE KLAUSNER
Kennedy-Syndrom

420 Seiten, Paperback.
ISBN 978-3-8392-1185-4.

DAS MAUERGEHEIMNIS Berlin, im August 1961. In einer S-Bahn Richtung Wannsee wird ein erschossener Mann entdeckt, allem Anschein nach ein Amerikaner. Kurz darauf wird ein weiterer Toter gefunden, diesmal auf einem Schrottplatz in der Nähe des Flughafens Tempelhof. Schnell wird Hauptkommissar Tom Sydow klar, dass es zwischen den beiden Fällen einen Zusammenhang gibt. Doch damit nicht genug: Sydow kommt einem unglaublichen Komplott auf die Spur, dessen Fäden bis ins Hauptquartier der CIA zu reichen scheinen. Offenbar ist es jamanden gelungen, das bestgehütete Geheimnis der DDR zu lüften: die Pläne zum Bau der Berliner Mauer.

Wir machen's spannend

KLAUS ERFMEYER
Irrliebe
....

274 Seiten, Paperback.
ISBN 978-3-8392-1183-0.

TODESANZEIGE Als Franziska Bellgardt über eine verführerische Kontaktanzeige den Franzosen Pierre Brossard kennenlernt, scheint sie die Liebe ihres Lebens gefunden zu haben. Doch die Leidenschaft für den rätselhaften Pierre endet mit ihrem Tod. Franziskas Schulfreundin Marie Schwarz und ihr Freund, der Dortmunder Rechtsanwalt Stephan Knobel, beginnen die schicksalhafte Beziehung zu ergründen. Bald zeigt sich, dass es um weit mehr geht als Franziskas Liebe zu einem Mann, dem sie sich bedingungslos unterwerfen wollte …

STEFAN KELLER
Totenkarneval
....

319 Seiten, Paperback.
ISBN 978-3-8392-1197-7.

BOMBENSTIMMUNG ES ISt der Alptraum einer ganzen Stadt. Zum Karnevalssauftakt am 11.11. um 11 Uhr 11 sprengt sich ein Attentäter in einer überfüllten Kölner Kneipe in die Luft. Sieben Menschen sterben.
  Wenige Tage später präsentiert das ermittelnde BKA den türkischen Studenten Ali Öçzan als Täter. Niemand zweifelt an der Version des Attentats eines islamistischen Einzeltäters mit Verbindungen zum internationalen Terrorismus. Nur Alis Eltern beharren auf seiner Unschuld und beauftragen Privatdetektiv Marius Sandmann, um herauszufinden, was wirklich geschehen ist …

GMEINER

Wir machen's spannend

Unsere Lesermagazine
2 x jährlich das Neueste aus der Gmeiner-Bibliothek

DIN A6, 20 S., farbig   10 x 18 cm, 16 S., farbig   24 x 35 cm, 20 S., farbig

GmeinerNewsletter
Neues aus der Welt der Gmeiner-Romane

Haben Sie schon unsere GmeinerNewsletter abonniert?
Monatlich erhalten Sie per E-Mail aktuelle Informationen aus der Welt der Krimis, der historischen Romane und der Frauenromane: Buchtipps, Berichte über Autoren und ihre Arbeit, Veranstaltungshinweise, neue Literaturseiten im Internet und interessante Neuigkeiten.

Die Anmeldung zu den GmeinerNewslettern ist ganz einfach. Direkt auf der Homepage des Gmeiner-Verlags (www.gmeiner-verlag.de) finden Sie das entsprechende Anmeldeformular.

Ihre Meinung ist gefragt!
Mitmachen und gewinnen

Wir möchten Ihnen mit unseren Romanen immer beste Unterhaltung bieten. Sie können uns dabei unterstützen, indem Sie uns Ihre Meinung zu den Gmeiner-Romanen sagen! Senden Sie eine E-Mail an gewinnspiel@gmeiner-verlag.de und teilen Sie uns mit, welches Buch Sie gelesen haben und wie es Ihnen gefallen hat. Alle Einsendungen nehmen automatisch am großen Jahresgewinnspiel mit attraktiven Buchpreisen teil.

Wir machen's spannend

Alle Gmeiner-Autoren und ihre Romane auf einen Blick

ANTHOLOGIEN: Tod am Tegernsee • Drei Tagesritte vom Bodensee • Nichts ist so fein gesponnen • Zürich: Ausfahrt Mord • Mörderischer Erfindergeist • Secret Service 2011 • Tod am Starnberger See • Mords-Sachsen 4 • Sterbenslust • Tödliche Wasser • Gefährliche Nachbarn • Mords-Sachsen 3 • Tatort Ammersee • Campusmord • Mords-Sachsen 2 • Tod am Bodensee • Mords-Sachsen 1 • Grenzfälle • Spekulatius **ABE, REBECCA:** Im Labyrinth der Fugger **ARTMEIER, HILDEGUNDE:** Feuerross • Drachenfrau **BAUER, HERMANN:** Philosophenpunsch • Verschwörungsmelange • Karambolage • Fernwehträume **BAUM, BEATE:** Weltverloren • Ruchlos • Häuserkampf **BAUMANN, MANFRED:** Wasserspiele • Jedermanntod **BECK, SINJE:** Totenklang • Duftspur • Einzelkämpfer **BECKER, OLIVER:** Das Geheimnis der Krähentochter **BECKMANN, HERBERT:** Die Nacht von Berlin • Mark Twain unter den Linden • Die indiskreten Briefe des Giacomo Casanova **BEINSSEN, JAN:** Todesfrauen • Goldfrauen • Feuerfrauen **BLANKENBURG, ELKE MASCHA** Tastenfieber und Liebeslust **BLATTER, ULRIKE:** Vogelfrau **BODE-HOFFMANN, GRIT / HOFFMANN, MATTHIAS:** Infantizid **BODENMANN, MONA:** Mondmilchgubel **BÖCKER, BÄRBEL:** Mit 50 hat man noch Träume • Henkersmahl **BOENKE, MICHAEL:** Riedripp • Gott'sacker **BOMM, MANFRED:** Blutsauger • Kurzschluss • Glasklar • Notbremse • Schattennetz • Beweislast • Schusslinie • Mordloch • Trugschluss • Irrflug • Himmelsfelsen **BONN, SUSANNE:** Die Schule der Spielleute • Der Jahrmarkt zu Jakobi **BOSETZKY, HORST (-KY):** Promijagd • Unterm Kirschbaum **BRÖMME, BETTINA:** Weißwurst für Elfen **BUEHRIG, DIETER:** Der Klang der Erde • Schattengold **BÜRKL, ANNI:** Ausgetanzt • Schwarztee **BUTTLER, MONIKA:** Dunkelzeit • Abendfrieden • Herzraub **CLAUSEN, ANKE:** Dinnerparty • Ostseegrab **CRÖNERT, CLAUDIUS:** Das Kreuz der Hugenotten **DANZ, ELLA:** Ballaststoff • Schatz, schmeckt's dir nicht? • Rosenwahn • Kochwut • Nebelschleier • Steilufer • Osterfeuer **DETERING, MONIKA:** Puppenmann • Herzfrauen **DIECHLER, GABRIELE:** Glutnester • Glaub mir, es muss Liebe sein • Engpass **DÜNSCHEDE, SANDRA:** Todeswatt • Friesenrache • Solomord • Nordmord • Deichgrab **EMME, PIERRE:** Zwanzig/11 • Diamantenschmaus • Pizza Letale • Pasta Mortale • Schneenockerleklat • Florentinerpakt • Ballsaison • Tortenkomplott • Killerspiele • Würstelmassaker • Heurigenpassion • Schnitzelfarce • Pastetenlust **ENDERLE, MANFRED:** Nachtwanderer **ERFMEYER, KLAUS:** Irrliebe • Endstadium • Tribunal • Geldmarie • Todeserklärung • Karrieresprung **ERWIN, BIRGIT / BUCHHORN, ULRICH:** Die Reliquie von Buchhorn • Die Gauklerin von Buchhorn • Die Herren von Buchhorn **FINK, SABINE:** Kainszeichen **FOHL, DAGMAR:** Der Duft von Bittermandel • Die Insel der Witwen • Das Mädchen und sein Henker **FRANZINGER, BERND:** Familiengrab • Zehnkampf • Leidenstour • Kindspech • Jammerhalde • Bombenstimmung • Wolfsfalle • Dinotod • Ohnmacht • Goldrausch • Pilzsaison **GARDEIN, UWE:** Das Mysterium des Himmels • Die Stunde des Königs

GMEINER

Wir machen's spannend

Alle Gmeiner-Autoren und ihre Romane auf einen Blick

GARDENER, EVA B.: Lebenshunger **GEISLER, KURT:** Friesenschnee • Bädersterben **GERWIEN, MICHAEL:** Alpengrollen **GIBERT, MATTHIAS P.:** Zeitbombe • Rechtsdruck • Schmuddelkinder • Bullenhitze • Eiszeit • Zirkusluft • Kammerflimmern • Nervenflattern **GORA, AXEL:** Das Duell der Astronomen **GRAF, EDI:** Bombenspiel • Leopardenjagd • Elefantengold • Löwenriss • Nashornfieber **GUDE, CHRISTIAN:** Kontrollverlust • Homunculus • Binärcode • Mosquito **HAENNI, STEFAN:** Scherbenhaufen • Brahmsrösi • Narrentod **HAUG, GUNTER:** Gössenjagd • Hüttenzauber • Tauberschwarz • Höllenfahrt • Sturmwarnung • Riffhaie • Tiefenrausch **HEIM, UTA-MARIA:** Feierabend • Totenkuss • Wespennest • Das Rattenprinzip • Totschweigen • Dreckskind **HENSCHEL, REGINE C.:** Fünf sind keiner zu viel **HERELD, PETER:** Das Geheimnis des Goldmachers **HOHLFELD, KERSTIN:** Glückskekssommer **HUNOLD-REIME, SIGRID:** Janssenhaus • Schattenmorellen • Frühstückspension **IMBSWEILER, MARCUS:** Die Erstürmung des Himmels • Butenschön • Altstadtfest • Schlussakt • Bergfriedhof **JOSWIG, VOLKMAR / MELLE, HENNING VON:** Stahlhart **KARNANI, FRITJOF:** Notlandung • Turnaround • Takeover **KAST-RIEDLINGER, ANNETTE:** Liebling, ich kann auch anders **KEISER, GABRIELE:** Engelskraut • Gartenschläfer • Apollofalter **KEISER, GABRIELE / POLIFKA, WOLFGANG:** Puppenjäger **KELLER, STEFAN:** Totenkarneval • Kölner Kreuzigung **KINSKOFER, LOTTE / BAHR, ANKE:** Hermann für Frau Mann **KLAUSNER, UWE:** Kennedy-Syndrom • Bernstein-Connection • Die Bräute des Satans • Odessa-Komplott • Pilger des Zorns • Walhalla-Code • Die Kiliansverschwörung • Die Pforten der Hölle **KLEWE, SABINE:** Die schwarzseidene Dame • Blutsonne • Wintermärchen • Kinderspiel • Schattenriss **KLÖSEL, MATTHIAS:** Tourneekoller **KLUGMANN, NORBERT:** Die Adler von Lübeck • Die Nacht des Narren • Die Tochter des Salzhändlers • Kabinettstück • Schlüsselgewalt • Rebenblut **KÖHLER, MANFRED:** Tiefpunkt • Schreckensgletscher **KÖSTERING, BERND:** Goetheglut • Goetheruh **KOHL, ERWIN:** Flatline • Grabtanz • Zugzwang **KOPPITZ, RAINER C.:** Machtrausch **KRAMER, VERONIKA:** Todesgeheimnis • Rachesommer **KRONENBERG, SUSANNE:** Kunstgriff • Rheingrund • Weinrache • Kultopfer • Flammenpferd **KRUG, MICHAEL:** Bahnhofsmission **KRUSE, MARGIT:** Eisaugen **KURELLA, FRANK:** Der Kodex des Bösen • Das Pergament des Todes **LASCAUX, PAUL:** Mordswein • Gnadenbrot • Feuerwasser • Wursthimmel • Salztränen **LEBEK, HANS:** Karteileichen • Todesschläger **LEHMKUHL, KURT:** Dreiländermord • Nürburghölle • Raffgier **LEIMBACH, ALIDA:** Wintergruft **LEIX, BERND:** Fächergrün • Fächertraum • Waldstadt • Hackschnitzel • Zuckerblut • Bucheckern **LETSCHE, JULIAN:** Auf der Walz **LICHT, EMILIA:** Hotel Blaues Wunder **LIEBSCH, SONJA / MESTROVIC, NIVES:** Muttertier @n Rabenmutter **LIFKA, RICHARD:** Sonnenkönig **LOIBELSBERGER, GERHARD:** Mord und Brand • Reigen des Todes • Die Naschmarkt-Morde **MADER, RAIMUND A.:** Schindlerjüdin • Glasberg

GMEINER

Wir machen's spannend

Alle Gmeiner-Autoren und ihre Romane auf einen Blick

MAINKA, MARTINA: Satanszeichen **MISKO, MONA:** Winzertochter • Kindsblut **MORF, ISABEL:** Satzfetzen • Schrottreif **MOTHWURF, ONO:** Werbevoodoo • Taubendreck **MUCHA, MARTIN:** Seelenschacher • Papierkrieg **NAUMANN, STEPHAN:** Das Werk der Bücher **NEEB, URSULA:** Madame empfängt **ÖHRI, ARMIN / TSCHIRKY, VANESSA:** Sinfonie des Todes **OSWALD, SUSANNE:** Liebe wie gemalt **OTT, PAUL:** Bodensee-Blues **PARADEISER, PETER:** Himmelreich und Höllental **PARK, KAROLIN:** Stilettoholic **PELTE, REINHARD:** Inselbeichte • Kielwasser • Inselkoller **PFLUG, HARALD:** Tschoklet **PITTLER, ANDREAS:** Mischpoche **PORATH, SILKE / BRAUN, ANDREAS:** Klostergeist **PORATH, SILKE:** Nicht ohne meinen Mops **PUHLFÜRST, CLAUDIA:** Dunkelhaft • Eiseskälte • Leichenstarre **PUNDT, HARDY:** Friesenwut • Deichbruch **PUSCHMANN, DOROTHEA:** Zwickmühle **ROSSBACHER, CLAUDIA:** Steirerblut **RUSCH, HANS-JÜRGEN:** Neptunopfer • Gegenwende **SCHAEWEN, OLIVER VON:** Räuberblut • Schillerhöhe **SCHMID, CLAUDIA:** Die brennenden Lettern **SCHMITZ, INGRID:** Mordsdeal • Sündenfälle **SCHMÖE, FRIEDERIKE:** Lasst uns froh und grausig sein • Wasdunkelbleibt • Wernievergibt • Wieweitdugehst • Bisduvergisst • Fliehganzleis • Schweigfeinstill • Spinnefeind • Pfeilgift • Januskopf • Schockstarre • Käfersterben • Fratzenmond • Kirchweihmord • Maskenspiel **SCHNEIDER, BERNWARD:** Flammenteufel • Spittelmarkt **SCHNEIDER, HARALD:** Räuberbier • Wassergeld • Erfindergeist • Schwarzkittel • Ernteopfer **SCHNYDER, MARIJKE:** Matrjoschka-Jagd **SCHÖTTLE, RUPERT:** Damenschneider **SCHRÖDER, ANGELIKA:** Mordsgier • Mordswut • Mordsliebe **SCHÜTZ, ERICH:** Doktormacher-Mafia • Bombenbrut • Judengold **SCHUKER, KLAUS:** Brudernacht **SCHULZE, GINA:** Sintflut **SCHWAB, ELKE:** Angstfalle • Großeinsatz **SCHWARZ, MAREN:** Zwiespalt • Maienfrost • Dämonenspiel • Grabeskälte **SENF, JOCHEN:** Kindswut • Knochenspiel • Nichtwisser **SPATZ, WILLIBALD:** Alpenkasper • Alpenlust • Alpendöner **STAMMKÖTTER, ANDREAS:** Messewalzer **STEINHAUER, FRANZISKA:** Sturm über Branitz • Spielwiese • Gurkensaat • Wortlos • Menschenfänger • Narrenspiel • Seelenqual • Racheakt **STRENG, WILDIS:** Ohrenzeugen **SYLVESTER, CHRISTINE:** Sachsen-Sushi **SZRAMA, BETTINA:** Die Hure und der Meisterdieb • Die Konkubine des Mörders • Die Giftmischerin **THIEL, SEBASTIAN:** Die Hexe vom Niederrhein **THADEWALDT, ASTRID / BAUER, CARSTEN:** Blutblume • Kreuzkönig **THÖMMES, GÜNTHER:** Malz und Totschlag • Der Fluch des Bierzauberers • Das Erbe des Bierzauberers • Der Bierzauberer **TRAMITZ, CHRISTIANE:** Himmelsspitz **ULLRICH, SONJA:** Fummelbunker • Teppichporsche **VALDORF, LEO:** Großstadtsumpf **VERTACNIK, HANS-PETER:** Ultimo • Abfangjäger **WARK, PETER:** Epizentrum • Ballonglühen • Albtraum **WERNLI, TAMARA:** Blind Date mit Folgen **WICKENHÄUSER, RUBEN PHILLIP:** Die Magie des Falken • Die Seele des Wolfes **WILKENLOH, WIMMER:** Eidernebel • Poppenspäl • Feuermal • Hätschelkind **WÖLM, DIETER:** Mainfall **WYSS, VERENA:** Blutrunen • Todesformel **ZANDER, WOLFGANG:** Hundeleben

Wir machen's spannend